역사를 읽는 방법

역사를 읽는 방법
텍스트를 어떻게 읽고 해석할 것인가

퀜틴 스키너 지음 | 황정아·김용수 옮김

2012년 12월 3일 초판 1쇄 발행
2022년 7월 20일 초판 4쇄 발행

펴낸이 한철희 | 펴낸곳 주식회사 돌베개 | 등록 1979년 8월 25일 제406-2003-000018호
주소 (10881) 경기도 파주시 회동길 77-20 (문발동)
전화 (031) 955-5020 | 팩스 (031) 955-5050
홈페이지 www.dolbegae.co.kr | 전자우편 book@dolbegae.co.kr
블로그 blog.naver.com/imdol79 | 트위터 @Dolbegae79 | 페이스북 /dolbegae

책임편집 김진구 | 편집 이경아·소은주·권영민·이현화·김태권·김혜영·최혜리
본문디자인 이은정·박정영 | 마케팅 심찬식·고운성·조원형
제작·관리 윤국중·이수민 | 인쇄·제본 상지사 P&B

ISBN 978-89-7199-514-3 93900
책값은 뒤표지에 있습니다.

이 도서의 국립중앙도서관 출판시도서목록(CIP)은 e-CIP 홈페이지
(http://www.nl.go.kr/cip.php)에서 이용하실 수 있습니다.(CIP제어번호: CIP2012005447)

본서는 2007년 정부(교육과학기술부)의 재원으로 한국연구재단의 지원을 받아 간행되었음.
(KRF-2007-361-AM0001)

역사를 읽는 방법

텍스트를 어떻게 읽고 해석할 것인가

퀜틴 스키너 지음 | 황정아 · 김용수 옮김

돌베개

서문 *

세 권으로 된 이 책의 몇몇 장章은 처음으로 출판된 것이다. 하지만 대부분은 학술지 논문으로나 여러 저자들의 글을 모은 단행본의 일부로 (비록 전반적으로 매우 다른 형태였으나) 이미 출판된 바 있다. 나는 재출판을 위한 수정 과정에서 두 개의 약간 다른 경로를 동시에 밟아 나가고자 했다. 하나는 애초의 내용과 결론을 크게 바꾸지 않고 대체로 유지하는 것이었다. 원래 썼던 바에 더 이상 전적으로 동의하지 않을 경우, 텍스트를 바꾸기보다 대개 각주에서 설명을 덧붙이는 식으로 반대 의견을 표명했다. 이런 글들을 굳이 재출판하는 의의를 찾는다면 그 유일한 근거는 학술 문헌에서 그것들이 계속 논의되고 있다는 점이다. 그러니 표적을 움직이지 말아야 하는 것이다.

　다른 한편, 기회가 닿는 대로 논의가 더 잘 전달되도록 개선하는 데는 주저하지 않았다. 기록상의 오류나 사실에 있어서의 실수를 숱하게 바로잡았다. 참고문헌 체계도 표준화하고 정비했다. 특정 요지를 강화하고 확대하기 위해 사례를 추가한 부분도 많다. 2차 문헌에 관한 논의를 업데이트해서 낡은 논의에 대한 언급은 삭제하고 결론을 가장 최근의 연구와 연결시켰다. 최신판을 활용하고자 했으며 그 결과 많은

*　이 책은 전체 3권으로 이루어진 『정치를 바라보는 관점들』Visions of Politics의 1권에 해당하는데, 이 서문은 3권을 아우르는 전체 서문이다.

경우 이전에 사용했던 판본을 수정하게 되었다. 필요하다고 여겨지는 대목에서는 비판에 대한 답을 제시하기도 했고 예전의 판단에 단서를 달거나 더 정교하게 논의하기도 했다. 마지막으로 전체적으로 표현들을 다듬었고 특히 여기에 다시 싣는 글 중에서 가장 오래된 글들을 많이 손보았다. 예전에 즐겨 구사했던 요란한 격론의 어조를 차분하게 가라앉히고 긴 문장과 긴 단락, 그리고 빙빙 돌리는 식의 스타일을 단순화했으며, 될 수 있는 대로 젠더 중립적인 언어를 사용하려고 상당히 노력했고, 무엇보다 장 사이에 겹치고 반복되는 부분을 없애려고 애썼다.

이 책에 실은 글을 어떤 기준으로 선별했는지 설명할 필요가 있겠다. 두 가지 주요한 목표를 염두에 두면서 선택하고 (많은 경우에 새로운 제목을 달아) 분류했다. 하나는 각 권이 자체의 주제적 통일성을 가져야 한다는 것이고 다른 하나는 하나의 전체를 형성하도록 세 권을 통합하는 것이었다.

1권『역사를 읽는 방법』*Regarding Method*의 각 장은 역사 텍스트의 독해에 관한 특정한 한 가지 관점을 상술하고 방어하는 것으로서 제시되었다. 관념의 역사를 제대로 된 역사적 방식으로 쓰기 위해서는 연구 대상인 텍스트를 지적인 맥락과 담론적 틀 속에 위치시켜 저자가 그것을 씀으로써 실제로 어떤 일을 **행한 것인지** 인식할 수 있어야 한다. 요즘 유행하는 식으로 말하면 텍스트의 수행성과 상호텍스트적 접근의 필요성을 강조한 셈이다. 물론 오래전에 세상을 떠난 사상가들의 머릿속에 들어간다는 불가능한 임무를 열망한 것은 아니다. 그저 그들이 사용한 개념을 파악하고 그들이 구별한 것을 따라가며 그들이 믿었던 바를 복구하고, 가능하다면 그들의 방식으로 보기 위해 통상적 역사 연구 기법들을 사용하고자 한 것이다.

나머지 두 권은 모두 근대 초기 유럽의 정치사상에서 중요했던 주제들을 다룬다. 2권 『르네상스의 덕목』*Renaissance Virtues*은 자유와 통치에 관한 이론으로서의 공화주의의 성쇠에 초점을 둔다. 덕망 있고 교육받은 시민의 양성이 국가나 개인의 자유를 유지하는 열쇠를 제공한다는 이론이 13세기에서 16세기에 걸쳐 재출현하고 발전하는 과정을 짚어본다. 마지막 권 『홉스와 시민학』*Hobbes and Civil Science*는 특히 국가이론에 중점을 맞추어 토머스 홉스Thomas Hobbes의 정치사상의 진화와 성격을 검토한다. 주권권력, 주체의 의무와 자유, 정치적 복종의 토대와 한계에 관한 그의 관점이 다루어진다. 그런 다음 다시 이런 문제들을 시민학의 성격에 관한 홉스의 관점의 변화나 학문에 대한 그의 더 일반적인 기획에서 그것이 차지하는 위치와 연결시킨다.

각 권의 내적 통일성을 내세우는 동시에 그들 간의 상호관계도 강조하고 싶다. 먼저 2권과 3권 간에 전반적인 연관성을 마련하고자 했다. 시민적 덕목에 관한 르네상스의 이론이 홉스의 시민학으로 넘어가는 과정은 공화주의적 자치의 이상이 그에 대립하는 최대의 철학적 적수로 넘어가는 과정이기도 하다. 3권은 홉스 사상의 발전을 주로 다루지만 자유와 정치적 의무에 관한 그의 주장의 상당 부분은 2권에서 개략한 정치관에 대한 논평으로도 읽을 수 있다. 하지만 내가 주로 관심을 갖는 부분은 1권의 철학적 논의와 2, 3권에 제시된 역사적 자료 간의 연관을 추적하는 일이다. 가능한 한 간단히 말하자면 이 사이의 관련성을 나는 이론과 실천의 관계로 보고 있다. 1권은 특정한 접근법이 갖는 미덕을 설파하고 나머지 부분에서는 설파한 것을 실천하고자 하는 것이다.

'정치를 바라보는 관점들'이라는 큰 제목에서 암시한 대로, 전체를 관통하는 역사적 관심사는 공동의 삶이 갖는 성격에 관해 근대 서구에 계승된 두 개의 상반된 관점을 비교하는 데 있다. 하나는 주권을 인민의 재산으로 말하고 있고, 다른 한 관점은 국가의 소유로 본다. 하나는 덕목 있는 시민의 형상에 중점을 두고, 다른 하나는 국가를 대표하는 것으로서의 주권을 중심에 놓는다. 하나는 시민의 의무에, 다른 하나는 시민의 권리에 우선권을 부여한다. 이들 서로 다른 관점을 어떻게 화해시킬 것인가 하는 문제가 여전히 현대 정치사상의 중심에 놓여 있다는 사실은 굳이 강조할 필요도 없다. 이 경쟁하는 이론들의 역사를 발굴함으로써 현재적 논쟁에 순전한 역사적 흥미 이상의 무엇을 기여할 수만 있다면 나로서는 더 바랄 나위가 없을 것이다.

감사의 말

이 책에 실린 글들의 원본에 꼼꼼히 논평해준 수많은 동료들에게 많은 도움을 받았으며 그들에게 다시 한번 고마움을 전할 기회를 갖게 되어 무척 기쁘다. 또한 몇 년에 걸친 작업 기간에 특히 아낌없는 지원과 격려를 보내준 많은 벗들을 한 사람 한 사람 떠올리고자 한다. 그들의 이름을 깊은 감사의 마음으로 적어본다.

존 던John Dunn, 클리퍼드 기어츠Clifford Geertz, 레이먼드 지어스Raymond Geuss, 프레드 잉글리스Fred Inglis, 수전 제임스Susan James, 존 포콕John Pocock, 존 톰슨John Thompson, 짐 털리Jim Tully. 그들에게 진 빚은 널리 애용되는 로제 유사어 분류사전의 어휘를 빌어, 어마어마하고 거대하고 광대하고 엄청나고 굉장하다고밖에는 표현할 수가 없겠다.

이 책의 각 권이 지금의 형태를 갖추는 데 도움을 준 벗들에게도 마음에서 우러나는 감사를 바친다. 1권의 주장에 조언을 준 조너선 리어Jonathan Lear, 카리 팔로넨Kari Palonen, 리처드 로티Richard Rorty와 고故 마틴 홀리스Martin Hollis에게 특히 감사드린다.

2권의 주제들에 대해 수없이 토론해준 필립 페팃Philip Pettit과 마우리치오 비롤리Maurizio Viroli에게도 많은 신세를 졌다. 해당 대목에서 펼친 논의를 보면 유럽과학재단의 워크숍 '공화주의: 유럽의 공유유산'을 진행하면서 배운 바가 많았다는 점이 분명히 드러날 것이다.

유익하고 즐거운 대화를 나누고 모임들을 성공적으로 이끄는 데 도움을 준 마틴 반 겔더런Martin van Gelderen과 이언 햄프셔-몽크Iain Hampsher-Monk에게 특별한 고마움을 전한다.[1]

3권에 관한 조언에 있어서는 킨치 훅스트라Kinch Hoekstra, 노엘 맬컴Noel Malcolm, 카를 슈만Karl Schuhmann에게 엄청난 신세를 졌는데 이들 모두는 초기 근대 철학에 대한 자신들의 놀랄 만한 지식을 언제든 내가 필요할 때 기꺼이 활용하게 해주었다. 최근의 박사과정 제자들도 마찬가지로 개별 장이나 전체 기획에 대해 조언해주었다. 데이비드 아미티지David Armitage, 제프리 볼드윈Geoffrey Baldwin, 애너벨 브렛Annabel Brett, 해나 도슨Hannah Dawson, 앵거스 가울랜드Angus Gowland, 에릭 넬슨Eric Nelson, 위르겐 오베르호프Jürgen Overhoff, 조너선 파킨Jonathan Parkin, 리처드 서전슨Richard Serjeantson에게 고마움을 전한다.

이처럼 개별 학자들에게 도움을 받았을 뿐 아니라 이 책에 담긴 자료들을 붙잡고 작업했던 긴 시간 동안 지원해준 기관들로부터도 최소한 그에 버금가는 은혜를 입었다. 케임브리지 대학 역사학 교수진들은 대학에 몸담았던 기간 내내 이상적인 작업환경을 제공해주었으며, 크라이스트 칼리지와 곤빌 앤드 케이어스 칼리지에서도 헤아릴 수 없는 혜택을 얻은 바 있다.

동료들과 학과를 거쳐간 많은 뛰어난 학생들로부터 언제나 많은 것을 배울 수 있었으며 안식년 휴가와 관련하여 예외적으로 관대한 방침을 채택한 대학 당국에도 빚진 바가 많다. 이 책은 리버흄 시니어 리서치 펠로우라는 현 직책을 맡은 이래 처음으로 완성한 결과물이다. 앞으로 다른 저작들도 출판하기를 기대하지만 이제까지의 지원만으로도 이미 리버흄 신탁재단에 깊이 감사드리고 싶다.

　내가 검토한 회화작품과 필사본들을 소유하거나 관리하고 있는 분들께도 특별한 감사의 말을 전하고자 한다. 보우드의 페티 페이퍼스 Petty Papers와 상의하도록 허락해준 랜스다운 후작the Marquis of Lansdowne과 데번셔 공작the Duke of Devonshire, 그리고 채츠워스에서 하드윅 앤드 홉스 필사본을 광범위하게 이용할 수 있게 해준 채츠워스 세틀먼트 신탁에 감사드린다.

　또한 프랑스 국립도서관, 대영도서관, 케임브리지 대학 도서관, 옥스퍼드의 보들리 도서관과 세인트 존 칼리지 도서관의 필사본 열람실에서 제공해준 편의와 전문지식에서도 많은 도움을 얻었다. 파도바의 카펠라 데그리 스크로베니와 시에나의 팔라초 푸블리코 관리자들께도 마찬가지로 고마움을 표한다.

　사진자료를 사용할 수 있게 해준 데 대해 알리나리 갤러리(플로렌스), 바르부르크 연구소(런던대학), 도스트 키타베비(앙카라)에 감사드린다.

　아래와 같은 저널과 출판사는 감사하게도 출판된 학술지와 저작에 실린 자료를 이 책에서 재사용할 수 있게 해주었다. 블랙웰 출판사, 영국학사원, 『사회와 역사에 관한 비교연구』Comparative Studies in Society and History, 『비평 에세이』Essays in Criticism, 유로파 출판사, 『핀란드 정치사상 연감』The Finnish Yearbook of Political Thought, 『역사저널』The Historical Journal, 『역사와 이론』History and Theory, 『정치사상사』History of Political Thought, 『정치철학 저널』The Journal of Political Philosophy, 『와버그 앤드 코톨드 연구소 저널』The Journal of the Warburg and Courtauld Institutes, 맥밀런 출판사, 『신문학사』New Literary History,

『정치학』*Politics*, 『산문 연구』*Prose Studies*, 왕립역사협회, 스탠퍼드 대학출판부, 펜실베이니아 대학출판부.

책 출간의 마지막 준비단계에서 비상하게 참을성 있고 슬기로운 조력자들로부터 도움을 받았다. 리처드 톰슨Richard Thompson은 몇몇 글의 원본에서 근대 초기 텍스트들의 철자를 현대어로 바꾸어 인용한 대목들을 다듬어주었다. 앨리스 벨Alice Bell은 여름 내내 놀랄 만큼 꼼꼼하게 원고와 참고문헌을 점검해주었다. 앤 던바-노브스Anne Dunbar-Nobes는 서지사항을 취합하고 작가-연도 스타일로 재작성하며 각주 형식을 다시 짜고 서지사항과 하나하나 대조하여 맞추는 엄청난 노동을 수행했다.

책이 인쇄되는 과정에서는 기술적인 부분에서 한층 더 많은 도움을 얻었다. 앤 던바-노브스는 책의 교열 담당자 역할을 맡아주었고 결과물이 나오기까지 유쾌함과 뛰어난 전문성을 모두 보여주었다. 오랫동안 내 저서의 교정 작업을 해온 바 있는 필립 라일리Philip Riley는 또 한번 흔쾌히 그 작업을 수락했고 예의 그 타의 추종을 불허하는 솜씨와 인내와 침착함을 발휘했다.

케임브리지 대학출판부의 친구들에게는 아무리 감사해도 모자랄 것이다. 내가 가진 가장 큰 직업상의 행운은 학문의 길에 들어선 내내 무결점의 편집자적 판단력을 갖춘 제러미 마이노트Jeremy Mynott가 내 책의 출판을 관장했다는 점이다. 리처드 피셔Richard Fisher도 마찬가지로 여러 해 동안 든든한 지원군이 되어주었으며 이번 책에서도 특유의 열정과 상상력과 일관된 효율성으로 편집작업을 해주었다. 그들의 너무도 유능한 지원과 선의와 전문성에 진심어린 감사를 바친다.

마지막으로 수전 제임스, 그리고 우리들의 자녀 올리비아Olivia와 마커스Marcus가 없었다면 이 일을 도무지 감당하지 못했으리라는 말을 꼭 전하고 싶다.

차례

일러두기

1. 이 책은 2002년 Cambridge University Press에서 출간된 퀜틴 스키너Quentin Skinner의 *VISIONS OF POLITICS, Volume 1: Regarding Method*를 우리말로 옮긴 것이다.
2. 인명과 지명 등의 외국 고유명사의 표기는 국립국어원 외래어표기법을 기준으로 삼았다.
3. 본문에 언급된 책들 가운데 국내에 번역 소개된 책의 경우, 독자들에게 많이 알려진 우리말 제목을 따랐다.
4. 원서의 이탤릭체 표기는 고딕체로 바꾸었다.
5. 지은이의 주는 책의 말미에 미주로 실었고, 옮긴이의 주는 해당 페이지 하단에 실었다.

이와 같은 논의들이 외
내고 다시 씀
지만

그들의 방식으로 바라보기
Seeing things their way

관한 이론이라는 방향에서 시작되었다. 이 반대운동은 세계
묘사될 수 있는 감각적 데이터로 이루어져 있다는 경험주의적 믿음을
수행되었다. 지금에 와서는 이와 같은 특정한 경험주의적 교리는 대체로 평판을
아닐 것이다. 오늘날은 우리의 판단과 전적으로 무관하다고 생각되는 토대 위에 사실적
체를 세울 수 있다고 믿는 사람은 거의 없다. 사실의 세계에 가해지는 공격은 꽤 오래전에 지식에 관한
이라는 방향에서 시작되었다. 이 반대운동은 세계가 직접적으로 인식되고 논쟁의 여지없이 묘사될 수 있는

이렇듯 어쩌다 보니 행동의 철학을 연구하게 되
보이는 또 다른 문제들에 직면하게 되
합리적으로 믿음을 갖게 되
부여받아야 하는
3장에서

서, 나는 화행이론이 행동에 대한 철학 일반에 관해 그리고 특정하게
역할에 대해 일러주는 바가 있음직하다는 결론에 도달하게 되었다. 원래는
논문의 말미에서 이 점을 검토했지만 곧 나의 논점이 심각한 혼란을 안고 있음을 알게 되
한번 시도하고자 결정했고 그 산물이 여기 (상당히 수정되고 다듬어진 형태로) 7장으로 실린 논
다. 내가 옹호하는 논제는 설사 동기가 원인으로 기능한다는 데 합의하더라도 행동에 대한 비인과율적인 설

사실에 관한 물음

'삶에 필요한 것은 오로지 사실facts뿐'이라고 『어려운 시절』*Hard Times*[1] 서두에서 그래드그라인드씨Mr. Gradgrind는 힘주어 말한다. 역사가들은 다수가 그래드그라인드씨와 의견을 공유하는 듯 보이지만 최근의 철학에서 가장 강력한 일부 목소리는 과연 부인할 수 없는 사실이라는 것이 얻어질 수 있는지 여부에 의문을 던지고 있다. 이어지는 장에서는 이와 같은 회의적 문제제기가 갖는 세 가지 주요 양상을 다룰 것이다. 주로 현역 역사가로서 이 문제를 생각해보는 식의 글쓰기가 될 것이다. 하지만 각각의 사례에서 회의주의 진영에 들어갈 이유가 충분하다는 점을 제시할 만큼의 저돌성은 보여주고자 한다.

사실의 세계에 가해지는 공격은 꽤 오래전에 지식에 관한 이론이라는 방향에서 시작되었다. 이 반대운동은 세계가 직접적으로 인식되고 논쟁의 여지없이 묘사될 수 있는 감각적 데이터로 이루어져 있다는 경험주의적 믿음을 뒤흔들려는 사람들에 의해 주로 수행되었다. 지금에 와서는 이와 같은 특정한 경험주의적 교리는 대체로 평판을 잃었다고 해도 무리가 아닐 것이다. 오늘날은 우리의 판단과 전적으로 무관하다고 생각되는 토대 위에 사실적 지식의 구조를 세울 수 있다고 믿는 사람은 거의 없다.

2장과 3장은 이런 탈경험주의적 비판이 지닌 몇몇 함의, 현역 역사가들에게 특히 관련이 깊어 보이는 함의들을 살펴본다. 2장의 목표는 역사가로서의 우리의 목표가 주어진 문제에 관한 모든 사실들을 모아 가능한 한 객관적으로 상술하는 것이 되어야 한다는 익숙한 견해를 재검토하는 일이다. 이런 접근법은 유지되기 힘들다는 점을 보여주고 역사가와 그들이 수집한 증거들의 관계에 대한 대안적이고 더 현실적인 관점을 그려볼 것이다.

3장은 사실의 세계에 관한 더 특정한 문제를 검토한다. 여기서의 쟁점은 이질적 문화집단이나 이전 시기의 사회가 신봉했던 믿음을 이해하는 데 관심을 둔 사람이라면 피할 수 없는 문제이다. 그와 같은 믿음을 살펴볼 때 그것이 단순히 우리에게 익숙하지 않은 정도가 아니라 많은 경우 명백히 틀린 것으로 나타날 때가 많다. 그럴 때 진실과 허위를 판단하는 우리의 감각은 그 믿음을 설명하는 데서 어떤 역할을 해야 하는가? 그에 대한 한 가지 영향력 있는 답변은, 잘못된 믿음이란 논리적 추론의 실패를 가리키므로 왜 그런 믿음을 갖게 되는가를 설명하는 데 있어 연구 대상인 그 믿음의 진실성을 필수불가결한 지침으로 삼는 데서 출발할 필요가 있다는 것이다. 흔히 권장되는 이런 접근법이 바람직한 역사 연구에 치명적이라는 사실을 논증하고 진리 개념은 믿음을 설명하는 작업과는 무관하다는 견해를 옹호하는 것이 3장의 목표이다.

사실의 세계는 인식론주의자들에게 공격을 받는 데 그치지 않고 최근 의미에 관한 이론에서 새로이 전개된 경향에 의해서도 손상되고 있다. 실증주의적 언어철학의 주요한 가정은 의미를 지닌 진술은 모두 사실을 지시해야 하며 따라서 문장의 의미는 그 안에 내포된 주장의 진실성을 확인하는 방식으로 주어져야 한다는 것이었다. 콰인Quine은 그와 같이 보고되기만 기다리는 '있는 그대로의 사실' 같은 건 없다는 주장으로 이런 접근법에 의문을 던졌다. 언어가 실제로 사용되는 여러 방식을 최초로 강조하고 이어 말의 '의미'에 관해 더 이상 묻지 말고 오히려 서로 다른 언어게임들을 수행하는 다양한 기능에 초점을 두어야 한다고 주장한 비트겐슈타인Wittgenstein의 논지도 마찬가지 의문을 제기한 셈이다.

이런 강력한 비판들은 두 가지 서로 관련된 방향으로 확장되어 나갔다. J. L. 오스틴Austin, 존 설John Searle 같은 사람들은 의미와 대비되는 말의 용법을 검토함으로써 어떤 의미가 생길 수 있는지 상세히 살펴보는 쪽으로 나갔다. 그들은 화행speech act이라는 개념을 따로 떼어내어 의사소통을 위해 언어를 사용할 때는 항상 무언가를 말할 뿐 아니라 무언가를 행하게 된다는 사실이 지닌 함의를 추적했다. 다른 한편 H. P. 그라이스Grice나 다수의 다른 이론언어학자들은 무언가를 말하거나 함으로써 어떤 의미를 만들어내는지 물을 때 문제가 되는 의미라는 개념을 재고찰했다. 이 방향의 기여도 마찬가지로 '의미'에서 행위자, 용법, 특히 의도성에 관한 물음으로 관심을 옮겨놓는 효과를 만들어냈다.

텍스트를 읽는 방식

4, 5장과 6장에서는 좀 더 일반적으로 이와 같은 새로운 양상들이 철학사가들과 지성사가들에게 어떤 중요성을 띠는지 살펴본다. 이 책 4장으로 재출판된 논문은 애초에는 서구 사상사에서 '영속적 쟁점들'의 중요성을 가정하는 관습에 저항하면서 작업한 것이다. 소위 고전적 텍스트들이 계속해서 연구할 가치가 있는지 여부는 이 텍스트들이 그런 영속적 쟁점들을 '타당한' 방식으로 다루고 있다는 점을 입증할 수 있

는가에 달려 있다는 합의가 있었다. 나는 이와 같은 접근은 과거의 사상가들이 우리와는 매우 다른 문제들에 관심을 기울였을 가능성을 무시한다고 보았다. 더 구체적으로 말하자면, 이런 식으로 과거를 전유한다면 예전의 철학자들이 글을 통해 실제로 **행한** 것이 무엇인지 고려할 여지가 없어진다고 반박했다. 다시 말해 화행이론에서 끌어낸 몇 가지 통찰을 통해 기존의 지배적 관행을 비판하고 관념의 역사에 대한 한층 역사적인 접근을 옹호하고자 했던 것이다.

그 결과 주로 논쟁적인 글이 되었지만 재출판하면서 논쟁적인 대목들을 완화했고 몇몇 투박한 공식이나 반복적인 논의도 잘라냈다. 그렇긴 해도 여전히 이 글은 체계화된 주장보다는 비판에 가깝지만 5, 6장에서 전개하는 텍스트 해석의 관점을 예시하는 면도 있다. 5장은 의도성과 텍스트 해석에 관련된 뒤엉킨 논의들을 뚫고 나갈 길을 모색하며 바닥을 정리하는 작업에 해당한다. 6장에서는 해석에 대한 나 자신의 접근법을 풀어놓으면서 동시에 이를 수많은 오해로부터 방어하고 이후 여기에 가해진 숱한 반대 의견에 대응하고자 했다. 앞서 이미 내비친 대로 내 주장의 핵심은 철학사가 진정으로 역사적인 정신에서 쓰여지길 원할 때 주된 임무의 하나로 삼아야 하는 것은 연구 대상인 텍스트를 저자가 그것을 씀으로써 어떤 일을 하고 있었던 것인지 이해하게 해주는 지적 맥락 속에 놓는 일이라는 것이다. 이는 물론 오래전에 세상을 뜬 사상가들의 사유과정 안으로 들어가길 열망하는 게 아니다. 그저 역사 연구의 통상적인 기법들을 사용하여 그들이 쓴 개념을 이해하고 그들이 행한 구별을 따라가며 그들의 믿음을 가늠하고 가능한 한 그들의 방식으로 바라보려는 것이다.

과거의 저자들이 무엇을 하고 있었는지 포착할 필요가 있음을 강조하는 데서 드러나듯이, 분리할 수 있다고 보이는 언어의 두 가지 차원을 뚜렷이 구분하자는 것이 내 입장이다. 하나는 관습적으로 의미의 차원, 즉 단어와 문장에 붙어 있다고 여겨지는 의미와 지시내용에 관한 연구로 일컬어지는 것이다. 다른 하나는 아마 오스틴의 용어로 언어적 행동의 차원이라 부르는 것이 가장 합당할 텐데, 화자가 단어와 문장을 사용하면서 (혹은 사용함으로써) 할 수 있는 일련의 것들에 관한 연구이다. 전통적인 해석학은 일반적으로 이런 차원들의 첫 번째에 거의 전적으로 초점을 맞추었다. 나는 두 번째도 최소한 같은 정도로 강조할 것이며 이 책의 2권과 3권을 읽어보면 이 점이 뚜렷이 드러날 것이다. 이렇게 볼 때 나의 접근법을 요약하자면, 비트겐슈타인이 『철학적 탐구』*Philosophical Investigations*에서 표현하듯이 '말은 또한 행위'[2]라는 주장의 함축을 진지하게 받아들이려는 시도라고 해도 좋을 것이다.

언술이 행동이기도 하다는 생각을 숙고하면서, 나는 화행이론이 행동에 대한 철학 일반에 관해 그리고 특정하게는 행위에 관한 설명에서 인과율의 역할에 대해 일러주는 바가 있음직하다는 결론에 도달하게 되었다. 원래는 여기 4장으로 재출판된 논문의 말미에서 이 점을 검토했지만 곧 나의 논점이 심각한 혼란을 안고 있음을 알게 되었다. 이후 다시 한번 시도하자고 결정했고 그 산물이 여기 (상당히 수정되고 다듬어진 형태로) 7장으로 실린 논문이다. 내가 옹호하는 논제는 설사 동기가 원인으로 기능한다는 데 합의하더라도 행동에 대한 비인과율적인 설명이 있을 수 있다는 것이다. 이런 결론은 여전히 내게 설득력 있어 보이며 분명 애초의 내 논지를 크게 개선한 것이다. 사정이 이러하기에 애초에 이런 주장을 제시한 부분을 4장에서 뺐다.

이렇듯 어쩌다 보니 행동의 철학을 연구하게 되었는데, 그러면서 역사가의 직무를 수행하는 데서 매우 중요해 보이는 또 다른 문제들에 직면하게 되었다. 행위를 설명하는 데서 믿음이 하는 역할은 정확히 무엇인가? 우리가 합리적으로 믿음을 갖게 되었다는 건 무슨 의미인가? 믿음과 행위를 설명하는 데서 합리성 평가는 어떤 역할을 부여받아야 하는가? 나는 먼저 7장으로 재출판된 논문 말미에서 이런 문제들을 처음 제기했고 결국 여기 2장과 3장에서 이 쟁점들을 더 본격적으로 다루게 되었다. 이와 같은 논의들이 원래의 설명을 대체하게 되었고 그래서 애초에 이런 주제를 다룬 7장의 마지막 부분을 잘라내고 다시 썼다.

여기서 내가 따르는 접근법은 콰인, 데이비드슨Davidson, 특히 후기 비트겐슈타인의 철학에서 만난 것과 같은 종류의 전체론을 수용했음을 반영한다. 나의 주된 포부 중의 하나는 텍스트 해석과 개념 변화에 관한 연구에서 후기 분석철학의 이런 움직임이 갖는 관련성과 중요성을 지적하는 일이다. 개념들을 표현하기 위해 사용하는 용어의 '의미'로 여겨지는 것들에 초점을 두는 대신, 개념들로 무엇을 할 수 있는지를 묻고 그것들이 서로서로 그리고 더 광범위한 믿음의 네트워크와 맺는 관계를 검토함으로써 개념을 설명하고자 한다. 다른 한편 나는 또한 무엇을 믿는 게 합리적이냐는 문제는 우리 자신이 가진 믿음의 성격에 크게 의존한다고 가정한다. 특정한 믿음을 다른 믿음들의 맥락에 놓아 해석하고 믿음의 체계를 더 넓은 지적인 틀에 두어 해석하고자 하며, 이 더 넓은 틀은 장기지속longue durée의 견지에서 바라봄으로써 이해하고자 한다.[3]

지금까지는 의미와 지식에 관한 탈경험주의적 이론들과 그것들이 어떻게 사실들의 실증적 세계를 뒤흔들었는가에 관해 얘기했다. 다음으로는 언어가 본질적으로 생각을 표현하고 소통하는 매개라는 전통적인 견해를 근래 들어 확장하고 한층 복잡하게 만든 제3의 길을 검토해보고자 한다. 포스트모던 문화비평의 가장 유익한 성과 중 하나는 쓰기와 말하기의 순전히 수사적인 양상들에 대한 인식을 향상시키고 그럼으로써 언어와 권력의 관계에 대한 민감도를 높인 점이다. 점점 더 분명해지는 사실은 우리가 단순히 정보를 소통하기 위해서만 언어를 사용하는 게 아니라, 우리의 발언에 권위를 주장하고 상대방의 정서를 불러일으키며 포함과 배제의 경계를 만들어내거나 그 밖의 많은 사회적 통제력을 행사하기 위해서도 언어를 사용한다는 것이다.

이어 8, 9, 10장에서는 이런 텍스트 전략들에 관한 몇 가지 질문을 다룬다. 여기에 관해 얘기할 거리나 해야 할 일이 많다는 건 말할 필요도 없을 것이다. 나 자신이 감당한 부분은 수사기법의 특정 범위, 곧 사회 세계의 건설에 근거를 제공하거나 무너뜨리기 위해 말의 힘을 활용하는 것과 관련된 기법들에 한정된다. 8장은 하나의 구체적인 역사적 사례를 참조함으로써 사회적 행위가 그 행위를 정당화하는 데 사용할 수 있는 규범적 서술에 의존하고 있음을 예증하려는 시도이다. 일찍이 1974년에 출판한 논문[4]에서 단초가 제시되기는 했어도 이 장은 대체로 새로 작업한 것이다. 9장은 사회 세계를 재평가하는 방식으로 재서술할 수 있는 전략들에 대한 유형분류를 제시한다. 10장은 이러한 이데올로기적 임무들을 수행하는 수단이 되는 구체적인 수사기법들을 더 상세하게 고찰한다.

비평가들은 계속해서 철학사에 대한 나의 접근방식이 이 분야의 핵심을 제거한다고 불만을 표시해왔다. 만일 우리가 고전 텍스트에 담긴 영원한 지혜를 배우지 못한다면 그것을 공부하는 가치가 무엇이겠는가 하는 것이다. 그들 중 많은 사람들은 이런 텍스트를 상황의 변화에 따라 내용이 달라지는 더 넓은 담론의 요소로 다룬다면 '가장 케케묵은 고리짝 관심사'[5] 말고는 아무것도 남지 않으리라고 본다. 나는 이런 식의 우울하리만치 속물적인 반대를 예견했고 원래는 여기 4장으로 실린 논문 말미에서 그에 대해 반박하려고 시도한 바 있다. 하지만 나의 반응은 비평가들을 만족시키기엔 도무지 불충분했고 따라서 여기 6장으로 재출판된 논문 후반부에 더 상세하게 서술하고자 했다. 하지만 그조차도 충분치 못했고 내 작업이 순전히 역사적이며 그로부터 배울 수 있는 건 아무것도 없다는 반박은 계속되고 있다.[6]

어쩌면 나의 주장을 좀 더 단도직입적으로 다시 진술해볼 필요도 있을 듯하다. 나의 작업이 내 힘이 닿는 한 역사적인 것이라는 점은 사실이다. 하지만 그럼에도 불구하고 그것은 동시에 현재의 사회 세계를 이해하는 데 기여하려는 의도에서 이루어진 것이다. 다른 지면에서 밝힌 바 있듯이[7] 과거의 용도 중 하나는 우리가 우리 자신의 지적 유산의 주문呪文에 홀려 있기 십상이라는 사실에서 나온다. 우리가 가진 규범적 개념들을 분석하고 사유할 때 우리의 지적 전통의 주류를 통해 전해 내려온 방식이 틀림없이 유일한 사유방식이라고 믿어버리기 쉽다는 것이다. 이런 상황을 감안하면 역사가들이 할 수 있는 기여의 하나는 일종의 푸닥거리이다. 들어보려는 의지로, 즉 그들의 방식으로 바라보려는 노력으로 과거에 접근한다면 이처럼 너무 쉽게 홀리는 일은 막을 수 있을 것이다. 과거에 대한 이해는 현재적 생활방식에 체현된 가치들과 그 가치들에 대해 사유하는 현재적 방식들이 서로 다른 시간에 서로 다른 가능한 세계들을 놓고 행해진 일련의 선택들을 반영하고 있음을 알아보게 해준다. 이런 인식은 가치들이나 그것들이 어떻게 해석되고 이해되어야 하는지에 대한 어느 하나의 지배적 설명에서 놓여날 수 있게 해준다. 가능성에 대한 더 폭넓은 이해를 갖출 때 우리는 계승받은 지적 규약들에서 한 걸음 물러나 새로운 탐구정신으로 그것들을 어떻게 생각해야 하는지 스스로에게 질문할 수 있게 된다.

도덕적·사회적·정치적 사유의 구조가 과거에 실제로 유통될 당시는 어떠했는지 조사한다면 그로부터 밝혀낸 것을 성찰함으로써 우리가 배울 수 있는 것 또한 많다. 우리는 평가 조건의 적용에 관한 끝없는 논쟁과 마주치게 되며 인정과 정당성을 얻으려는 끊임없는 싸움을 목격하게 되고, 그리하여 가장 추상적인 사유체계의 기초에까지 깔려 있는 이데올로기적 동기들을 감지할 예민한 감각을 얻게 된다. 요컨대, 우리는 철학적 논의가 종종 사회적 권력에 대한 주장과 깊이 얽혀 있음을 알게 되는 것이다.

10장에서 지적하다시피 이와 같은 광경에서 끌어낼 수 있는 몇 가지 함축적인 의미들이 있다. 하나는 우리의 도덕적·정치적 삶을 관장하는 원칙들이 일반적으로 세미나실보다는 전쟁터를 연상시키는 방식의 논쟁을 거쳐왔다는 점이다. (혹은 세미나실이라는 게 실상은 전쟁터라는 교훈일 법도 하다.) 그와 관련되어 있는 또 다른 함축은 이런 전쟁 같은 건 초월한 듯 공평무사한 분석자의 태도로 정의와 자유 그리고 여타의 소중한 가치들에 대해 포괄적인 비전을 제시하는 우리 시대의 도덕·정치철학자들을 아이러니한 시선으로 바라보는 게 온당할 수 있다는 것이다. 마지막으로 이끌어낼 교훈은 사회적인 설명에서 결국은 구조보다 행위자가 더 특권적인 대우를 받음직하다는 점이다. 사회적 권력의 여타 형태들과 마찬가지로 언어는 물론 하나의 제약이고 그것은 우리 모두를 형성한다. 하지만 8장과 9장에서 보여주고자 한 바와 같이, 언어는 또한 하나의 자원이며 우리는 그것을 활용하여 우리의 세계를 형성할 수 있다.

따라서 다음에 이어지는 내용들은 탈정치화된 입장[8]을 반영하기는커녕 하나의 정치적 주장을 이룬다고 말할 수도 있겠다. 펜이 하나의 강력한 칼이라는 점을 인식하자는 주장이다. 물론 우리는 관행에 길들여져 있고 그로부터 제약을 받는다. 하지만 그러한 관행들이 발휘하는 지배력은 부분적으로 그것들을 유지하는 우리의 규범적 언어가 갖는 힘에 기대고 있으며, 그러므로 언어라는 자원을 활용하여 이런 관행을 떠받치는 대신 무너뜨릴 가능성도 언제나 열려 있다.

2장

역사학의 실제와 사실 숭배
The practice of history and
the cult of the fact

이 장은 원래 *Transactions of the Royal Historical Society*, 6th series, 7 (1997), pp.301~316에 「제프리 엘턴 경과 역사학의 실제」Sir Geoffrey Elton and the Practice of History라는 제목으로 실린 논문을 수정하고 확장한 것이다.

역사가의 임무에 대한 엘턴의 관점

영국 역사가들은 자신들의 기교의 성격에 대한 철학적 성찰을 불신하는 것으로 악명이 높다. 이런 비난은 물론 과장된 것이지만 때로 그들이 과거에 관한 사실들을 발견하고 이를 가능한 한 객관적으로 상술하는 것을 역사가의 과제로 생각하는 단도직입적인 경험주의자들로 짐짓 자처한다는 점을 부인하기는 힘들다. 포스트모던 문화의 진출에도 불구하고 이런 특성은 계속해서 많은 현역 역사가들에게 충분한 것으로 여겨졌고[1] 근래 들어 이들의 관점은 최근의 이론적 작업을 통해 새롭게 옹호를 받고 있다.[2] 이런 입장을 채택했을 뿐 아니라 그에 대한 이론적 정당화까지 제시하는 사람들 중에 최근 단연 두드러지는 인물은 제프리 엘턴 경으로, 그는 근대 초기 유럽을 다루는 역사가로서의 많은 저명한 활동을 늘 역사 연구의 성격을 기꺼이 성찰하려는 솔직한 의향과 결합시켰으며 여기에 관해 무려 세 권의 책을 출판한 바 있다.[3] 역사철학자로 전면에 나서려는 엘턴의 자세는 비범한 반면, 실제 그의 철학은 편안하리만치 익숙한 것이다. 그는 항상 스스로를 사실 숭배[4]의 부끄럼 없는 대표자로 내세운다. 따라서 엘턴의 이론적 저작들은 이런 접근법의 장단점을 평가하는 데 특히 도움이 되는 수단을 제공한다고 할 만하고, 따라서 아래에서는 역사가의 임무에 대한 그의 관점에 초점을 맞추도록 하겠다.

사실 숭배와 기법으로의 도피

엘턴이 최초로 역사 연구의 방법과 목적을 본격적으로 검토한 『역사학의 실제』*The Practice of History*라는 책부터 살펴보면, 우리는 그의 주장을 관통하는 의미심장한 은유 하나를 발견하게 된다. 거기서는 역사가가 되려는 사람들이 장인 스승의 검토와 평가를 받고자 첫 번째 작품을 만들고 있는 견습생, 어느 대목에서는 견습 목공으로 특정하여 묘사되고 있다.[5] 엘턴은 젊은 학자들이 '적절한 견습과정'을 거쳐야 한다고 거듭 말한다. 이들은 '자신의 생활이 기술을 배우는 견습생의 생활'이고 '직업에 맞게 스스로를 훈련할' 필요가 있으며 따라서 '가르침과 지도와 훈련'을 받을 필요가 있음을 받아들여야 한다는 것이다.[6]

여기서 주목해야 할 점은 스승과 제자 둘 다 항상 남성으로 가정된다는 사실이다. 더욱 핵심적인 가정은, 스승이자 역사저술가인 사람들이 특정 기술들을 습득하고 따라서 엘턴이 '관행과 경험의 진리'[7]라고 부른 것을 전수할 위치에 있는 장인 곧 테크네techne의 전문가라는 것이다. 이와 같은 신념은 역사 방법론에 관한 엘턴의 저작 전체를 통해 들을 수 있는 저자의 목소리에 힘입어 한층 강화된다. 그 목소리는 '철저하고 적절하게 훈련'[8]받기 위해 견습생이 읽고 주목하고 배워야 할 규칙들을 전수하는 사람의 어조이다.

견습생이 『역사학의 실제』 첫 장에서 배워야 할 첫 번째 중요한 교훈은 '역사는 상태가 아니라 사건을 다루며, 존재하는 일이 아니라 일어나는 일을 조사한다'는 것이다. 이로부터 역사가란 스스로의 분석을 '사건 연쇄의 단계로, 일어난 일의 연속을 설명하는 자료'로 생각해야 한다는 점이 따라 나온다고 한다. 따라서 역사가는 '변화를 이해하는 데 집중해야 하고, 그것이 역사적 분석과 기술의 핵심 내용'[9]이다. 역사가의 기본 의무는 '변화를 고려하고 설명하는 것'이며 이 능력은 '서로 다른 사실들에서 결과를 추론하는' 과정과 동일시된다.[10]

여기서 이 견습생이 이미 진척시킨 역사 연구가 어느 정도라고 전제해야 하는지는 분명치 않다. 하지만 해당 견습생은 별달리 많이 읽지 않았더라도, 이 모든 주장들이 논의의 여지가 많다는 사실을 이내 알게 될 것이다. 그가 최소한 예술사나 철학사의 저작 몇몇을 넘겨보았다고 치자. 그랬다면 역사가들이 모두 설명에 몰두하는 게 결코 아니며 그 설명 과정을 (엘턴의 정식대로) 결과의 연역으로 생각한다면 더더욱 그렇지 않음을 곧바로 알게 될 것이다. 어떤 역사가들은 해석의 제시, 따라서 텍스트와 여타의 대상들을 그 개별적 의미가 추론될 수 있는 의미의 장場에 놓는 과정에 관심을 둔다. 더욱이 그 견습생이 종교사나 경제사를 읽었다면 설명에 관여하는 역사가들조차 항상 사건들을 설명하는 데 관심을 두는 게 결코 아님을 알게 될 것이다. 몇몇 역사가들은 특정 신념체계의 우세함이라든지 과거의 생산과 교환체계의 작동방식 같은 문제들을 설명하는 데 관심을 갖는다.

이 견습생이 역사철학에 관한 저작을 읽게 되리라 상상하기는 어렵다고 본다. 그가 이 대가의 가르침을 따른다면 그 점이 확실한데, 『역사학의 실제』서문에서 엘턴은 명시적으로 '역사적 지식의 현실성'이라든지 역사적 사유의 성격 같은 문제들에 대한 철학적 관심은 역사가의 작업을 방해할 뿐'[11]이라고 단언하기 때문이다. 그럼에도 상상 속의 이 견습생은 역사가가 사건을 설명하는 방식이 어떻게 해서 엘턴의 주장대로 '서로 다른 사실들에서 결과를 추론'[12]하는 것일 수 있는지 질문을 던질 만큼 성찰적인 인물일 수도 있다. 결과에 대한 지식이 때로 역사가로 하여금 사건의 중요성을 재검토하게 만들기도 한다. 하지만 그럴 경우 사건을 설명하는 것이 아니라 이미 설명된 바를 재확인하는 데 그치게 될 것이다. 설명이 문제가 될 때 역사가는 분명 사건의 결과물만이 아니라 사건 발생의 인과적 조건에도 초점을 맞출 필요가 있다.

이런 점들을 고려하면 엘턴이 단순히 이 지점에서 살짝 말실수를 범했고 실제로는 역사가들이 원인을 지적하는 방식으로 사건을 설명한다는 얘기를 하려 했다고 생각할 수도 있다. 하지만 그는 '인과관계를 역사의 주된 내용으로 상정하는 것은 오류'라고 주장했으므로 이런 식으로 구제받을 마음이 없었던 게 분명하다.[13] 그렇다면 사건의 결과를 추적하는 행위가 그것이 왜 일어났는지에 대한 설명 제공이라는 임무에 어떻게 관련되는지 도무지 알 길이 없으므로, 역사적 설명에 관한 그의 생각을 이해할 수가 없게 된다.

그러나 역사 연구에 관한 엘턴의 두 번째 책으로 눈을 돌리면 역사적 설명에 관한 한층 복잡하고 광범위한 분석을 만나게 되며 여기서 강조점은 전적으로 결과가 아니라 원인에 놓인다. 1970년에 첫 출간된 『정치사: 원칙과 실제』*Political History: Principles and Practice*가 그것이다. 첫 세 장章은 대체로 『역사학의 실제』가 역사 연구에서 정치의 우선성을 내세우며 이미 제시한 다수의 주장들을 날카로움은 덜어내고 더 온건하게 발전시키고 있다. 하지만 '설명과 원인'이라는 제목의 4장에서 엘턴은 상당량의 새로운 작업에 착수한다. 그는 또한 놀랄 만큼 자신감 있게 역사적 설명에 대한 철학적 문헌 전체를 공격하려다가 도리어 자기가 가진 창을 여러 개 부러뜨린다.

그로부터 나온 결과는 논쟁으로서는 이목을 끌 만하지만, 주장 자체는 이 분야에서 좋은 이론이란 실제에 대한 반성이자 재진술에 다름 아니라는 엘턴 자신의 단언으로 힘을 잃는다.[14] 그는 역사적 설명을 제공하는 것은 역사가들이므로 철학자들의 헛소리 같은 것에 귀를 기울이는 대신 무엇이 훌륭한 설명인지 역사가들이 일러주어야 한다고 거듭 공언한다. '역사가들이 하는 일'에 대한 설명, '역사가들의 원인 개념'에 관한 분석, '역사가들이 원인에 관해 말할 때 의미하는 바'에 대한 조사가 필요하다는 것이다.[15]

엘턴이 설명 개념에 있는 실용적 요소, 즉 훌륭한 설명이란 사실이나 사건 발생에 관한 의문점을 제거하는 데 성공한 것이라는 말로 가장 잘 표현될 법한 요소에 강조점을 둔 점은 정당할지도 모른다. 하지만 그렇다고 해서 역사가가 그런 의문점을 해소하는 방식으로 우리에게 제시한 것이야말로 훌륭한 역사적 설명이라는 얘기가 뒤따라오는 건 아니다. 역사적 설명은 설명으로서의 평가를 면제받지 못하며, 무엇이 설명으로 적절한가 하는 질문은 어쩔 도리 없이 철학적인 질문이다. 문제는 역사가들이 무슨 말을 하는가가 아니라 그들이 하는 말이 이치에 닿는가 아닌가 하는 것이다.

그렇다고 해서, 엘턴이 논의한 철학자들이 훌륭한 역사적 설명의 필수조건을 들면서 역사적 설명이란 모름지기 법률학적인 형식을 띠어야 한다고, 즉 사실과 사건을 어떤 경험적 법칙의 사례라는 식으로 설명하는 것이 역사가의 임무라고 함으로써 지나치게 엄격한 모델을 부과한다는 엘턴의 주장이 정당화될 수 있음을 부인하는 건 아니다.[16] 그럼에도 불구하고 그런 철학자들이 역사에서 인과적 설명의 제시가 어느 정도는 특정 사례를 더 광범위한 일반성에 관련시키는 능력에 의존한다고 주장하는 건 분명 일리가 있다. 엘턴은 이에 대해 역사가들은 늘 '특정 사건'에 관여하므로 일반화란 역사적 설명의 추구에서 '전혀 도움이 안 된다'고 논하면서 강한 반대 의견을 표시한다.[17] 하지만 이러한 불합리한 추론은 터무니없다. 설사 역사가들이 특정 사건들에만 관여하더라도 그 사건들을 설명하기 위해 인과적 통일성을 조사할 의무가 없어지는 건 아니다. 더욱이 엘턴의 단언에도 불구하고 역사가들이 그와 같은 특수한 것들을 더 광범위한 설명적 배경과 연결하지 않고서 어떻게 사실 혹은 사건 발생에 관한 의문점을 해결할 수 있다는 것인지 알 길이 없다.

하지만 앞서 살펴본 『역사학의 실제』의 주장으로 돌아가보면, 이런 문제들은 엘턴이 견습생에게 주로 요구했던 사안이 아니므로 결국 그에게 있어 크게 중요하지 않다는 사실을 알게 된다. 1장 끝에서 그는 갑자기 역사의 목적에 관한 새로운 주장을 도입한다. 여기서 견습생은 역사가 '그 자체에 값하고 그 이상에 값하기 위해서는 하나에 집중해야 한다'고, 즉 이용 가능한 온갖 증거들로부터 나중에 엘턴이 '진정한 사실'이라 부른 것을 추출하는 일에 집중해야 한다는 이야기를 듣는다.[18] 엘턴에게 진정한 진술이란 **곧** 사실에 대한 진술이고 따라서 진정한 사실이라는 개념은 하나의 과잉임이 잇따라 드러나므로 이런 식으로 주장을 도입하는 것은 그다지 적절하지 않다.[19] 그럼에도 그는 이 새롭고 모순적인 주장을 내세우는 데 아무런 주저함이 없다. 즉 역사가들은 기본적으로 진리에 도달하려는 목표를 갖고 사실들을 모으는 일을 하는 사람들이라는 것이다.[20] 이런 신념을 표명하면서 엘턴은 사실 숭배를 향한 흔들림 없는 충성을 선언한다. '진리가 증거에서 추출될 수 있고' 따라서 역사의 사실들을 드러냄으로써 역사가는 '과거의 진정한 현실'을 발견할 수 있다는 데는 의심의 여지가 없다고 그는

주장한다.[21]

역사의 방법론에 관한 엘턴의 후기 견해는 이 두 관점 사이를 오락가락한다고 볼 수 있다. 1968년 그의 케임브리지 대학 취임 강연으로 1991년 『핵심으로 돌아가라』*Return to Essentials*라는 책에 다시 실린 글의 도입부는 '모든 역사의 본질은 변화'라는 주장으로 되돌아간다.[22] 1983년 근대사 흠정강좌 담당교수Regius Professor직을 맡으며 했던 그의 두 번째 취임 강연도 같은 책에 실렸는데 여기서 그는 '시대에 걸친 변화의 이해에 중점을 두지 않는 역사적 분석의 부적절함'을 한층 더 강조하여 이야기한다.[23] 그러나 전체적으로 보아 우세하게 된 것은 이보다는 사실의 수집에서 진리를 추출한다는 생각이다. 첫 번째 취임 강연에서는 역사가들이 '증거에 대한 적절한 평가와 적절한 연구'에 종사해야 한다고 주장하고, 이는 그들이 '단 하나의 것, 즉 진리를 발견하는 것에 관여'하기 때문이라고 덧붙인다.[24] 실제로 '증거'라는 제목이 붙여진 『정치사』 3장은 마찬가지로 역사가들이 연구하는 엄청난 자료와 '그로부터 진리 같은 무언가가 추출될 수 있다'는 약속에 관해 이야기한다.[25] 두 번째 취임 강연은 다시 한번 역사가의 유일한 목표가 '과거에 관한 진리를 말하는 것'임을 되풀이하면서 끝난다.[26] 마지막으로 엘턴이 1991년의 『핵심으로 돌아가라』에서 재확인시키는 '핵심'이 있다. 견습생은 그가 조사하는 모든 사건에 관한 '역사적 증거의 처리'에서 '전문 훈련'을 받아야 하며, 그 궁극적 목표는 '사건과 사건을 둘러싼 온갖 것들의 진리'에 도달하는 것이다.[27]

『역사학의 실제』 2장은 역사의 증거 항목들에 관한 이야기가 무슨 의미인지 분명히 해줄 몇몇 사례를 덧붙이고 있다.[28] 그는 자신이 염두에 두고 있는 것이 재정적 설명이나 소송사건의 기록이나 집과 같은 과거의 물질적 유산에 대한 기록이라고 말한다. 이런 것들이야말로 견습생이 마주칠 수 있는 '단연 가장 중요하고 통상적인' 증거이며 진리를 끌어내야 하는 기록이자 사실적 자료라는 것이다.[29]

이 지점에서 견습생은 아마 일말의 놀라움을 표명하리라 상상이 된다. 이런 형태의 증거들이 가장 통상적일지는 몰라도 확실히 '단연 가장 중요한' 것일 수 있을까? 도서관을 장식하고 있는 신학, 철학, 과학의 저작들은 어떤가? 박물관과 미술관을 채우고 있는 위대한 회화나 다른 예술작품의 유산은 어떤가? 엘턴은 『역사학의 실제』 마지막 장에서 답을 들려준다. 견습생은 마땅히 역사 연구의 선택적 양상과 '실제' real 혹은 '실물' hard 역사를 구별하는 법을 배워야 한다는 것이다.[30] 역사에 대한 연구와 가르침의 '견고한 윤곽'은 '당시의 공적 삶에 있어서의 통치체제와 피통치자의 행위로 구성되어야 하며', 이것이 '다른 것들을 이끌고 나갈 정도로 충분히 우세한' 유일한 주제이다.[31] 그러나 이것이 역사 연구의 '근간'을 이루는 한,[32] 비록 '모호함과 가식'을 부추기는 측면이 있지만 지성사나 예술사 같은 선택적 추가사항을 더하는 건 크게 문제가 되지 않는다.[33] 엘턴은 심지어 가령 정치이론사 같은 몇몇 종류의 지성사가 적극적 가치를 갖는 것도 허용하는데, 정치에 관한 사람들의 생각을 연구하는 것은 '정치조직과 행위의 문제'에 연결되어 있으므로 '연구생의 "실물" 역사의 주된 부분에 직접적으로 관련'되기 때문이다.[34] 하지만 『핵심으로 돌아가라』를 출간할 즈음이 되면, 엘턴은 그간 사상사가 '갑자기 부엌방에서 응접실로 옮겨온' * 것에 분명한 낙담을 표시한다.[35] 이와 같은 예상치 못한 건방진 무례에 대처하기 위해 그는 후기 저작에서 견습생에게 지성사는 '실제' 역사가 아니라는 점을 더 공들여 경고한다. 그것은 '본성상' '현실

과의 접점을 상실하기 쉽고', 사실상 '실제 삶에서 벗어나' 있다는 것이다.[36]

이렇게 해서 견습생은 무엇을 어떻게 연구할 것인지에 관한 몇 가지 분명한 교훈을 갖고 떠나게 된다. 그는 '실물' 역사에 집중해야 하고 따라서 『역사학의 실제』 2장에 처음 명시된 종류의 증거, 즉 소송사건의 기록이나 집 같은 과거의 물질적 유산에 대한 기록들이 제공하는 증거에 집중해야 한다. 그러고 나면 그런 형태의 증거에서 사실들을 추출하고 그리하여 진리를 추출하는 일을 업으로 삼아야 한다. 그는 2장에 적혀 있듯이 '역사적 방법은 과거가 남겨놓은 것에서 그 과거의 진정한 사실과 사건을 추출하는 인정받고 검증된 방식에 다름 아니다'[37]라는 점을 기억해야 한다. 견습생은 '진리가 비평의 적절한 원칙들을 적용함으로써 추출될 수 있다'[38]라는 것을 의심할 필요가 없다. 그가 이 교훈들을 적절히 따르기만 한다면 문제없이 목표를 달성할 수 있을 것이다. 모든 성공적인 숭배 제의가 그렇듯이 사실에 대한 숭배도 최종적인 진리, 엘턴이 다분히 금언처럼 읊조린 바에 의하면 '단순한 진실성보다 더욱 절대적인 진리'[39]를 향해 우리를 인도하겠다고 약속한다.

짐작컨대 이 단계쯤 되면 견습생은 약간 당황하기 시작할 것이다. 엘턴은 그에게 진리에 도달하기 위해 사실을 추출하기로 되어 있는 증거가 어떤 종류인지 보여주려고 집을 예로 든 바 있다. 그러나 단도직입적으로 집과 같은 것을 두고 어떻게 진리를 추구할 수 있을 것인가?

---

* 부엌방은 엘턴이 생각하기에 현실과 접하는 '실제' 역사 연구를, 응접실은 그런 실질적 작업을 외면하고 지성사 같은 샛길로 빠지는 연구를 비유한다.

집을 어떻게 조사하는 것이 가장 좋은가를 말하기 전에 그걸 왜 연구하는지, 왜 그것이 흥미로운지에 관해 일정한 생각을 갖고 그에 대한 연구에 접근할 필요가 있지 않을까?

물론 엘턴은 이런 우려를 내다보았고 흥미로운 반응을 보여주었다. 『역사학의 실제』 첫 장은 '진짜' 역사가들과 아마추어를 구분하고 있다.[40] 액턴 경Lord Acton이나 ('진짜 괜찮은 아마추어'인) G. M. 트레벨리언Trevelyan 같은 아마추어들은 그들 스스로를, 그리고 자신들의 열정을 과거로 들이댄다.[41] 반면 진짜 역사가들은 증거가 스스로 질문을 내놓기를 기다린다. 엘턴이 이후에 말한바, 진짜 역사가는 절대로 질문을 '자료에 대고 강요하지 않고', 자료가 역사가에게 질문을 강요한다. 진짜 역사가는 '증거의 종복'이며 '그것이 말해주는 것을 흡수하기 전까지는 특정한 질문은 하지 말아야' 한다.[42] 이런 구별은 3장에서도 반복되는데 거기서 다시 한번 역사가로서 물어야 할 질문은 '작업에서 우러나야' 하지 '위에서 부과되는'[43] 식이어서는 안 된다는 얘기가 나온다.

이런 종류의 금지 명령은 독일 해석학 전통의 중심을 이루는데, 한스-게오르그 가다머Hans-Georg Gadamer의 저작들, 특히 1960년의 『진리와 방법』Wahrheit und Methode에서 두드러진다.[44] 『역사학의 실제』에 가다머의 이름이 등장하지는 않으며 엘턴이 이후 『핵심으로 돌아가라』에서 그를 불러들일 때도 장황하고 혼란스러운 인물로 치부하는 것이 사실이다.[45] 하지만 내가 보기에는 엘턴이 가다머의 가장 특징적인 주제 중 하나를 반복할 뿐 아니라, 두 사람이 공히 강조하는 논의는 사전 판단 및 기존의 해석과 설명 유형에 증거를 끼워 맞추는 경향이 불가피함을 인식하는 것이 필요하다는 사실을 상기시키는 유익한 역할을 한다.[46] 더욱이, 견습 역사가들조차 알고 있다시피 익숙하지 않은 증거를 익숙한 범주에 성급하게 넣어버리는 일을 피하기가 매우 어렵다는 사실을 감안할 때, 이런 경고는 한층 더 가치가 있다.

이 법칙을 실행에 옮기는 데서도 몇 가지 어려움이 여전히 남아 있다. 가다머라면 무엇보다 엘턴이 보여주는 실증주의적 자신감을 승인하지 않을 것이 분명하다. 견습생이 마주치게 될 원 증거가 어떤 종류인지 보여주기 위해 엘턴이 집을 예로 들었다는 점을 다시금 생각해보라. 가다머는 엘턴이 연구 대상을 집house으로 규정함으로써 이미 질문을 자초했다고 지적할 것이다. 엘턴이 온갖 관련 자료에 그렇게 기술되어 있으니 연구 대상은 집이 분명하다고 반박한다면 현명치 못한 일이 될 것이다. 하원House of Commons도 온갖 관련 자료에 '집'으로 기술되지만 그냥 집은 아니다. 대상이 집처럼 보이니까 집이 분명하다고 답해도 더 나을 바가 없다. 한편에서는 어떤 대상이 전혀 집처럼 보이지 않아도 집일 수 있다. (예전에는 등대였다가 지금은 집으로 사용되는 경우를 생각해보라.) 다른 한편으로는, 집처럼 보일지 모르지만 집이 아닐 수도 있다. (존 밴브루 경Sir John Vanbrugh이 설계한 묘를 생각해보라.) 가다머가 늘 강조하다시피 우리는 우리 자신의 말로 증거의 어떤 양상을 기술하기 시작하는 순간 이미 해석 과정에 붙잡힌다.[47]

집과 같은 증거와 마주친다는 엘턴의 생각이나 그가 누차 요구하듯이 증거가 우리에게 질문하도록 허용한다는 생각을 어디까지 밀고 나갈 수 있을까를 질문하는 순간, 더 다루기 힘든 두 번째 문제가 발생한다. 엘턴은 역사가에게 '유일하게 적절한 야심'은 '모든 증거를 알고자' 하는 것이며 따라서 견습 역사가가 진리를 말하고자 한다면 '적절한 자료에 대한 총체적인 숙지'를 달성하는 것에서 출발해야 한다는 확고한 생각을 갖고 있다.[48] 증거 일체에 대한 분명한 독해에 도달하겠다는 저변의 열망은 놀라울 정도로 여간해서 사라지지 않는다. 엘턴의 신념은 최근 들어 가령 피터 게이Peter Gay에게도 반복되는데, 게이는 18세기에 관한 자신의 주요 저작에 『계몽: 하나의 해석』The Enlightenment: An Interpretation이라는 제목을 붙인 것에 후회한다고 쓰고 있다. 그는 "'유일무이한 해석"the Interpretation이라고 하면 오만하게 들리겠지만 그럼에도 그것이 '내가 실제로 의미한 바'였다고 말한다.[49]

하지만 계몽에 관한 유일무이한 해석을 제공한다는 것이 무슨 뜻일까? 최소한으로 보더라도, 그것은 18세기 고급문화의 총체적 그림을 제공하는 일과 관련된다고 여겨지는 모든 증거들에 대한 모든 독법들을 다 통합하거나 아니면 다 파기할 수 있기에 충분할 정도로 포괄적인 분석을 제공한다는 의미일 것이다. 그와 같은 프로젝트를 이해할 수 있을지도 의심스러울 뿐 아니라, 그것을 수행하려는 시도 자체가 한 생애를 몇 번 거듭해야 가능하다. 계몽이라는 현상에 대한 분석이라면 어떤 것이든 불가피하게 그것의 가장 특징적인 사유들의 성격에 관한 일련의 사전 판단과 그것들을 어떻게 예시하는 것이 최선인지에 관한 또 다른 일련의 판단에 토대를 둘 수밖에 없다. 그러나 그런 판단에 관여한다는 것은 이미 우리가 다만 하나의 해석을 제시할 뿐임을 인정하는 것이다. 결과물로 내놓은 연구가 공정한 포괄성을 보여주는 모범사례가 될 수는 있겠지만 그렇다고 모든 것을 다 포괄할 수는 없으며, 따라서 새로운 사실을 발견하는 학자들이나 기존 사실들의 의미에 관해 새로운 해석을 제시하는 학자들이 수행하는 지속적인 재해석에 열려 있다.

견습 역사가에 대한 엘턴의 짐짓 더 겸손한 요구에 관해서도 똑같은 반박이 적용될 수 있다. 앞서 본 대로 엘턴의 기본적인 주장은 진리를 말하고자 한다면 집과 같은 증거물과 대면했을 때 견습생은 그 증거에 대한 '총체적 숙지'를 달성하는 것으로 출발해야 한다는 것이다.[50] 하지만 다시 한번 문제는 집과 같은 증거물을 두고 총체적 숙지를 추구한다는 생각을 어떻게 이해해야 하는가 하는 점이다. 가령 채츠워스 하우스에 관한 총체적 숙지를 달성하고 그럼으로써 데번셔 공작의 주요 저택에 관한 진리에 도달한다는 계획이 있다고 하자. 채츠워스에 관한 모든 사실들을 완전히 연구한다는 것은 문자 그대로 끝없는 작업일 것이다. 견습생이 집 자체에 대한 (어떤 의미이든) 완전한 묘사에 근접하는 작업을 축적하는 데만도 일평생이 다 걸릴 것이다. (창문이 몇 개인가? 창유리는 몇 개인가? 각 유리의 크기는 얼마인가? 무게는 얼마인가? 어디서 온 제품인가? 가격은 얼마인가?) 거기까지 가더라도 견습생에겐 여전히 문서보관실에 들어가 채츠워스 소유자들의 삶이나 그것을 건설하는 과정을 다룬 수많은 필사본들을 맥없이 바라보는 일이 남아 있다. (필사본이 몇 권인가? 각 권은 몇 페이지인가? 각 페이지의 글자는 몇 개인가? 사용된 잉크는 어떤 종류인가?)

그러나 논의를 진전시키면서 엘턴도 분명 이런 어려움을 인식했거나 최소한 입장을 바꾸기 시작했다. 『역사학의 실제』 3장에서는 여전히 역사가가 자기 연구 대상에 관해 '진리라고 해도 좋을 어떤 것을 발견할 수 있다'고 장담한다.[51] 하지만 4장에 가면 역사가가 어떤 특정 진리들에 도달할 희망을 가질 수 있다는, 매우 상이하고 대단히 겸허해진 주장으로 이런 견해를 대체한다. 2장이 '과거 현실들'에 관한

'진리'의 발견을 이야기하고 있다면, 4장은 '견고한 진리들'을 발견하고 그럼으로써 '진리의 영토에 새로운 발판을 구축하는' 역사가의 능력에 대해 말한다.[52]

　　뒤이어 역사가의 임무에 관해 이처럼 한층 겸허해진 설명이야말로 엘턴에게 정말 중요하다는 사실이 드러난다. '진짜' 역사가의 목표는 논란의 여지없는 사실의 수치를 보태는 방식으로 새로운 진리에 도달하는 것이다. 이후 엘턴이 사실에 대한 그와 같은 확신을 둘러싼 해체론자들의 회의를 맹렬히 공격한 것은 『역사학의 실제』 3장에서 말한 대로 역사가들이 '의심의 여지없이 알고' '확신을 갖고 말할 수 있는' 것들이 많다는 인식에서 비롯된다.[53] 엘턴은 '헨리8세의 살아남은 제일 손위의 자식이 누구인지' 의심의 여지없이 알고 있으며, 이는 '어떤 논란도 가능하지 않은' '엄청난 수의' 역사적 사실 중의 하나이다.[54] 그러므로 엘턴은 '역사에서 확정할 수 있는 어떤 확실한 것도 없다'라고 주장하는 도미니크 라카프라Dominick LaCapra 같은 해체주의 비평가와 대면하여 어떻게 대응해야 할지 추호의 의문도 갖지 않는다.[55] 비록 라카프라 교수의 이름 철자는 몰라도 라카프라가 '사실들의 존재를 부인'하려 한다면 '분별없는 자기만족의 오만'을 보여줄 뿐이라는 사실만큼은 분명히 알겠다는 것이다.[56]

　　이런 논지를 쌓아올리는 과정에서 엘턴은 자기도 모르게 몇 가지 난처한 모순을 자초한다. 『역사학의 실제』의 앞부분은 '역사의 많은 것들이' '판단력을 지닌 자라면 누구라도 의심할 수 없도록 알려질 수 있고 또 알려져왔으며' 따라서 '어떤 역사적 저작은 단순 명쾌하게 올바르다'고 강조한다.[57] 하지만 이 책 마지막 장이나 『핵심으로 돌아가라』에서는 역사가가 '직업적인 회의주의자'[58]이며, '진짜' 역사가의 주된 기능 중 하나는 '역사 연구에서 어느 한 사람이 최종적으로 "올바를" 가능성에 의문을 던지는' 일이라고 똑같이 강조해서 말한다.[59]

자신의 이상에 관한 엘턴의 재진술은 결코 일관되지 않지만 그의 이상 자체는 확실히 선명하고 예외를 용인하지 않는다. 다시 채츠워스로 돌아가보자면, 그곳에 관해 다수의 올바른 이야기를 하는 것 정도의 야심을 갖는다면 분명 성공을 바랄 수 있다. 전체 높이라든지 대지 크기라든지 어쩌면 방의 수 같은 사실적 문제들에 대해서는, (가령 어떤 것을 방으로 치느냐 하는 식의) 해석과 관련된 온갖 문제들을 잘 피한다면, 완전히 최종적으로 단언할 수 있을지 모른다. 이런 것이, 다시 말해 다수의 사실들을 발견하고 진술하는 능력이 진리의 추구라고 한다면,『역사학의 실제』3장에서 엘턴이 말한바 역사가는 자주 '명백하고 논란의 여지없는 진리'를 진술할 수 있다고[60] 인정해줄 만하다.

엘턴의 한층 겸허한 제안은 애초의 요구와는 달리 적어도 원칙적으로 실행 가능한 연구 프로그램을 제안하는 미덕이 있다. 하지만 그렇다고 해서 우리가 상상해온 견습생의 우려가 완화될 수 있을지는 분명치 않다. 견습생은 이제 자신의 임무가 채츠워스에 관한 다수의 사실들을 발견하고 그에 상응하는 다수의 진리를 진술한다는 목적을 갖는 것임을 알게 되었다. 하지만 채츠워스에 관한 사실들이 너무 많기 때문에 극히 일부 이상을 발견하는 데 그칠 뿐이라는 것도 알게 되었다. (예컨대 아둔하게도 채츠워스를 짓는 데 쓰인 돌의 숫자를 찾아내겠다고 한다면 절대로 제때 논문을 쓰지 못할 것이다.) 게다가, 발견된 모든 사실은 말로 표현되어야 하며 미셸 푸코Michel Foucault 덕분에 견습 역사가들조차 모든 분류 계획은 끝없는 도전과 수정을 겪을 수밖에 없다는 점을 익히 알게 되었으므로, 진정으로 논란의 여지없는 사실들을 얼마나 진술할 수 있을지 의아해질 수가 있다. 예를 들어 채츠워스에 소장된 예술작품의 목록을 작성하기로 했다 치자. 그러면 가구를 포함해야 하는지 알고 싶어질 것이다. 분명 정답은 예술작품에 해당하는 가구 품목만 포함해야 한다는 것이다. 하지만 예술작품이 되려면 어떤 것이 요구되는가? 한편으로 보면 이 질문은 결코 단순하지 않으며 어쩌면 전혀 답할 수 없는 것이다. 다른 한편으로 채츠워스가 몇 개의 예술작품을 소장하는지를 논란의 여지없는 사실로서 진술하자면 당장의 대답이 필요하다. 아마 논란의 여지없는 사실이란 이제껏 믿으라고 종용받은 것보다 훨씬 적을 것이다.

그렇더라도 견습생은 절망할 필요가 없는데, 엘턴이 옆에서 그에게 (이 주제에 관한 나 자신의 저작에 대해 한 말처럼) 이런 것들은 부당하게 과장된 의혹이라고 일러주기 때문이다.[61] 하지만 견습생이 순순히 안도하더라도 채츠워스에 대한 논문 작업을 어떻게 시작해야 하는지에 관한 충고가 필요하다는 점은 여전하다. 어떤 종류의 논란의 여지가 없는 사실들을 찾아야 하는가? 어떤 종류의 사실들을 발견하려고 해야 하는가?

여기에 답하는 한 가지 분명한 방법은 내가 애초에 제안했던 소크라테스식 접근으로 돌아가는 것이다. 처음에 어떤 것에 끌려 채츠워스 연구를 하겠다고 생각했는가 하는 질문을 던져볼 수 있다. 무엇 때문에 17세기 후반의 이 특정 저택에 관한 논문을 쓰게 된 것인가? 나라면 분명 이런 식으로 반응할 것이다. 견습생도 채츠워스와 그 역사에 관한 더 많은 앎이 지금 여기서 그 자신이나 다른 사람들에게 왜 가치가 있는지를 두고 어떤 견해를 갖고 있을 것이다. 사실적 정보가 역사가가 무엇을 이해하고자 하는지에 의존하듯이, 새로운 사실을 발견하려는 시도 또한 이해할 가치가 있는 것이 무엇인가에 관한 분별력의 지도를 필요로 한다고 주장하고 싶다.[62] 다시 말해, 견습생에게 도대체 채츠워스를 연구하는 목적이 무엇인지 먼저 물어봄으로써 그것을 어떻게 연구할 것인가의 문제를 풀어나가라고 권하고 싶다.

그러나 만약 이 상상의 견습생이 엘턴에게서 그에 관한 답을 기대한다면 예상치 못한 충격에 사로잡히게 될 것이다. 그런 질문을 한다는 건 역사가의 기예가 갖는 성격을 이해하지 못했음을 가장 빨리 드러내주는 방식이라는 게 엘턴의 견해이기 때문이다. 그는 『역사학의 실제』에서 역사 연구는 그와 같은 관심과 전적으로 분리되어야 한다고 주장했고[63] 『핵심으로 돌아가라』에서는 이를 재차 한층 더 맹렬하게 강조했다. '증거에 물어야 할 근본적인 질문은' '질문자의 관심과는 독립'되어 있어야 한다는 것이다.[64] 채츠워스든 다른 어떤 과거의 유산이든 '그 자체의 자격으로, 그 자체를 위해' 연구되어야 하며, 이것이 '역사적 이해의 제1원칙'을 구성한다. '진짜' 역사학 종사자를 구별해주는 점은 과거를 '그 자체로서 온전히 존중'할 태세가 되어 있는지 여부이다.[65]

엘턴이 이야기하는 바는, 일단 탐구 주제를 선택하고 나면 그 주제가 물론 우리에게 어떤 내재적 가치와 흥미를 지닌 듯 보여서 선택되었다 하더라도 이를 그 자체의 견지에서 다루어야 한다는 뜻으로 생각해볼 수 있다. 존 딘John Dunn의 경구를 빌면, 이는 역사가가 대상과 관련해서는 휘그Whig적이어야 하고 진리와 관련해서는 토리Tory적이어야 한다는 것*이다.[66] 하지만 이런 것이 엘턴의 입장이라고 한다면 그가 『역사학의 실제』에서 과거를 '그 자체의 자격으로, 그 자체를 위해, 그리고 그 자체의 견지에서'[67] 접근해야 할 필요에 관해 논의한 취지를 심각하게 평가절하하는 셈이다. 엘턴의 관점은 어떤 시의적 흥미 혹은 (더욱 나쁜 것으로) 어떤 현재적인 사회적 관련성이나 중요성을 가진 것으로 보인다는 이유로 주제를 고르지 **않도록** 극히 주의해야 한다는 것이다. 이 점은 대단히 강조되어 있으며 엘턴이 습관적으로 그러듯이 그의 책 각 장에서 번번이 반복된다. 역사가는 '사회적 효용성으로 자신의 행위를 정당화하려는' 어떠한 시도도 피해야 한다. 그런 시도는 '가장 중대한 오류'이다. 역사가는 자신의 추구 전체가 '무엇보다 현재를 의식적으로 포기하는 일을 내포한다'는 점을 깨달아야 한다.[68] 동일한 주장이 『핵심으로 돌아가라』에서도 다시금 제시된다. 여기서는 역사 연구의 프로젝트 전체('그것 전부')가 '현재의 필요와 관심사'와 완전히 단절되어야 한다고 단언된다.[69]

이 단계에 이르면 견습생은 심각한 우려에 빠지게 되며 어쩌면 약간 절망할 수도 있겠다고 짐작된다. 채츠워스에 관해 발견하게 될 모든 사실들이 동일한 중요성을 갖는다는 의미인가? 그냥 그리로 가서 그곳에 관해 생각나는 것은 뭐든 다 목록으로 작성해야 하는가? 만일 그렇게 해야 한다면 다른 어떤 것, 어쩌면 다른 아무것이나 연구하는 편이 더 낫지 않을까?

여기서 견습생이 주제넘게도 귀류법*reductio ad absurdum*을 시도한다면 또 한 차례 난데없는 충격에 직면할 것인데, 바로 이런 것이야말로 엘턴이 믿고 있는 바임이 드러나기 때문이다.** 엘턴은 『역사학

---

* 휘그와 토리는 17세기 후반에서 19세기까지 서로 경쟁했던 영국 정당의 이름으로 각각 자유주의와 보수주의를 대변하는데, 여기서는 연구 대상을 선택할 때는 연구자의 가치나 흥미가 자유롭게 발휘되어도 좋겠지만, 연구의 결과를 산출하는 데 있어서는 연구자 개인의 관심과 가치가 엄격히 배제되어야 한다는 의미이다.

의 실제』마지막 장에서 교육의 문제를 다루면서, 우리가 가르치는 것의 실제 내용은 '본질상 거의 문제가 되지 않고' 사실상 '전혀 중요하지 않으며' 역사가로서 연구하는 것의 실제 내용은 더더욱 그렇다고 선언하기까지 한다.[70] 앞서 말한 대로 진짜 역사가들은 연구하는 문제가 아니라 '연구 방식'으로 구별된다. 연구하는 문제들은 '협소하거나 사소해' 보일지도 모르지만 그들이 부여하는 '연구의 기법'에서 중요성을 획득한다는 것이다.[71] 이는 역사교육자만이 아니라 '어떤 형태로든 역사 연구에 관여하는 사람이라면 누구든' 인식해야 할 진리이다. 우리 연구의 목적은 '연구가 제공하는 지적 훈련'에서 찾아져야 하며, '적절하게 전개된 모든 역사학'이 이와 같은 훈련을 동일하게 제공하는 이유는 '그중의 어떤 특정한 부분이 교육되는가' 하는 점이 본질상 거의 문제가 되지 않기 때문이다.[72]

이 지점에서 견습생은 대경실색한 나머지 믿을 수가 없을 지경이 되리라 상상이 된다. 그러니까 올바른 기법을 채택하기만 한다면 채츠워스에 대해 어떤 사실들을 발견했는가는 전혀 문제가 되지 않는다는 말인가? 엘턴의 요점이 바로 그런 것이다. 그가 끈기 있게 설명한 바에 따르면, '대학은 정신을 훈련시켜야 하지 훈련이 안 된 정신에 다채로운 정보와 소화되지 않은 관념을 채워 넣어서는 안 되며, 분명히 규정될 수 있는 학문을 그 학문이 요구하는 규칙과 실행방식에 따라 적절하게 연구하는 것만이 이런 근본 목적을 달성할 수 있다.'[73] 그러

** 만일 견습생이, 엘턴이 애초에 그토록 '사실'의 중요성을 강조했으니 아무 사실이나 늘어놓아도 된다는 결론이 옳은 것일 리가 없다고 논리적으로 올바로 추론했다면, 엘턴이 실제로 사실이 어떤 것인가는 중요하지 않다고 말한 것을 알게 될 때 놀라지 않을 수 없으리란 의미이다.

나 과거로부터 익숙지 않은 사회구조와 예술·종교·철학의 발전과 정치적·경제적 변화 기제에 관해 배우는 우리의 능력은 어떻게 되는가? 이 예들 중의 몇 가지는 엘턴 자신이 든 것이지만 그는 여기에 연연해하지 않는다. '이는 연구와 조사과정의 구성이나 지적 훈련의 실제 업무와는 무관하다.'[74] 그러나 '통치하고 통치받는 행위들'만이 '실제' 혹은 '실물' 역사의 뼈대를 제공하므로 우리가 어떤 종류의 역사를 배우고 가르치는지가 매우 중요하다던 그의 예전 주장은 어떻게 되는가? 여기에 이르러 나로서는 할 말을 잃게 되는데, 내가 아는 한 엘턴은 이 주장과 기법의 최우선적 중요성에 대한 그의 한층 더 강력히 피력된 신념 사이를 화해시키려는 어떤 노력도 한 바가 없다.[75]

역사 연구의 가치에 대한 회의

말문을 잃는 이런 순간에 잠시 멈춰 엘턴이 역사 연구의 내용과 정당성 사이에 그어놓은 분리선에 대해 생각해보는 것도 의미가 있을 것이다. 대체 무엇이 이토록 위대한 학자로 하여금 그와 같은 어둡고 음울한 구석에 스스로를 그려 넣게 했단 말인가? 답은 『역사학의 실제』에서 너무나 고통스럽게 반추된 지적 위기의 성격에서 찾을 수 있다고 믿는다. 1967년 이 책 원본을 출판할 무렵 엘턴은 이미 그의 가장 널리 사용되는 교재 두 권과 더불어 그의 가장 잘 알려진 학술서 몇 권을 출판했다. 『역사학의 실제』가 분명히 보여주듯이 그는 이런 저작들을 높이 평가할 뿐 아니라[76] 자신이 전공한 연구 분야가 예외적인 인간 능력의 행사를 요구한다고 스스로 믿게 되었다. 그는 엄중한 지성, 공감과 판단력, '학식과 연구로 조절된 상상력'의 필요성에 관해 말한다.[77] 어쩌다 과장된 기분에 휩쓸린 순간 그는 심지어 역사가의 '예술가로 서의 의무'를 말하기도 한다.[78]

하지만 엘턴은 그 자신이 명성을 남긴 유형의 행정사와 정치사가 갖는 타당성이나 중요성을 다수의 뛰어난 역사가들이 더는 믿지 않게 되었다는 점을 날카롭게 인식하고 있었다. 그런 문제들이 '더 이상 타당하지 않다'라고 논한 인물로 『역사학의 실제』에서 특별히 지목받은 사람 중에 리처드 서던Richard Southern과 키스 토머스Keith Thomas가 있다.[79] 엘턴도 시인하다시피, 두 사람은 영국의 대학에서 역사 교육이 제국을 경영할 정치 엘리트와 공무원 양성에 긴밀히 연결되어 있는 한에서는 정치사가 중요성을 지녔다고 인정했다. 하지만 이런 사회적 조건들이 사라지면서 서던과 토머스는 이런 종류의 역사에 주목하는 것이 더 이상 정당화되지 않는다는 결론에 이르렀다. 따라서 둘 다 역사가 왜 우리 사회에서 중요한가에 대한 새로운 이해가 필요하다는, 엘턴으로서는 받아들일 수 없는 주장과 더불어 새로운 역사 연구 형식에 대한 요청, 즉 서던의 경우 더 지적인 역사, 토머스의 경우 더 사회적인 역사에 대한 요청을 제기한다.[80]

『역사학의 실제』가 지닌 가장 놀라운 특징은 엘턴이 스스로 내세운 매우 다른 종류의 연구가 갖는 사회적 가치나 문화적 중요성을 입증함으로써 이런 논의에 대응할 생각을 않는다는 점이다. 그를 찬양하는 몇몇 사망기사 담당기자들이 했던 것처럼 분명 그는 사회과학이 지배하는 탈제국 문화에서도 어째서 행정사와 헌정사 연구가 여전히 중요할 수 있는지에 대해 일정한 견해를 내놓을 수도 있었을 것이다. 한두 해 지난 뒤인 첫 번째 취임강연에서 그가 이런 방향의 움직임을 보였던 것은 사실이다. 그러나 놀랍게도 그는 이내 이런 시도를 멈추고는, 그처럼 '매우 모호하고 다분히 실체가 없는' 방식으로 얘기를 꺼낸 점을 사과했다.[81] 역사에 대한 지식이 어떻게 세계에 도움을 줄 수 있는가 하는 질문과 맞닥뜨렸을 때 그는 그런 식의 열망을 완전히 '버리고 포기하라'고 역사가들에게 충고했다.[82]

엘턴은 왜 자신이 참여한 역사학 종목에 사회적 가치나 효용성을 부여하는 일에 그토록 회의를 품었을까? 확실히는 모르겠지만 여기에 대한 답은 과거 연구의 유용성을 입증하려면 역사가의 예언 능력을 보여줄 수밖에 없다는 그의 이상하고도 끈질긴 믿음과 연관되어 있음이 분명하다.[83] 이는 특히 엘턴의 첫 번째 취임강연 주제이기도 했다. 그는 사회적으로 쓸모 있는 역할을 하기 위해 역사가가 해야 하는 일은 '과거가 미래에 어떤 도움을 줄 수 있는가'라는 질문에 답하는 것이라는 '이야기를 듣는다'고 털어놓는다.[84] 하지만 누가 이런 이야기를 하는가? 이런 논의를 전개하는 당대의 역사가나 역사철학자를 떠올리기란 힘들고 엘턴 자신도 이름을 거론하지 않는다. 그가 혐오하는 서던과 토머스라는 두 대상을 염두에 두었을 리는 없을 것인데, 두 사람 모두 과거가 어떻게 현재와 관련되는가 하는 질문에만 관심을 둔다. 또 그가 가장 빈번하게 공격하는 마르크스주의 역사가 크리스토퍼 힐 Christopher Hill 을 가리킬 리도 만무할 이유는, 역사적 자료를 활용해서 미래의 예측되는 사회적 법칙들을 공식화하려는 것이 고전적 마르크스주의의 열망임은 틀림없지만 크리스토퍼 힐은 마르크스주의 철학의 이런 측면에 관한 한 지나치듯 보여주는 것 이상의 관심을 나타낸 바가 없기 때문이다.

자기 연구분야의 더 광범위한 교육적 가치에 대한 엘턴의 회의가 어디서 연유하는지는 다소 불가사의한 채로 남는다. 하지만 그의 회의 자체는 의심의 여지가 없다. 그의 두 번째 취임강연은 이른바 역사의 교훈이라고 하는 것에 '지나치게 관심을 가져서는 안 되며' 그렇게 한다면 '부적절하고 대개 잘못된 목적'을 위해 과거를 연구하는 셈이 될 것이라고 힘주어 선언한다.[85] 8년 후『핵심으로 돌아가라』에 실린 쿡 강연Cook Lectures에서 그의 태도는 한층 더 부정적으로 바뀌었다. 그는 역사의 교훈에 대한 19세기의 믿음은 영향력이 컸지만 터무니없는 생각일 따름이라고 비판한 다음, 역사 연구가 우리의 미래 혹은 현재 상태에 어떤 식으로든 연관이 있다는 믿음의 '유혹'에 저항하라고 경고한다.[86]

그러나 엘턴이 이런 확신을 가진 이상, 그가 늘상 열망하듯이 우리에게 역사 연구가 그럼에도 불구하고 '인간 이성이 지닌 고도의 능력에 적합한'[87] 소명으로 인식되어야 함을 설득하기 위해서는 두 가지 방법만 가능하다. 하나는 이 분야의 가치가 어쨌든 과거에 대한 연구 자체에 있다는 주장을 택함으로써 그 자신이 채택한 유형의 역사학이 지닌 가치를 옹호할 시도를 포기하는 것이다. 이는 그가『핵심으로 돌아가라』에 실린 세 차례 쿡 강연에서 따른 노선이다. 첫 번째 강연은 '역사는 자유의지의 존재에 관해 많은 것을 가르쳐준다'는 이야기로 시작된다. 두 번째는 과거에 대한 전문적 평가는 마음을 편하게 해주는 다수의 신화들을 파괴하는 데 사용될 수 있다고 덧붙인다. 세 번째는 역사란 우리에게 예기치 않은 것, 그리고 다시금 인간의 자유가 실재한다는 것을 일러줄 수 있다고 결론짓는다.[88]

이런 것들은 아마 그리 전도유망하지 않은 사유 노선이며, 엘턴이 이를 더 설명하거나 발전시킬 시도를 하지 않은 건 확실히 현명한 처사였다. 의심의 여지없이 그가 과거를 연구하는 이유는 계속해서 무수히 변해왔으며 이것들을 요약하려는 시도는 거의 불가피하게 일련의 상투어로 전락하리라는 사실을 알고 있었다. 이미 살펴본 대로 그에게는 역사에서 중요한 것이 연구의 내용이 아니라 연구를 실행하면서 전개하는 기법이기 때문에, 역사에 대한 사회적 정당성을 제시하려는 일체의 시도가 부적절하다고 주장할 수밖에 없었다. 이는 사실상 그에게 『핵심으로 돌아가라』에서 재출판된 두 취임강연의 주제를 제공해준 결론이었다. 두 번째 강연은 역사 연구의 가치가 전적으로 그것이 제공하는 '정신훈련 능력'에 있다고 선언한다. 첫 번째 강연에서는 훨씬 더 단도직입적으로 역사가가 '세계에 가르침을 주어야 하는' 것은 '증거에 대한 적절한 평가와 적절한 연구'에 다름 아니라고 결론짓는다.[89]

이 지점에서 우리는 엘턴이 가진 역사가의 이미지가 장인 목수라는 사실이 시사하는 바가 크다는 점을 깨닫게 된다. 그는 탁자를 만드는지 의자 혹은 나무 스푼을 만드는지가 중요한 게 아니라고 믿는다. 문제는 이 중 어느 것을 만들든지 똑같이 요구되는 기술의 성격인 것이다. 그래드그라인드씨처럼 엘턴은 '사실만이 필요하다'고 믿는다. 엘턴의 철학에서는 가장 중요한 임무란 사실을 발견하는 최상의 방법을 배우는 것이라는 명제가 뒤따른다.

여기에 이르면 견습생은 필경 채츠워스에 관한 논문을 포기하고 어쩌면 업종을 전환하여 (엘턴이 어느 시점에선가 권고하듯이)[90] 소매업에 매진할지 모른다. 이와 같은 낙심의 일부는 확실히 나 자신의 반응일 것으로 짐작되는데, 선생으로서 엘턴이 그토록 성공적이었다는 사실을 감안하면 초보자에게 보낸 그의 충고에 내가 합당하게 반응하지 못한 면이 있었을 법도 하다. 어느 쪽이든 나로서는 이 상상의 견습생을 불러와 마지막으로 다시 한번 엘턴처럼 내용을 버리고 단호히 기법을 중시한다면 더 넓은 교육적 중요성을 박탈할 우려가 있지 않은가 하는 질문을 제기하게 하고 싶다. 하지만 엘턴으로서는 한 점 후회도 없다는 사실이 드러나는바, 그는 광범위한 인문교양 교육의 가치에 전혀 확신하는 바가 없다. 그의 첫 취임강연 도중 헨리8세의 선전원이었던 리처드 모리슨 경Sir Richard Morison이 공화국에서 폭동이나 여타 해악의 주요 원인이 교육이라고 했던 발언을 긍정적으로 인용하는 대목에서 그와 같은 회의론의 가장 어두운 측면이 표면에 떠오른다. 엘턴은 당혹스럽고 혼란스런 질문으로 이 인용구를 뒤따라간다. 그는 갑작스럽게 '우리가 정말로 교육을 실행하고 있습니까? 그것이 선을 행하는 능력을 과대평가하거나 어쩌면 그것이 악을 행하는 능력을 과소평가하고 있지 않습니까?'라고 묻는다. 그의 대답은 한층 더 당혹스럽다. 교육은 '생계의 수단'이라고 그는 인정하지만 '그러나 그것은 어리석은 일일지 모르며' 의심할 바 없이 공화국의 해악의 원인이다.[91]

엘턴이 내용보다 기법을 강조하고 싶어 하는 근본적인 이유는 매우 아이러니하다. 역사 연구가 우리를 변화시키고 우리 사회와 그것이 갖는 개혁과 변화의 요구를 더 효과적으로 사유할 수 있게 해줄 힘을 가질 것에 대한 두려움이 그 이유이다. 전문 교육자로 일평생을 보낸 사람이 그렇다는 사실이 나로서는 이상해 보이지만, 엘턴은 분명 이와 같은 완성의 경지를 열렬히 저지해야 한다고 느꼈다. 사실만이 필요하다고 계속 주장하는 편이 훨씬 안전한 것이다.

많은 역사가들은 과거 [...]
한 일부라고 [...]
분명 [...]

3장

해석, 합리성, 진리
Interpretation, rationality and truth

[...]진이 연구하는 '관념들의 진리에 대해 입장을 정하는 일'을
[...]말호 치고 '역사적 설명의 문제를 진리와 분리하는 것'이 바람직하며
[...]면째 반응은 테일러가 진리를 '말호 친다'는 것으로 의미한 바가 무엇인지 도무
[...] 때로 그는 역사가들이 그들 스스로 특정 믿음은 진리이고 다른 것은 거짓이라고 생각한
[...]떤 식으로든 경시하거나 무시해야 하는지 묻는 것처럼 보인다. 만일 이런 것이 테일러의 질문이
[...]다의 대답은 역사가 과연 그와 같은 망각행위를 수행할 수 있을지 모르겠으며 어떤 경우는 이는 매우 현

물론 설명이란 이처럼 확장된 의미에서의 진리[...]
의 이데올로기가 그 영향 아래 살아가[...]
로기의 성공에 대한 설명의 [...]
는 판단에 따라 다[...]
한다고 [...]

[...]믿음 아래 살아가는 사람들의 요구와 관련하여 진실하거나 타당한지
[...]설명되어야 하거나 다르게 설명되기 마련인가 하는 이슈를 제기한다.' 가더머
[...]은 듯한 이 물음은 내가 보기에 진경한 믿음이라는 개념을 지나치게 광범위하게, 또 게
[...]적으로 확장시킨 것이라 여겨진다. 그러나 모름지기 역사가란 이 점에 대해 밝혀야 하는 법이라
[...] 자신의 담은 물론 설명이란 이처럼 확장된 의미에서의 진리를 두고 내리는 판단에 따라 다양할 수밖에 없

이 장은 *Meaning and Context: Quentin Skinner and his Critics*, ed. James Tully(Cambridge, 1988), pp.235~259에 실린 나의 「비판에 대한 답변」Reply to my Critics의 주요 부분을 수정하고 발전시킨 것이다.

믿음을 설명하는 일, 그 믿음의 진리를 평가하는 일

많은 역사가들은 과거 사회에서 마주치는 익숙지 않은 믿음들을 조사하고 설명하는 것이 자신들의 업무의 주요한 일부라고 생각한다. 하지만 그런 믿음을 설명하는 일과 그 믿음의 진리를 평가하는 일 간의 관계는 어떤가? 분명 이 질문은 대단히 다루기 힘든 것이지만 최근 많은 철학자들이 합당하게도 지적해주었다시피 현역 역사가들이라면 누구나 피할 수 없는 것이다. 영어권 전통에서 이런 사안들을 강조한 가장 저명한 철학자는 찰스 테일러Charles Taylor인데, 이 질문에 대한 그의 정식화에 초점을 맞추는 것에서 출발하여 나 자신의 답변을 모색하도록 하겠다.

역사가와 진리의 문제

테일러가 진술한 것처럼 역사가에게 주된 문제는 자신이 연구하는 '관념들의 진리에 대해 입장을 정하는 일'을 피해야 하는가 여부이다.[1] 진리의 문제를 '괄호 치고' '역사적 설명의 문제를 진리와 분리하는 것'이 바람직하며 심지어 가능한 일인가?[2] 나의 첫 번째 반응은 테일러가 진리를 '괄호 친다'는 것으로 의미한 바가 무엇인지 도무지 알 수 없다는 것이다. 때로 그는 역사가들이 그들 스스로 특정 믿음은 진리이고 다른 것은 거짓이라고 생각한다는 사실을 어떤 식으로든 경시하거나 무시해야 하는지 묻는 것처럼 보인다. 만일 이런 것이 테일러의 질문이라면 나의 대답은 역사가가 과연 그와 같은 망각행위를 수행할 수 있을지 모르겠으며 어떤 경우든 이는 매우 현명치 못한 시도라는 것이다.

　장 보댕Jean Bodin 같은 위대한 정치철학자가 악마와 결탁한 마녀들이 있었다고 믿었다는 사실을 상기해보라.[3] 아니면 아리스토텔레스 Aristotle 같은 위대한 자연 연구자가 장소를 바꿀 때마다 신체의 질이 변한다고 믿었던 사실이나.[4] 21세기를 살아가는 우리들은 이런 주장들을 거두절미하고 틀린 것이라 생각하거나, 적어도 그 주장들이 틀렸다는 생각을 억누르기가 힘들다. 하지만 어느 모로 보나 올바른 것으로 여겨지는 것들에 대해 그토록 많은 얘기를 해주었던 저명한 권위자들이 그와 같이 명백히 터무니없는 것들을 받아들일 수가 있었다는 발견은 우리의 관심을 촉발시키기도 한다. 그런 믿음에 초점을 두는 것은 아리스토텔레스나 보댕의 사유구조를 연구하는 훌륭한 출발점을 제공해줄 것이다. 또한 우리의 궁극적 설명이 공감적이면서도 시대착오적이지 않은 형태를 띠게 해줄 훌륭한 수단을 제공해줄 것이다. 여기서부터 어떤 결과가 나오든 그와 같은 믿음들이 괴상하기 짝이 없음에도 불구하고 의심의 여지없이 뛰어난 인물들에게 인정을 받았다는 사실[5]에 대한 설명을 포함해야 할 것이다.

　다른 대목에서 테일러는 또 다른 질문, 즉 자신들이 상술하는 믿음의 진리-가치에 대한 역사가들의 견해가 그들이 내놓는 설명의 유형에 영향을 주는가 하는 질문을 제기하는 것으로 보인다.[6] 이에 대한 나의 대답은 이 문제가 믿음의 진리-가치에 대해 말한다는 것이 무슨 의미인가에 달려 있다는 것인데, 이 점에 관한 테일러의 이야기는 다소 모호하다.

때로 그는 연구 대상이 되는 믿음이 '그런 믿음 아래 살아가는 사람들의 요구와 관련하여 진실하거나 타당한지' 여부에 대한 인식에 따라 다르게 설명되어야 하거나 다르게 설명되기 마련인가 하는 이슈를 제기한다.[7] 가다머의 해석학에서 영감을 받은 듯한 이 물음은 내가 보기에 진정한 믿음이라는 개념을 지나치게 광범위하게, 또 게다가 형이상학적으로 확장시킨 것이라 여겨진다. 그러나 모름지기 역사가란 이 점에 대해 밝혀야 하는 법이라면, 나 자신의 답은 물론 설명이란 이처럼 확장된 의미에서의 진리를 두고 내리는 판단에 따라 다양할 수밖에 없다는 것이다. 하나의 이데올로기가 그 영향 아래 살아가는 사회의 요구에 부합한다고 판단된다면, 당연히 그 사실을 해당 이데올로기의 성공에 대한 설명의 일부로 삼게 될 것이다. 이런 확장된 의미의 진실에 분명 속하지 않는다고 보이는 이데올로기라면, 그것의 성공을 아주 다른 방식으로 설명할 수밖에 없게 될 것이다. (하지만 문제가 되는 그 사회가 해체 직전이라면 당연히 그런 현상을 도무지 설명할 길이 없다는 결론을 내릴 수도 있다.)

그러나 테일러의 논의 대부분은 진실한 믿음에 대해 더 익숙하고 제한적인 방식으로 이야기한다. 역사가들이 특정 믿음을 설명하고자 할 때 그 믿음이 진실하다는 사실을 해명해야 하는가를 질문할 때 그가 대체로 겨냥하는 것은, 해당 믿음의 대상에 대해 우리 자신이 현재 가진 최상의 믿음과 그 믿음이 일치하는가의 문제를 설명해야 하는지 여부이다. 물론 이 점을 진리의 정의로 제시하려는 것은 아니다(테일러도 그러지 않았다). 다만 우리가 일반적으로 진리라는 용어를 이런 식으로 사용하고 있음을 지적하는 것이다.[8] (비록 도널드 데이비드슨이 제시한 대로 이것이 주는 교훈은 어쩌면 우리가 정의를 요구하지 말아야 한다는 것일 수도 있지만 말이다.)⁹ 따라서 나는 테일러가 주로 염두에 두고 있는 질문은 다음과 같은 것이라고 여긴다. 역사가가 자신이 설명하려는 믿음을 승인해야 하는지 스스로에게 묻지 않을 수 있는가 또는 묻지 말아야 하는가.

테일러 자신은 이런 식으로 진리를 괄호 치는 것이 바람직하지 않고 어쩌면 가능하지도 않다는 쪽인데,¹⁰ 이런 결론으로 인해 그는 사회적 설명이라는 주제를 다룬 다수의 영어권 철학자들의 입장에 합류한다.¹¹ 테일러 자신은 이 입장을 명시화하기를 의도적으로 유보하는 태도를 취하지만,¹² 이들 철학자 몇몇을 살펴보면 그런 입장을 채택하는 데는 대체로 두 가지 주된 이유가 제시된다. 하나는 특히 그레이엄 맥도널드Graham Macdonald와 필립 페팃Philip Pettit이 강조한 주장으로, 도널드 데이비드슨의 급진적 해석이론에서 추론한 것이다.¹³ 이는 연구 대상이 된 사람들 사이에서는 올바른 믿음을 갖는 것이 규범을 구성한다는 가정에서 출발하지 않는다면 그들이 무엇을 믿는지 확인하기가 불가능하리라는 주장이다. 그들의 믿음 중에 너무 많은 것이 틀렸다고 판명된다면 그런 믿음들을 대상으로 설명을 제시할 우리의 능력이 훼손된다. 그런 일이 발생하는 순간 설명하려는 대상을 묘사할 능력조차 잃게 될 것이다. 이 사실이 함축하는 바는 데이비드슨 자신의 표현대로 '다른 사람들을 이해하려면 대부분의 문제에서 그들이 옳다고 생각해야 한다'¹⁴는 점이다.

이런 급진적 해석의 관점이 맥도널드나 페팃 같은 일부 더 열광적인 데이비드슨 추종자들이 생각하듯이 역사가들과 특별히 관련된다고 생각되지 않는다. 데이비드슨은 그저 기본적인 믿음을 이해하기 위해 단언적 주장을 활용하는 일반적 전략, 즉 일반적인 합의를 가정하고 들어가는 전략을 제안한 데 불과하다. 다른 문화를 이해할 때도 그런 가정으로 시작할 필요가 있을지 모른다. 마녀에 대한 보댕의 믿음이 어떤 성격인지 규명하거나 심지어 그 믿음이 이 특정 소재에 관한 것이라고 확인하려면 보댕과 내가 상당수의 부수적인 믿음들을 공유한다고 가정하는 일이 필요할 것으로 보인다. 그러나 논란의 여지는 있지만 데이비드슨은 이런 고려의 중요성을 지나치게 강조하면서 근본적으로 서로 다른 개념구도라는 생각을 너무 간단히 일축한 면도 있다.[15] 마녀에 대한 보댕의 믿음이 대체로 올바르다고 가정해야만 그것이 마녀에 관한 믿음이라고 확인할 수 있는 건 분명 아니다. 사실상 이 특정 주제에 대해 보댕이 말한 모든 것이 명백히 틀렸다고 생각될 수도 있다. 하지만 그의 언어(쉽게 이해할 수 있는 형태의 프랑스어)를 배우고 그가 어떤 개념을 사용하며 어떻게 추론했는지를 이해함으로써 큰 어려움 없이 그가 어느 대목에서 마녀에 관해 이야기하고 있으며 그들에 대해 어떤 생각을 하는지 확인할 수 있으리라 기대할 수 있다. 그의 주장을 따라가려면 여러 다양한 대목에서 그가 여전히 마녀에 대해 이야기한다고 재확인할 필요가 있는 것은 사실이다. 하지만 그렇다는 점을 계속 분명히 하는 한, 사실상 그가 하는 모든 말이 명백히 터무니없는 것으로 여겨지더라도 그가 다른 것에 대해 이야기하는 게 틀림없다는 결론에 갑자기 도달하지 않을까 우려할 이유는 없을 것이다.[16]

진리라는 문제가 결코 괄호 속에 넣어져서는 안 된다고 주장하는 두 번째 근거로 흔히 제시되는 것을 살펴보자. 잘못된 믿음은 추론의 실패를 가리키며, 추론의 실패는 올바른 믿음의 경우라면 필요하지 않은 추가적 설명을 요구한다고들 한다. 가령 연구 대상이 되는 사회적 믿음에서 '결함이 있거나 부적절한' 지점들을 고려하지 못한다면 우리가 역사가로서 '잘못 판단된 겸손의 정신으로' 행동하는 셈이 될 거라는 키스 그레이엄Keith Graham의 주장에 깔려 있는 생각이 이런 것인 듯하다.[17] '인간이' 자신들의 믿음이 갖는 '허위성을 간과하게 만드는 기제를 식별할' 필요와 관련된 특별한 설명상의 문제를 다룬 스티븐 루크스Steven Lukes의 논의의 바탕에도 비슷한 생각이 깔려 있다.[18] 마찬가지로, 진리와 허위에 관한 판단이 이질적인 믿음에 관해 '제시하는 설명의 종류'에 필연적으로 영향을 미치는 방식을 논한 맥도널드와 페팃의 더 광범위한 분석에서도 동일한 신념이 출현한다.[19] 그들은 대상이 되는 믿음이 옳은 것이라고 판명될 때는 더 이상의 설명이 요구되지 않는다고 단언한다. 하지만 믿음이 '명백히 허위'이거나 '분명히 부정확'하다면 뭔가 더 설명되어야 할 것이 있다. 특히 해당 행위자로 하여금 '믿음의 그릇된 성격'을 알아차리지 못하게 만들 법한 '사회적 기능 혹은 심리적 압박'을 고려할 필요가 있다.[20]

만일 이 주장에 대해 역사가가 입장을 가져야 한다고 요청받는다면 나 자신의 반응은 단순하고도 단호한 것이다. 이런 식으로 진리의 문제를 사회적 설명에 도입하는 것은 역사가로서의 작업을 충실히 실행하는 데 치명적이라고 생각한다. 그것은 역사가가 스스로 판단컨대 잘못된 믿음과 마주칠 때마다 설명해야 할 것이 늘 합리성의 일탈이라 가정하는 일에 다름 아니다.[21] 그러나 이렇게 되면 합리적인 믿음을 역사가가 옳다고 판단하는 믿음과 동일시하는 처사가 된다. 그리고 오늘날에는 명백히 틀렸다고 생각되는 믿음조차 이전의 역사적 시대에서는 옳다고 믿을 만한 충분한 근거가 있었을 가능성을 배제하는 셈이다.

합리성 개념을 제기한 이상, 상당히 남용되어온 이 개념을 통해 내가 뭔가 대단히 거창하고 정확한 것을 의도하지는 않았다고 강조해야만 하겠다.[22] 행위자가 합리적 믿음을 가졌다고 말할 때 내가 의미하는 바는 그들의 믿음(그들이 올바르다고 여기는 것)이 그들이 처한 상황에서는 옳다고 믿기에 적절한 믿음이라는 것이다. 이렇게 되면 합리적 믿음이란 행위자가 어떤 정당한 추론과정을 통해 획득한 게 될 것이다. 그런 과정은 다시 지배적인 인식적 합리성의 기준에 따라 해당 믿음이 (단순한 바람이나 희망과는 대비되어) 옳다고 여겨지기에 충분한 근거를 제공하는 게 될 것이다.[23] 이렇게 하여 합리적 행위자란 데이비드 루이스David Lewis가 탁월하게 요약했다시피 자신이 믿어야 하는 것을 믿게 된 사람이 될 것이다.[24]

이 중 어느 것도 합리적 행위자가 생존 자체에 필수불가결한 것들을[25] 제외한 다른 특정 믿음을 가질 필요가 있음을 함축하지 않는다. 따라서 사실상 합리적 행위자란 믿음을 가진 사람이면서 믿음의 형성과정 자체에 특정한 태도를 갖는 사람이 될 것이다. 이 태도에는 분명 일관성에 대한 관심이 포함된다. 합리적 행위자는 믿음을 갖는 이유가 믿음의 진리성에 영향을 미치기를 바란다. 하지만 주어진 믿음을 그 모순까지 함께 받아들인다는 것은 그릇된 것이 분명한 믿음을 최소한 하나는 갖는다는 의미이다. 이렇게 되면 합리적 행위자는 적어도 심각하게 난처한 경우라면 그와 같이 분명하게 일관성 없는 부분을 찾아내고 제거하려 할 것이다. 무엇보다 합리적 행위자는 자기 믿음을 정당화하는 데 신경을 쓸 것이 분명하다.[26] 그는 정합성에 관심을 가질 것이며, 자신의 믿음에 대한 단언이 실제로 정당화될 수 있다고 결론을 내릴 근거를 제공해줄 증거를 어디서 끌어올지에 관심을 가질 것이다. 이렇게 해서 그는 자신의 믿음들을 비판적으로 바라보고 그것들이 서로서로 부합하거나 인식적 경험과 부합하는 정도를 감안하여 진정으로 정당화될 수 있는지 고려하는 데 관심을 쏟을 것이다.

　이 이상으로 나아가기는 힘들 것이다. 특히, 합리적 믿음을 변별하는 단 하나의 기준, 그리하여 단 하나의 방식에 도달하고자 하는 것은 실증적으로 오류일 것이다. 합리성의 이상과 이를 체현하는 실천들 간의 관계는 너무 복잡하고 종결되지 않는 성격이라 알고리듬의 형태로는 포착될 수 없는 듯하다.

　최근의 인식론이 그와 같은 절차나 규칙들을 발견하는 데 골몰해 온 것은 사실이다. 실증주의 철학자들은 처음에는 검증가능성verifiability이라는 기준을 제출하기에 이르렀다. 하지만 이는 지나치게 엄격해 보인다. 다른 어려움은 차치하고라도 이는 역사가에게 믿음을 정당화하는 토대로서의 직접적 관측증거라는 잠정적으로 시대착오적이며 어쨌든 명쾌함과는 거리가 먼 관념을 제시한다. 이 관념은 다시 그런 증거가 없더라도 합리적으로 수용된 다른 믿음에서 유추된 것인 한에서 특정 믿음이 합리적일 수 있다는 사실을 간과한 것으로 보인다.[27] 이후 실증주의의 적들은 대안적 기준, 즉 반증가능성falsifiability이라는 기준을 제안했다. 하지만 이는 만족도가 오히려 더 적었다. 앞서 지적했다시피, 자기 믿음에 대해 제시하는 이유들이 그 믿음이 옳은 것이 되는 이유여야 한다고 말하는 게 합리적 행위자에 대한 최소한의 묘사로 보인다. 그러나 한편으로는, 하나의 가정이 그것을 반증하려는 시도에 저항한다는 사실은 그것이 올바르다는 토대를 거의 제공해주지 않는다.[28] 그리고 다른 한편으로는, 그런 기준을 적용할 때는 그렇지 않은 상황이라면 원활하게 확증되고 정당화될 수 있는 다수의 믿음들을 비합리적인 것으로 배제하는 결과를 야기한다.[29]

이런 발언들은 합리성에 관해 일반적 견지에서 말하는 것이 적절한 것만큼은 적절해 보인다. 이제, 전적으로 합리적인 방식으로 잘못된 믿음을 갖게 될 가능성을 배제하는 것이 만족스러운 사회적 설명에 치명적인 이유를 설명하도록 하겠다. 내가 내놓는 이유는 명백하고도 익숙한 것이다. 우리의 판단으로 볼 때 합리적인 믿음에 관해 제시하는 설명은, 해당 믿음을 합리적인 방식으로 갖게 된 것인지 의심할 때 제시해야 한다고 여기는 설명과는 다른 종류이다. 따라서 잘못된 믿음을 갖는 일을 합리성의 일탈과 동일시하는 것은 적절성 여부를 판별하기에 앞서 하나의 설명 유형을 택하고 다른 유형을 버리는 것이 된다.

몇몇 철학자들이 그랬듯이 합리적 믿음은 그 자체로 스스로에 대한 설명이라고 주장[30]하는 것은 아니다. 마틴 홀리스Martin Hollis나 여러 다른 사람들이 이런 명제를 활발히 옹호했지만, 이런 접근이 지닌 한 가지 분명한 문제점은 그것이 믿음의 합리성을 보여주는 것과 왜 그런 믿음을 갖게 되는지 설명하는 것 사이의 간극을 간과한다는 사실이다. 특정한 역사적 행위자가 하나의 믿음을 받아들이는 것이 합리적임을 보여줄 수 있다 하더라도, 그가 왜 그런 믿음을 받아들이게 되었는지에 관한 설명은 늘 그 사실과는 별개일 수 있다.[31] 또한 홀리스의 정식은 일단 하나의 믿음이 합리적이라고 제시되고 나면 더 설명할 게 없다는 인상을 준다. 합리적 믿음이라는 현상이 합리성으로부터의 노골적인 일탈에 비해 덜 혼란스럽다는 점은 분명한 사실이다. 그러나 거기에 위험이 있다. 왜냐하면 합리성의 획득이 항상 하나의 성취이리라는 점도 사실이기 때문이다. 따라서 그런 상태를 성취하게 해주는 조건에 대한 연구는 그것을 성취하지 못하게 하는 조건에 관한 연구만큼이나 타당하며 어떤 경우에는 그만큼 필요한 일이기도 하다.

이는, 마틴 홀리스와 알래스데어 매킨타이어Alasdair MacIntyre를 비롯한 여러 사람들이 그랬듯이, '합리적 믿음이란 인과율의 견지로 설명될 수 없기' 때문에 합리적 믿음과 비합리적인 믿음의 적절한 설명 형태는 서로 달라야 한다고 주장하는 것이[32] 아니다. 한 사람의 행위자가 어떤 믿음을 받아들일 충분한 이유가 있다면, 그 이유가 해당 믿음의 수용 이유로 기능할 수 있다는 점을 의심할 이유는 없을 듯하다. 다시 말해, 나는 데이비드 블루어David Bloor가 믿음에 관한 설명에 있어 불편부당의 요구라 부른 것, 즉 어떤 믿음이든 동일한 인과율의 견지에서 접근하고 설명되어야 한다는 요구를 채택하는 것이 적절하다고 보는 소위 '강한 프로그램'strong programme* 발의자들에 동의하는 입장이다.[33] 하지만 강한 프로그램의 주창자들이 그랬듯이 이런 요구가 합리성에 관한 판단과 양립 불가능하다고[34] 덧붙일 이유는 없다고 본다. 그런 판단의 적절성을 주장하는 것은, 합리성을 획득하는 데 실패한 것에 대한 인과적 설명만큼이나 합리성을 획득하는 능력에 대한 인과적 설명도 찾아야 한다는 점을 부인하는 게 아니다.

오히려, 내가 믿음을 설명하는 예비단계로 그것이 합리적인지 여부를 물을 필요가 있다고 주장하는 이유는 서로 다른 사례들이 서로 다른 종류의 설명상의 수수께끼를 제기하기 때문이다. 설명들 각각이 형식상 인과적인 것이 되리라 가정하더라도, 누군가가 적절한 추론의 기준이라고 여겨지는 것들을 따르는 이유는 그것들을 위반하는 이유

---

* 과학적 지식을 사회적 맥락과 분리하는 데 반대하고 과학을 사회적 구성물로 접근하는 관점으로, 믿음이나 지식의 진리성, 합리성, 성공 여부와 무관하게 그것을 야기하는 사회적 조건과 관련해서 동일한 인과율에 따라 설명해야 한다는 입장.

와는 다른 종류일 것이다. 그러므로 믿음의 합리성을 조사하는 데서 시작하지 않는다면 설명을 필요로 하는 것이 무엇인지 제대로 확인할 수 없으며, 그 결과 연구가 적절한 경로로 따라가고 있는지도 확신할 수 없게 된다. 행위자가 특정 믿음을 갖는 것이 합리적이라고 판명된다면 그런 성취의 조건을 조사할 필요가 있을 것이다. 반면 그런 믿음을 갖는 것이 합리적이지 못하거나 명백히 터무니없다면 행위자로 하여금 증거나 논의의 인정된 규범들을 따르지 못하게 억누르거나 방해하는, 혹은 행위자에게 그 규범들에 공공연히 반항할 동기를 제공한 아주 다른 종류의 조건들을 조사할 필요가 있을 것이다.[35]

강한 프로그램의 옹호자들이 그랬듯이, 이런 노선의 주장을 거부하려면 믿음의 설명에서 불편부당이라는 요구 조건만이 아니라 데이비드 블루어가 대칭의 요구a requirement of symmetry라 부른 것도 강조할 필요가 있다.[36] 배리 반스Barry Barnes가 상세히 설명했다시피 이 원칙은 하나의 믿음을 두고 그것이 어떤 면에서 '불만족스럽'거나 불충분한 토대를 가졌으므로 다른 것보다 더 '이데올로기적'이라고 낙인찍을 수 있다는 취지의 주장을 거부할 것을 요구한다.[37] 우리의 모든 믿음은 하나같이 그 대상이 어느 정도 우리에게 가려진 채 사회적으로 발생한다는 사실을 인정해야 한다는 것이다. 따라서 그것들 모두에 하나의 동일한 방식으로 접근하고 설명해야 한다는 점이 뒤따라온다.

이것이 '이데올로기적'이라는 용어를 적절히 사용하는 조건에 불과하다면 해가 될 게 없을 것이다. 하지만 역사가들이 믿음을 설명하는 업무에 착수하는 방식에 관한 제안이라면 이제까지 제시했던 이유들 때문에 내가 보기에는 치명적이다. 이것은 누군가가 어떤 믿음을 갖게 되는 이유가 그것을 옹호하는 타당한 증거들이 있거나 그것이 다른 믿음들과 잘 맞아 떨어지거나 하는 등, 즉 한마디로 그들이 그 믿음을 갖는 것이 합리적이기 때문일 수가 있음을 인정하지 않는다. 이런 견지에서 이야기하지 않는다면 주어진 사례에서 따라야 할 가장 적절한 연구 노선을 식별하는 데 필수불가결한 수단을 스스로 박탈하는 셈이 된다.

민음의 합리성에 대해 이런 식으로 묻지 않는 것이 갖는 치명적인 결과라는 말로 내가 의미한 바가 무엇인지 보여줄 한 가지 사례를 제시하는 것이 도움이 될지 모르겠다. 에마뉘엘 르 루아 라뒤리Emmanuel Le Roy Ladurie가 고전적 연구서 『랑그도크의 농민들』*The Peasants of Languedoc*에서 제시한 마녀술에 관한 유력한 설명을 생각해보라.[38] 라뒤리는 그런 믿음이 물론 명백히 틀린 것이며 '집단 광란'의 산물에 지나지 않음을 강조하면서 시작한다.[39] 이어 그는 그런 믿음이 합리적으로는 얻어질 수가 없었을 것이라고 추론한다. 그가 명시적으로 단언하다시피 그런 믿음을 지닌 사람들은 그저 '믿음과 행동에 있어 무참히 비합리적인 상태로 전락한 것'이다.[40] 이런 신념의 결과는 역사가로서의 라뒤리의 관심을 특정한 방식으로 이끈다. 그는 자신이 찾아야 하는 것이 정상적인 추론의 와해, 즉 '농민들의 의식이 갑자기 정박지를 벗어나 표류하게 된' 상황에 대한 설명이라고 가정한다.[41] 그의 표현대로라면 문제는 그런 몽매함의 고조, 그와 같은 병리적 믿음의 유행을 어떻게 설명할 것인가이다.[42]

라뒤리의 답변 중 한 부분은 종교개혁이 진행되면서 농민들이 전통적인 정신적 조력을 상실하는 데 두려움을 느끼기 시작했다는 것이다. '농민들은 사제들과 멀리 떨어져 불안과 원초적인 두려움을 지닌 채 홀로 남겨졌고 … 스스로를 사탄에게 넘겨주었다.'[43] 하지만 라뒤리의 주된 가정은 그들이 종교개혁 자체와 관련된 사회적 격변이 실패한 것에 깊은 좌절을 느꼈다는 것이다. 사회개혁이 실패하면서 자신들의 운명을 개선하려는 그들의 계속된 욕망이 '신비적인 외양'을 띠게 되었고 '마녀들의 잔치'라는 가공적이고 환상적인 반란, 악마적인 도피 형식'으로 스스로를 표현할 수밖에 없게 되었다.[44]

라뒤리의 설명이 현기증 날 정도로 사변적이라는 사실은[45] 그의 접근이 낳은 우연적 산물일 수 없다고 보이지만, 그것이 나의 관심사는 아니다. 내가 관심을 갖는 것은 특정 믿음은 절대로 합리적으로 얻어질 수 없음이 자명하다고 여기는 바람에 라뒤리가 다른 종류의 설명을[46] 고려할 여지를 스스로 봉쇄했다는 사실이다. 그는 농민들이 다수의 다른 믿음들에 합리적으로 뒤따라 나오는 결론으로서 마녀의 존재에 대한 믿음을 갖게 되었을지 모른다는 점을 인정하지 못한다.

가장 단순한 가능성만 고려한다면, 농민들 또한 『성서』가 신의 말에서 직접 영감을 받은 것이라는, 16세기 유럽에서 합리적이며 사실상 의문의 여지가 없다고 널리 인정되던 믿음을 갖고 있었다고 가정해 보라. 만일 이것이 그들의 믿음 가운데 하나이며 그런 믿음을 갖는 것이 합리적이었다면 그들로서는 마녀들의 존재를 믿지 않는 것이 엄청난 비합리성이었을 것이다. 왜냐하면 『성서』는 마녀가 존재한다고 단언할 뿐 아니라 마녀술은 혐오스러운 것이며 마녀들이 살아가도록 용인해서는 안 된다고 덧붙이기 때문이다.[47] 따라서 마녀의 존재를 믿지 않는다고 공언하는 것은 신의 말의 진실성을 의심한다는 얘기가 되었을 것이다. 그보다 더 위험한 비합리성이 무엇이었겠는가.

라뒤리는 마녀에 대한 믿음이 그런 식으로 알아볼 수 있는 추론의 연쇄를 따른 결과일 가능성을 미리 배제한다. 하지만 이는 그가 온갖 지식에도 불구하고 마녀술에 대한 믿음을 완전히 부적절하게 설명했음을 의미하는 데 그치지 않는다. 그것은 또한 그가 농민들의 정신세계에 관한 일련의 물음들, 그들의 믿음과 행동을 만족스럽게 이해하려면 반드시 답해야 할 물음들을 지나쳤음을 의미한다.[48]

위의 주장에 대한 공통된 반대 의견은 그것이 지나치게 객관주의적 합리성 개념을 전제한다는 것이었다. 배리 반스와 데이비드 블루어 같은 강한 프로그램 주창자들 뿐 아니라 피터 윈치Peter Winch 같은 후기 비트겐슈타인 학파도 모두 이 지점에서 수렴된다. 피터 윈치의 주장에 공명하고 그것을 승인하며 배리 반스가 표현한 바에 따르면, 믿음의 합리성을 평가하고 비판할 수 있다고 주장하는 것은 합리성에 대해 '객관적'인 종류의 '외적 기준'을 가정하는 일이 된다.[49] 하지만 우리는 그와 같은 '초-문화적 규범'에 접근할 수 없으며 결과적으로 '존재하는 믿음 체계들과 그 구성요소를 합리적 그룹과 비합리적 그룹으로 분류'할 가능성에도 접근할 수 없다.[50] 따라서 믿음의 합리성을 평가한다는 생각 자체가 하나의 침해, 즉 우리 자신의 인식 기준을 이질적인 '담론 체계'나 '삶의 형태'에 강제로 덮어씌우는 데 불과하다고 치부된다.

내가 생각하기에 이런 반박은 완전히 잘못된 것이다. 하지만 마틴 홀리스가 그랬듯이 실체적이고 객관적인 이성 개념을 옹호하고 이를 믿음에 대한 평가에 활용할 수 있다고[51] 생각하기 때문에 이렇게 얘기하는 것은 아니다. 오히려 그런 기획을 포기한다고 해서 믿음의 합리성을 평가한다는 생각을 배제하게 되는 건 아니라는 입장이다. 역사가가 특정 사회 내의 특정 믿음을 비합리적이라고 비난하더라도, 이런 판단이 반드시 합리성으로 간주될 수 있는 것과 없는 것에 대한 이른

바 객관적인 개념을 적용한 결과라는 법은 없다. 이 역사가는 다만 그 특정 사회에서 믿음을 획득하고 정당화하는 지배적 기준을 발견했다거나 문제가 되는 믿음이 이 기준에 입각하지 않고 그에 거슬러서 성립된 것으로 보인다는 주장을 하는 것일 수 있다. 아니면 그저 문제가 되는 행위자가 인식상의 합리성을 둘러싸고 일반적으로 수용된 몇몇 기준에 못 미친다거나 이 기준들을 폐기 또는 조작한다거나 혹은 어떤 식으로 여기에 의도적으로 반기를 들었다고 주장하는 것일 수도 있다.

역사가들이 이런 접근법을 채택한다면 바로 내가 권장해온 방식으로 믿음을 평가하고 있는 셈이다. 어떤 '침해'의 방식으로 합리성의 '외적' 기준을 적용하는 게 아닌 것이다. (유일한 기준은 말할 것도 없고) 자신의 인식적 합리성 기준에 따라 해당 믿음의 합리성 여부를 묻고 있는 것이 아니다. 그저 그 믿음이 특정 시기에 특정 사회에서 특정 행위자가 갖기에 적절한 믿음이 아니라고 전하는 것일 따름이다.

이런 결론은 합리성 개념에서 설명력을 박탈할 수밖에 없는 것으로 비칠 수도 있다. 분명 리처드 로티Richard Rorty의 추론이 이런 것인데, 그는 일단 우리가 '당대의 교육적·제도적 유형에서 벗어난' 개념으로서의 합리성을 포기하는 순간 믿음에 대한 평가나 설명에서 이 개념을 활용할 수 없음을 인정할 수밖에 없다고 가정한다.[52] 사실상 모두가 자신의 욕망과 견해를 이러저러하게 조합하여 합리성의 실용적 기준을 충족시킬 수 있게 될 것이기 때문이다. 그렇게 되면 해당 믿음을 갖는 것이 실제로 합리적인가를 묻는다는 생각은 무의미해지고 따라서 설명력도 없어지게 된다는 것이다.[53]

다수의 지성사학자들이 최근 들어 이와 동일한 입장을 지지하고 있다. 이들은 주어진 믿음 체계의 내적 일관성을 발견하면 그 체계를 신봉하는 것이 합리적이라고 보지 않을 도리가 없다고 주장한다.[54] 그리하여 개별 믿음의 합리성을 평가하려는 기획은 다시금 시야에서 멀어진다. '공감하는 태도로 사유방식을 재현한다면' 어떤 믿음이 확인되더라도 그에 대해 '절대로 반박하지 않고 늘 지지하게 된다'는 것이다.[55]

비합리적이라는 비난은 부득이 하더라도 최후의 순간에서나 이루어져야 한다는 데 동의한다. 역사가로서 우리는 우리가 연구하는 사람들 사이에서 무엇이 무엇과 연결되었다고 생각되며 무엇이 무엇의 이유로 여겨지는지에 대해 가능한 한 공감에 바탕을 둔 재현에서 출발할 필요가 있다. 그렇지 않다면 '휘그' 지성사학자들이 전형적으로 보여주는 죄, 다시 말해 해당 지역의 합리성 규범을 찾지 못하겠으니까 거기에 비일관성이나 비합리성이라는 비난을 덮어씌우는 죄를 범하기 마련이다. 하지만 그렇다고 해서 우리의 해석적 명징성이 항상 무한하다고 생각해야 하는 건 아니라고 본다. 오히려 반대로, 무엇을 설명해야 할지 찾아내려면 행위자가 해당 믿음을 신봉하는 것이 합리적이지 못하다고 주장하는 것이 핵심적일 경우가 많이 있다.

내가 염두에 두고 있는 것을 보여주는 사례로, 근대 초기 정치철학의 근간이 된 믿음 중 하나인, 즉 덕*virtù*의 자질이 군사적·정치적 성공에 필수불가결하다는 믿음을 생각해보자. 마키아벨리Machiavelli는 자기 시대의 피렌체인들이 처참하리만치 스스로를 방어하지 못한 것이 바로 이 자질의 상실 때문이라고 특별히 강조한다. 초기 저작에서는 이런 믿음을 단언하기만 했지만 『피렌체사』*Istorie Fiorentine*에서 마키아벨리는 몇 가지 인상적인 사례로 이를 뒷받침하고 있다. 예컨대 앙기아리Anghiari 전투를 묘사하면서 그는 네 시간에 걸친 이 싸움에서 죽은 사람은 단 한 명의 병사라고 썼다.[56] 이보다 한층 더 희극적인 몰리넬라Molinella 전투에서는 하루 반나절을 싸우면서 죽은 사람은 아무도 없었다고 덧붙인다.[57] 이렇듯 유사한 사례들에 초점을 둠으로써 그는 동료 시민들이 자신들의 자유를 지키기 위해 요구되는 덕목을 비참할 정도로 결핍하고 있다고 말할 근거를 구축한다.

하지만 마키아벨리가 전거로 삼은 자료들을 보면 이런 결론을 거의 전혀 뒷받침하지 않음을 알게 된다. 거기서는 앙기아리 전투에서 총 70명의 병사가 사망하고 600명이 부상을 입었으며 몰리넬라 전투는 격전이었고 수백 명이 사망했다고 되어 있다.[58] 더욱이, 『피렌체사』에 관한 16세기 후반의 논의를 보면 마키아벨리보다 나이가 적은 동시대인들 다수가 증거를 대하는 그의 태도에 불만을 표시하고 있다. 예를 들어 스키피오 아미라토Scipio Ammirato는 마키아벨리가 자신의 결론에 대해 적절한 토대를 제시하지 않으며, 끌어온 권위 있는 자료들에 이미 자신이 우리에게 믿기를 원하는 것들이 들어 있다는 식으로 이름을 바꾸고 증거를 고친다고 주장한다.[59]

이 점에 있어서는 너그러운 역사가라면 쉽게 마키아벨리를 구제할 수 있는 것이 사실이다. 마키아벨리는 근대 세계가 덕의 자질을 상실했다고 강하게 믿었으며 그렇게 믿을 만한 군건한 토대가 없는 것도 아니었다. 그는 또한 기꺼이 용감하게 행동하려는 의향이 덕을 갖춘 사람들의 가장 명백한 특징의 하나라고 믿었다. 하지만 이렇게 되면 동료 시민들이 용기를 결여했다는 결론을 내릴 수밖에 없게 된다. 그들의 군사 행동을 덕의 자질의 분명한 결핍이라는 견지에서 해석하지 않기도 힘들게 된다.

하지만 그의 당대인들이 주장했다시피 마키아벨리는 이 특정 신념을 유지하기 위해 엄청나게 높은 비용을 치러야 했다. 그는 관련된 권위자들의 자료를 왜곡해야 했고 결과적으로 증거에 대한 평가와 믿음에 대한 정당화를 둘러싸고 그 자신의 동료들이 인정하는 기준에 통탄할 정도로 못 미치게 되었다. 이들 동료들이 정당하게 지적한 대로, 그로부터 나온 결과물은 마키아벨리가 지지하기에 적절치 못하거나 최소한 그가 늘 지지해온 분명한 형태와는 다른 신념이었다. 지금까지 사용해온 전문 용어로 표현하자면 그것은 합리적 믿음이 아니었다.

그와 같은 판단을 내릴 수 있다는 것이 왜 중요한지는 이미 강조한 바 있다. 그런 식의 너그러운 결론을 허용하는 순간 우리는 마키아벨리의 믿음들에 관한 새로운 일련의 질문들, 그 믿음들의 합리성을 가정할 수 있다고 여기는 한 물을 수 없고 심지어 알아차리지도 못할 질문들과 마주하게 된다. 그는 왜 동료 시민들의 군사적 무능함을 그토록 과도하게 주장하는가? 그가 어떤 사적인 원한을 품고 있는가? 아니면 그저 지나간 시민 민병대 시절에 향수를 갖고 있는가? 아니면 그와 같은 무력만이 용기를 보여줄 수 있다는 고전적인 가정에 부당하게 영향을 받고 있는가? 이런 질문들은 다시 더 광범위한 질문들을 역사가에게 암시한다. 마키아벨리의 다른 정치적 믿음에서 강한 정서적 요소를 찾아야 하는가? 그가 고대 로마의 정치 저작들을 곧이곧대로 받아들이는 습관을 지닌 인물이라고 생각해야 하는가? 그의 믿음들의 합리성을 파고들어야만 그것들이 실제로 제기하는 설명의 수수께끼들을 알아볼 수 있다.

믿음에 관한 역사적 설명

인용한 찰스 테일러와 다른 영어권 철학자들에 대한 대응으로 내놓은 위의 논의는 믿음의 기술과 설명에 관여하는 역사가들을 위한 격언의 형태로 표현될 수도 있다. 황금률은 우리가 연구하는 믿음이 제아무리 괴이하게 보이더라도 이를 받아들인 행위자들을 가능하면 합리적으로 제시하려고 노력해야 한다는 것이다.[60]

이 황금률은 사실상 세 가지 지침을 구현하고 있다. 첫 번째는 전체 작업의 필수조건을 진술한다. 우리는 설명 대상이 된 믿음을 지닌 사람들 사이에 데이비드 루이스가 진실성의 관습이라 부른 것이 있다고 가정할 필요가 있다.[61] 우리의 첫 번째 임무는 분명 그들이 무엇을 믿는지 확인하는 일이다. 하지만 그들의 믿음에 대해 우리가 가진 유일한 증거는 대개 그들이 어쩌다 남겨놓은 텍스트나 발언들에 들어 있을 것이다. 물론 이 중 일부는 아이러니 같은 숨겨진 코드로 가득할 법하다. 하지만 우리는 일반적으로 그것들을 상대적으로 직접적인 믿음의 표현으로 다룰 수 있다고 가정하는 도리밖에 없다. 그와 같은 진실성의 관습을 가정할 수 없다면 그들이 믿는 바를 설명한다는 기획을 도무지 진척시킬 수가 없을 것이다.

이와 긴밀하게 연관된 두 번째 지침은 제아무리 괴이하게 보이더라도 말해진 것을 가능한 한 액면가 그대로 받아들일 준비가 되어 있어야 한다는 것이다. 우리가 연구하는 사람들이 악마와 결탁한 마녀들이 있다고 단언한다면 이것이 바로 그들이 믿는 바라고 가정하고 들어가야 한다. 이는 우리의 설명 임무의 엄밀한 성격을 유지하는 데 도움이 될 뿐 아니라 은혜를 베푸는 식의 해석적 자선이라는 익숙한 형태에서 벗어날 수 있게 해준다. 그것은 우리가 연구하는 사람들이 우리가 보기에 엄청나게 터무니없는 말을 할 때마다 그들이 수행하는 화행이 해당 믿음을 진술하거나 공언하는 것과는 다른 어떤 것임이 분명하다고 가정하는 게 최선이라는 식으로 주장함으로써 그들의 합리성을 짐짓 구제해주는 일을 막아줄 것이다.

이 원칙을 적용하는 두 가지 널리 퍼진 방식이 있다. 하나는 본질적으로 뒤르켐식의 사고에서 나온 것으로, 상징적 형식으로 표현된 진술들이 말하는 사람이 속한 사회 구조와 이 구조에 대한 그의 지지에 관한 하나의 명제를 이루고 있다고 가정해야 한다는 것이다. 이런 방식은 비티Beattie와 리치Leach를 비롯한 여러 사람들의 글이 입증하듯이 특정 학파의 사회인류학자들 사이에서 최근까지 유행했다.[62] 두 번째 적용 방식은 좀 더 프로이트적인 것으로, 우리가 그와 같은 진술들이 좌절이나 불안 같은 어떤 알려지지 않은 깊은 감정들을 전치되고 왜곡된 형태로 표현한다고 가정해야 한다고 본다. 원칙을 이런 식으로 적용한 사례는 이미 마녀술에 대한 믿음을 다룬 라뒤리의 설명에서 마주친 바 있었다.

이런 두 형태의 원칙이 갖는 명백한 난관은 문자 그대로 취해야 할 명제와 상징적으로 취해야 할 명제를 구분하는 유일한 기준이 우리 자신의 인식상의 불편함 뿐이라는 점이다. 말해진 것으로 문자 그대로 받아들이기가 너무 당혹스러울 때 이를 어떤 다른 것으로 말하는 상징 혹은 전치의 방식으로 받아들이라는 지시에 다름 아닌 것이다. 물론 이런 식의 접근을 거부한다고 해서 믿음이 한 사회가 스스로에 대해 갖는 견해, 알려지지 않은 두려움, 열망, 연대감을 표현하는 데 핵심적인 역할을 수행할 수 있음을 부인하는 건 아니다. 특히 프로이트적 접근이 행위자들이 왜 특정 믿음을 갖는지(그리고 계속 고수하는지)에 대해 그들 자신에겐 알려져 있지 않은 핵심적인 통찰을 제공해줄 수 있음을 부인하는 것도 아니다. 다만 문제의 행위자들 자신의 견지에서 볼 때는 그들이 진실이라고 믿는 것을 유지하기에 충분한 이유가 있지 않은지를 묻기에 앞서 곧장 그런 인과적 설명으로 옮겨갈 수 있다고 받아들인다면 우리가 밝혀야 할 것들을 미리 가정하는 셈이 된다는 사실을 강조하는 것일 따름이다.

　세 번째 지침은 역사가로서 우리가 이런 접근에 힘입어 하게 될 실증적 임무를 일러준다. 우리는 우리가 관심을 갖는 믿음에 대한 특정 진술을 그것에 적절한 지원을 제공해주는 지적 맥락으로 둘러싸야 한다. 앞에서 본 대로 이는 연구 대상으로 삼은 사람들이 하는 말에는 그에 합당한 실제적인 이유가 있을지 모른다는 점을 밝히고자 하는 것 이상을 요구한다. 그들의 발언이 합리적인 방침의 산물일 뿐 아니라 그들이 지닌 인식적 합리성 감각에 부합하는 것임을 밝힐 것을 요구한다. 따라서 주된 임무는 전제들과 다른 믿음들로 이루어진 정확한 맥락, 즉 우리가 관심을 갖는 발언을 그 특정 행위자가 그 특정 상황에서 진실이라고 믿는 것이 합리적으로 보이게 만들어주는 맥락을 발견하는 것이다. 최근 어느 평자가 제시한 대로 이 임무는 따라서 성격상 '고고-역사주의적'archaeo-historicist인 것이라고 할 수 있다.[63]

　우리는 이것이 믿음의 어떤 범위까지 발굴할 것을 요구하는지 미리 알 길이 없다. 따라서 나의 제안은 특히 과학사가들이 흔히 제시하는 것과는 대조된다. 그들은 때로 메리 헤시Marry Hesse가 말했듯이 '대수롭지 않은 저작이나 잊혀진 인물들의 하찮은 전기를 지루할 만큼 세세하게 밝히기'보다는 과학적 발견의 '인정된 내적 전통'을 연구하고 그리하여 주요 과학자들의 확립된 정전에 대한 지식을 심화하는 데 초점을 두어야 한다고 주장한다.[64]

나는 이런 접근법에 비판적이지만 과학사가들이 가장 흥미롭다고 생각한다면 발견의 인정된 전통에 초점을 두는 것이 적절하다는 점을 문제 삼고 싶지는 않다. 오히려 2장에서 이미 강조했다시피 모든 가치 있는 역사의 형태는 이런 의미에서 휘그적일 수밖에 없다*고 생각하는 쪽이다. 역사가들이 에너지를 쏟을 가치가 있다고 생각하는 문제들은 지적 중요도에 대한 그들 자신의 감각을 반영하기 마련일 것이다. 그들이 잘못되었다고 느끼는 중요도 순위에 따라 연구를 수행하는 편이 더 이상할 것이다. 다만 우리가 주요 인물들의 인정받은 정전을 이해하는 것조차 그것들을 가장 잘 이해할 수 있는 지적 맥락 속에 놓는 일을 필요로 함을 인정한다면, 이 맥락의 어떤 측면을 지루하거나 부적절하다고 간단히 일축할 수 없으리라는 것이다. 과학사가에게는 아이작 뉴턴Isaac Newton 시대의 국교회 위계질서에 관련된 세부사항이 그런 것으로 보일 법하다. 하지만 뉴턴에게는 그런 위계와 그가 하늘에서 발견한 위계 사이의 이종동형 관계가 자신의 천계 역학의 진리를 믿게 해줄 근거를 제공해준 것일 수도 있다. 전자가 '종교적' 믿음이며 뉴턴의 과학 연구와는 아무 관련이 없다고 치부할 경우, 세계를 어떻게 구분할지 그리고 무엇이 어떤 것의 이유로 생각될 수 있는지에 대한 심각하게 시대착오적인 견해를 덮어씌워 뉴턴의 가장 명백하게

---

* 앞서 연구 대상을 선택할 때는 연구자 본인의 가치나 관심이 개입할 수밖에 없다고 한 것 (47쪽 옮긴이 주 참조)과 마찬가지 맥락에서, 중요성이 떨어지는 자료보다는 과학적 발견의 역사에서 중요성을 인정받은 대상을 연구하는 것이 타당하다는 의미.

'과학적인' 업적을 이해할 가능성을 봉쇄하는 처사가 될 수 있다. 부적절함이나 하찮음이라고 생각되는 것을 참아내지 못하면 우리가 추구하는 역사적 이해 자체에 도달하지 못할 수도 있다.[65]

리처드 로티처럼 이런 접근법에 공감하는 철학자들은 내가 한 것보다 훨씬 더 과감하게 옹호할 수 있다고 주장하는 경향이 있다. 이들은 비트겐슈타인식으로 그것이 다만 우리가 묘사하고 설명하려는 믿음을 가진 사람들이 행하는 이국적인 언어게임들의 흔들림 속으로 들어갈 필요가 있다는 얘기라고 장담한다.[66] 이 말은 맞는 것 같지만 도움은 되지 않는다. 그처럼 익숙하지 않은 활동과 삶의 형태 안으로 뚫고 들어갈 가장 적절한 전략에 관해 질문할 필요가 분명 있는 것이다. 실제로 우리는 어떤 식으로 나아가야 하는가?

첫 단계로는, 믿음의 진술이 개별적으로 역사가에게 스스로를 편리한 첨부 증거로 제시하는 일이 드물다는 사실을 기억하는 편이 좋을 것이다. 앞서 살펴보았다시피 무엇을 믿는 것이 합리적인가 하는 물음은 부분적으로 어떤 다른 것을 믿고 있는가에 달려 있다. 따라서 역사가가 관심을 갖는 특정 믿음은 믿음들의 네트워크, 즉 다양한 개별 항목이 서로에게 상호적인 지원을 공급해주는 네트워크의 일부로서 스스로를 전체론적으로 제시할 법하다. 이미 내비친 대로 어떤 역사가가 가령 장 보댕이 마귀 들림을 믿은 것이 합리적이었는지 알아내고 싶다면 가장 타당한 행동 노선은 보댕에게 이와 같은 명백히 괴상한 신념을 어떤 식으로든 말이 되는 것으로 보이게 해줄 다른 믿음들이 있었는지 묻는 일이다.[67]

어떤 철학자들은 (특히 마틴 홀리스를 염두에 두고 있다) 특정 믿음을 파생시켰다고 생각되는 핵심 믿음들이 합리적이라면 그 특정 믿음을 갖는 것도 합리적이기 마련이라는 데 반대해왔다.[68] 하지만 합리적 기반이라는 이 이미지는 나로서는 혼란스럽다. 핵심 믿음이라는 것이 합리적이라는 얘기가 어떤 의미인가? 한편으로는, 우리가 그런 믿음을 가질 만한 충분한 이유를 내놓을 수 있다는 의미가 아닐 것이다. 왜냐하면 그럴 경우 핵심 믿음이라기보다는 파생적 믿음일 것이기 때문이다. 그러나 다른 한편으로, 이미 인정했다시피 어떤 믿음을 합리적인 방식으로 갖게 된 것이라 묘사하는 일이 달리 어떤 의미일 수 있는지 나로서는 알 수 없다. 요컨대 홀리스의 제안이 내가 설명하려는 전체론에 제한을 두는 방식으로 전개될 수 있다고 생각지 않는다는 것이다. 가장 초보적인 인식 사례조차, 또 가장 분명한 관찰 증거를 앞에 둘 때조차, 소위 가감 없는 사실들을 들여다보는 것만으로 반드시 구성하게 되는 믿음이 있다거나 내리게 되는 판단이 있다고 단언하는 것은 언제든 무모한 일이다. 우리가 구성한 믿음과 도달한 판단은 항상 관찰한 것을 진술하는 데 이용한 개념들에 의해 매개되기 마련이다.[69] 그런데 개념을 채택한다는 것은 언제나 경험을 특정 관점을 통해 특정 방식으로 평가하고 분류하는 것이다. 따라서 우리가 경험하고 기록하는 것은 우리가 가진 개념들과 그 개념들이 가능하게 해준 판별의 성격을 거쳐 우리의 관심으로 들어오게 될 것이다. 경험에서 믿음으로 가는, 관찰 증거에서 어떤 결정적 판단으로 가는 이보다 덜 구부러진 길은 어디에도 없을 것이다.[70]

이와 같은 주장에 대해 홀리스는 최소한 '단순한 일상적 믿음'의 경우에는 역사가나 민족지학자가 자신이 연구하는 사람들이 '공통의 인식, 인식된 것을 지시하는 공통의 방식, 경험적 진리에 대한 공통의 관념'을 갖고 있음을 '발견할 필요가 있다'면서 거듭 반박한 바 있다.[71]

역사와 민족지학이 가능하려면 일정한 방식으로 개념화된 고유 경험이라는 확고한 교두보가 있어야만 한다고 그는 강조한다. 그는 어떤 언어든지 이와 같이 교두보가 되는 개념들의 표현에 상응하는 용어들이 반드시 있다고 추론하면서 역사가나 민족지학자들에게 그것들을 발견하고 번역해야 한다고 강력히 권고한다.[72]

홀리스의 원칙이 어디를 뒤져야 하는지 일러주지 않는다는 사실은 차치하고라도, 내가 보기에 '단순한 인식적 상황'에서조차 '합리적 인간이 믿지 않을 수 없는 것'을 골라내고 묘사할 수 있다고 상정하는 것은[73] 심각한 오류이다. 가장 단순한 행동이나 사건조차 다소간 복잡한 수많은 분류 구도로 끼워 맞춰질 수 있고 결과적으로 무한히 다양한 방식으로 꼬리표를 붙일 수가 있다. 예컨대 가능한 한 가장 단순한 종류의 '인식적 상황'에 대한 기록, 가령 비가 내린다는 취지의 기록을 생각해보자.[74] 고대 로마인들이 이 믿음을 진술하고 공유할 때 그들은 *imber*라는 단어를 사용했는데 이것은 고전 라틴어에서 강우나 소나기를 지칭하는 유일한 용어였다. 즉 고대 로마인과 근대 영국인이 젖은 상태로 나란히 서 있게 된다면 동일한 증거를 앞에 두고서도 상반되는 믿음의 진술에 도달할 경우가 많을 수 있다는 이야기이다. 로마인이 *imber*를 겪고 있다고 전하고 영국인이 이를 강우나 소나기로 받아들인다면 영국인은 이 판단에 사실상 반박할지도 모른다. 이 영국인은 가령 가늘다가는 보슬비에 불과하다고 주장하고 싶을 수도 있다.

물론 어떤 의미에서는 로마인과 영국인이 동일한 사건을 경험하고 이야기하는 것이 분명하다는 명백한 사실을 부인하자는 게 아니다. 다만 믿음을 전달할 때는 부득이하게 어떤 특정한 분류 구도를 채택할 수밖에 없고, 토머스 쿤Thomas Kuhn이 특히 강조한 바와 같이 서로 다른 구도가 세계를 서로 다른 방식으로 나눈다는 사실은 그중 어떤 구도도 반박할 수 없는 사실을 논쟁의 여지없이 전달하는 데 활용될 수 없다는 뜻임을[75] 주장하려는 것이다. 이는 전달되는 사실들이 있음을 부인하는 것이 아니다. 다만, '공유된 현실에 관한 진실된 주장이라는 교두보'가 틀림없이 존재한다는 홀리스의 주장에는[76] 미안한 얘기지만, 사실을 전하기 위해 우리가 채택하는 개념들은 언제나 어떤 것이 사실로 간주되는지 결정하는 데도 동시에 영향을 준다는 이야기다. 비가 오는가 오지 않는가? 로마인은 **온다**고 하고 영국인은 **아니**라고 할 경우가 있는 것이다.

그렇다면, 이언 샤피로Ian Shapiro가 내 글을 비판하면서 요구했듯이 사회적 세계에서 '무엇이 실제로 진행되고 있는지'를 가리는 개념과 올바로 드러내는 개념을 구분하는 일은 가능하지 않다.[77] 이 구분이 가능하다고 보는 것은 우리의 사회적 세계가 적절한 기호체계를 통해 민감한 관찰자라면 무엇이 실제로 진행되고 있는지 못 볼 수가 없는 방식으로 포착 가능한, 분명한 대상과 사태를 담고 있다고 전제하는 셈이 된다. 하지만 이런 전제야말로 내가 보기에 의문시되어야 하는 것이다. 오히려 어느 한 기호체계가 대상과 사태를 골라 우리로 하여금 지칭할 수 있게 해준다면 다른 체계는 잠정적으로 상충되는 또 다른 방식으로 이 일을 수행할 수 있다는 점을 인식할 필요가 있다.

이런 주장을 밀고 나가면 우리가 가진 개념이란 세계로부터 우리에게 강요되는 것이 아니라 세계를 이해하기 위해 우리가 세계에 가지고 가는 것을 나타낸다는 주장이 된다. 이런 결론을 받아들이면 관념론의 논제를 수용하는 것으로 보일지도 모른다. 하지만 그렇지 않다. 경험적 믿음의 토대가 되는 관찰 증거를 제공해주는 세계가 정신과는 독립적으로 존재함을 부인하자는 뜻이 아니다. 단지 힐러리 퍼트넘 Hilary Putnam의 말대로 우리가 가진 개념, 따라서 그 개념을 표현하기 위해 우리가 사용하는 어휘들에 의해 어느 정도라도 규정되지 않은 관찰 증거란 없다고 주장하는 것이다.[78]

하지만 앞서 지적했듯이 이런 노선의 주장에 대한 홀리스나 다른 많은 영어권 철학자들의[79] 주된 반대는 그것이 역사가나 민족지학자의 임무를 불가능하게 만든다는 것이었다.[80] 홀리스의 주요한 주장에 따르면, 우리와 이질적인 사람들이 사용한 용어들을 우리 자신의 언어에 있는 '등가물'과 '짝짓기'할 수 없다면 그들의 발언을 번역하는 임무에 착수할 수 없다.[81] 그리고 그들이 하는 말을 어떻게 번역해야 할지 모른다면 그들이 어떤 것을 믿고 있는지 확인할 수가 없으리라는 것이다.[82] 다른 많은 사회과학 철학자들과 마찬가지로 홀리스에게는 이렇듯 번역 가능성이 이해 가능성의 조건이며 그 결과 어떻게 번역이 가능한지를 정하는 것이 중요한 사안이 된다.[83]

때로 이런 논제는 그 자체를 뻔히 잘못된 것으로 만드는 방식으로 진술되기도 했다. 일례로 존 거널John Gunnell은 '새로운 언어를 배우는 일이 가능한 것은 이미 그 언어를 알고 있기 때문이다'라고 주장한다.[84] 이것이 사실이라면 어떤 아기도 자기 모국어를 습득할 수 없을 것이다. 하지만 다른 언어의 기본 용어와 우리 자신의 언어에 있는 등가물을 연결할 수 있어야 한다는 데 관한 논제로서 이 주장을 옹호하는 홀리스나 다른 사람들의 입장에서 보더라도 이해 가능성이 번역 가능성을 전제한다는 얘기는 분명 잘못이다. 다른 언어의 용어를 우리 언어에서 조금이라도 그에 근접한 등가물로 번역할 전망이 도무지 없는 경우도 종종 있는 것이다. 하지만 그 때문에 우리가 그런 이질적인 용어의 용법을 배우고 이를 통해 어떤 구별이 생겨나는지 배우지 못하라는 법은 없다. 이렇게 할 수 있다면 궁극적으로 번역에 완강히 저항하는 용어의 적용에 관해서도 이해하게 되리라 기대할 수 있다. 물론 우리 자신의 언어에 있는 동의어를 끌어와서 그런 용어들이 무엇을 '의미하는지' 설명할 수는 없을 것이다. 번역이 그 정도로 불명확하다는 사실은 피할 수 없다. 그러나 오래전에 콰인이 가르쳐준 바와 같이 이것이 주는 교훈은 우리가 그와 같은 원자론적 의미에서의 '의미'에 대한 추구를 포기해야 한다는 것이다.[85]

여기서 내가 역사가들에게 16세기 악마 연구자들이나 랑그도크의 농민들, 혹은 그와 같이 이질적인 다른 사람들이 되는 경험을 재연하거나 재창조하라고 호소하는 건 아니라는 점을 덧붙일 필요는 없을 것이다.[86] 가능한 한 우리의 선조들이 생각하는 대로 생각하고 그들의 방식으로 바라보려고 애쓰는 것을 역사가의 임무로 여겨야 한다고 호소하고 있을 따름이다. 이것은 그들이 가졌던 개념과 그들이 했던 구별, 그들이 자신들의 세계를 이해하기 위해 따랐던 추론의 연쇄를 발견할 것을 요구한다. 내가 이해할 수 없는 것은, 어째서 이것이 그들이 했던 구별이나 이를 표현하기 위해 사용했던 그들의 용어를 우리가 구사하는 전혀 다른 구별과 표현으로 옮겨놓을 것을 요구한다고 생각해야 하느냐는 점이다. 역사적 이해란 이언 해킹Ian Hacking이 다른 양식의 추론이라 부른 것을 따르는 일을 배우는 데서 비롯되는 것이지, 반드시 이 양식을 더 익숙한 양식으로 번역할 수 있는가의 문제는 아니다.[87]

도널드 데이비드슨은 현존하는 자연언어들이 가진 자원이 벤저민 워프Benjamin Whorf와 토머스 쿤 같은 저자들이 보고하는 가장 극적인 통약 불가능성의 사례들을 다루는 데도 완전히 적합하다고 응수한 것으로 악명 높다.[88] 하지만 데이비드슨의 주장은 대안적인 개념 구도라는 생각을 배제하기 위해 검증 원칙을 너무 엄격히 적용하는 데 의존하므로 그 자체로 의문의 여지가 많다.[89] 더욱이 데이비드슨의 회의론은 내가 통약 불가능이라는 논제와 유사한 것을 옹호하는 취지를 무너뜨리기엔 불충분하다. 나는 다만 이질적인 개념을 설명하는 역사가의 임무가 자신의 언어에서 이를 표현하는 등가적 용어를 발견하는 작업으로 환원될 수 있다고 생각한다면 잘못이라고 주장하는 것이다.

그러나 이는 여전히 상당한 중요성을 띤 방법론적 교훈이라고 생각된다. 왜 그런지를 예증하기 위해 앞서 살펴본 근대 초기 정치철학의 사례, 곧 마키아벨리와 그의 동시대인들이 채택한 *virtù*의 개념으로 돌아가보자. 이 용어의 번역어를 찾을 때 영어권 역사학자들은 대개 마키아벨리의 저작에서도 용기 있고 신중한 사람을 종종 *virtuosi*로 묘사한다는 사실을 지적하는 데서 출발한다. 이는 마키아벨리가 '때로 *virtù*를 전통적인 기독교적 의미로 사용한다'는 결론으로 이끈다.[90] 하지만 마키아벨리는 또한 재능이 있으나 사악한 지도자들도 *virtuosi*로 묘사할 때가 많다. 이는 어쩌면 이 용어가 정치적 혹은 군사적 문제에서의 기술과 능력을 지칭하는 '또 하나의 의미'도 갖고 있음을 암시한다.[91] 그러나 이례적인 용법들이 계속 발견되기 때문에 평자들은 일반적으로 이 용어가 어떤 확정적인 의미를 전혀 갖지 않는 것으로 보인다는 결론에 도달한다. 이 용어는 이를 '다양한 의미로' 사용한 '마키아벨리의 저작들에서 매우 다양한 의미'를 띤다.[92]

이 사례가 보여주듯이 그와 같은 영어권 역사가들은 *virtù* 개념을 이해하는 일을 근대 영어에서 그에 대한 등가물들을 발견함으로써 그것의 '의미들'을 설명하는 일로 여겨왔다. 하지만, 바라건대, 이 사례는 또한 이런 접근이 어떻게 잘못되었는지도 보여준다. 한 가지 결과는 이와 다르지만 훨씬 더 유망한 연구 노선이 자동적으로 폐쇄된다는 점이다. 이대로라면 역사가는 마키아벨리가 우리의 도덕적 사유에서는 너무 이질적이어서 오늘날의 우리는 하나의 확장된 근사치 완곡어법의 형태로밖에는 포착할 수 없는 어떤 개념을 표현하기 위해 완전히 일관된 방식으로 이 용어를 사용하고 있을 가능성을 고려하지 못한다. 가령, 어쩌면 그는 도덕적이건 아니건 그가 가장 군사적·정치적 성공을 가져올 것으로 본 자질들을 지칭하기 위해, 오직 그럴 때만 이 용어를 사용했을지도 모른다. (나로서는 대체로 그랬다고 본다.) 또 하나의 중요한 결과는 진정으로 휘그적인 오류가 거의 자동적으로 발생한다는 것이다. 위의 영어권 역사학자들은 만약 *virtù*라는 용어를 사용하는 마키아벨리의 용법이 분명한 개념을 지시한다면 근대 영어에 그에 해당하는 용어가 반드시 있어야 한다는 가정으로 시작한다. 그러나 그들은 금방 이런 탐색에 좌절하게 된다. 그 결과 너무 쉽게 마키아벨리는 (어느 전문가의 표현대로) '이 단어를 어떤 식으로든 체계적으로 사용하는 데 무심한'[93] 듯 보이므로 혼란을 겪고 있음이 분명하다는, 전적으로 근거 없는 결론에 도달하게 된다.

　　이런 예는 얼마든지 더 들 수 있다. (가령 철학사가들이 인과관계에 대한 흄 이전의 논의들에서 발견한 숱한 '혼란'을 생각해보라.) 하지만 바라건대 더 예를 들지 않아도 취지는 전달될 것이다. *virtù* 같은 용어는 광범위한 믿음의 네트워크 안에서의 위치에서 '의미'를 획득하며 이 네트워크의 계통을 온전히 추적해야만 그 구조 속의 어느 한 요소의 위치가 적절하게 이해될 수 있다.[94] 의심할 바 없이, 우리의 믿음과 우리가 조사하려는 사람들의 믿음 간에 상당한 중첩이 있어야만 그런 작업에 착수할 수 있다. 그럼에도 불구하고 이런 중첩이 너무 근소한 나머지 관련 개념들의 일대일 번역에 근접하는 어떤 것도 허용하지 못할 수가 있다. 그렇지 않다고 생각하는 것은 철학적 오류일 뿐 아니라 내가 예시해온 것과 같은 유해한 실제적 결과로 이끌 수 있다.

이런 입장에 도달하면 역사철학자들만이 아니라 현행 역사가들도 거듭해서 제기한 또 하나의 긴밀히 연관된 문제에[95] 해답을 제안하는 것이 가능해진다. 앞서 논의를 시작할 때 다룬 글에서 찰스 테일러가 말한 대로, 문제는 우리가 연구하는 사람들의 언어를 수정하여 그들 스스로 제시한 것과는 상충되는 묘사를 내놓는 일이 정당화될 수 있는가 하는 것이다.[96] 과거의 사상가들에게 그들이 표현할 언어적 수단이 없었던 개념들을 귀속시킬 수 있는가?[97]

민족지학자나 역사가에 의해 연구되는 사람들이 이용할 수 있었던 묘사들의 범위를 넘어서거나 심지어 거기에 이견을 제기하더라도 명백히 정당할 수 있는 한 가지 방법이 있다. 우리가 그들이 믿는 것을 확인하는 데 그치지 않고 이 믿음이 더 큰 역사적 패턴이나 서사에서 차지하는 위치를 두고 논평하고자 할 때가 그것이다. 특히 아서 단토Arthur Danto는 필연적으로 야기될 수밖에 없는 비대칭성을 강조했다.[98] 예를 들어 에드워드 기번Edward Gibbon이 보에티우스Boethius가 키케로Cicero에게서 인정받았을 법한 마지막 로마인이었다고 한 것은 보에티우스 자신은 동의할 수 없었을 그의 믿음에 관한 논평이었다. 그렇지만 우리는 기번이 보에티우스의 믿음에 관해 말한 것이 옳다고 주장할 수 있다. 단순히 보에티우스 자신이 그 진실성을 인식할 위치에 있지 않았다는 이유로 이 묘사를 틀렸다고 거부하는 일은 분명 터무니없다.

연구 대상으로 삼은 사람들이 제시한 묘사를 벗어날 뿐 아니라 거부해도 대체로 정당화될 수 있는 또 하나의 지점이 있다. 그들이 무엇을 믿는지 확인했음을 자신하고 왜 그것을 믿는지 설명하고자 할 때이다. 이 국면에서 설명을 하는 우리의 언어가 문제가 되는 그 사람들이 스스로에게 적용하거나 적용할 수도 있었을 언어와 맞아떨어져야 한다고 주장하는 것은 돈키호테식의 자기부정적 명령이 될 것이다. 가능한 가장 강력한 설명으로 생각되는 것을 내놓길 원한다면 가능한 최상의 설명 이론과 거기에 체현된 개념으로 여겨지는 것을 채택할 수밖에 없다. 따라서, 테일러가 제기한 또 한 가지 사안에 대한 논평이기도 한데, 우리는 결과로서 나온 설명이 연구 대상인 사람들이 제시한 것과 상충되더라도 우리의 것이 '더 낫다'고 간주되어야 함을 주장할 수 있게 될 것이다.[99] 이는 다만 우리의 사회적 설명이 최근의 여러 세기를 거치는 동안 더 풍부해졌다는 것이 우리의 믿음 중 하나라고 말하는 데 지나지 않는다. 예를 들어 우리가 프로이트의 무의식 개념이 이런 풍부함의 중요한 사례를 나타낸다고 믿는다면, 과거의 사람들을 정신분석하려고 최선을 다할 뿐 아니라 그들에게는 적어도 처음에는 전혀 납득할 수 없는 개념을 통해 그들의 행동을 평가하고 설명하게 될 것이다.

몇몇 지성사학자들은 다음의 세 번째 수정 유형을 옹호하길 원할 것이다. 그들은 사람들이 자신의 믿음을 표현하는 용어가 아니라 이 용어를 사용함으로써 행한 구별의 성격이 중요하다고 주장한다. 다시 말해 우리가 그들이 구사한 구별을 보존하는 한 그들의 용어를 수정하는 것이 실질적으로 도움이 된다는 것이다. 일례로 존 로크John Locke가 관념에 관한 이론을 개괄하면서 '이미지'라는 단어를 쓴 적은 없지만 그가 '관념'이라고 한 자리에 '이미지'라고 말한다면 그가 말한 것을 더 잘 이해할 수 있다고 얘기해도 좋을지 모른다.[100]

분명 이의를 제기할 수는 없지만 이 제안은 다소 더 위험한 입지에 서 있는 것으로 보인다. 우리가 대체한 용어들이 이론에 대해 그 저자가 알아차릴 수 있었을 것보다 더 많은 함축적 의미를 포착하는 해명 임무를 수행할 수는 있다. 그러나 그것들이 동시에 다수의 무관하고 심지어 시대착오적인 울림들을 들여오게 될 것도 거의 확실하다. 이런 일이 일어나기 시작하는 순간 지성사학자들은 내가 그의 일차적인 임무라고 간주하는 것, 즉 설명되어야 할 믿음을 확인하고 묘사하는 임무에서 실패하게 될 것이다. 따라서 역사가가 설명이나 논평이라는 논리적으로 이어지는 임무와는 다르게 먼저 믿음을 확인하고자 할 때는 그것이 표현된 용어를 수정하는 시도가 대개 치명적인 결과를 낳을 것이다. 문제가 된 믿음은 행위자들 자신이 그것을 표현할 때 선택한 그 특정 용어에 기대야만 분명한 대상으로서 확인될 수 있다. 이 용어를 수정하는 것은 다른 종류의 믿음에 관해 이야기하는 일이 된다.

일례로, 다시 한번 마키아벨리의 예, 특히 그의 『로마사 논고』에 개략된 정치적 논의로 돌아가서 끝맺고자 한다. 영어권 전통의 역사가들은 마키아벨리의 이론을 개별 시민들과 국가 권력자들의 권리와 이해 간의 관계에 대한 설명이라는 견지로 논의할 때가 많다.[101] 하지만 마키아벨리 자신은 권리*diritti*나 이해*interessi*라는 용어를 어디서도 사용한 적이 없다. 그의 어휘를 이런 식으로 수정한 결과는 그에게 스스로 결코 표명한 바 없는 다수의 주제에 관한 믿음을 부여하는 것이었다. 물론 그가 권리에 관해 아무 말도 하지 않았더라도 권리 개념을 갖고 있었을 수는 있다. 하지만 앞서 강조한 바와 같이 역사가들은 사람들이 실제로 말한 것이 그들의 믿음에 대한 가장 신뢰할 만한 지침을 제공해준다고 가정하면서 시작할 도리밖에 없다. 그들이 실제로는 뭔가 다른 얘기를 하고 있다는 주장으로 시작한다면, 그들이 믿는 바를 확인하는 대신 그들에게 믿음을 부여할 위험이 커진다.

합리적 수용 가능성과 상대주의

지금 우리의 삶의 방식에 따르면 누구라도 내가 위에서 개괄한 입장을 옹호한다면 조만간 상대주의자로 비난(혹은 칭송)받게 된다. 확실히 나를 비판하는 사람들은 이런 개념적 장식품을 내 머리를 향해 반복해서 던져왔다.[102] 물론 내가 주어진 믿음을 '진실한 것으로 평가한다'는 생각을 상대화해온 것은 사실이다. 우리에게는 더 이상 합리적으로 인정될 만한 것이 못 되더라도 장 보댕으로서는 악마와 결탁한 마녀들이 있다는 걸 진실이라고 여기는 게 합리적일 수도 있다고 주장했다. 하지만 어디서도 개념적 상대주의라는 논제를 승인한 적은 없었다. 지금에 와서는 거짓으로 생각되는 믿음이지만, 한때 악마와 결탁한 마녀가 있었다는 것이 진실**이었다**고 주장한 적이 한 번도 없었다. 일반적으로 얘기하자면, 나는 다만 우리가 무엇을 진실이라고 여기는 게 합리적인가 하는 문제는 우리의 믿음의 총체에 따라 다양하리라는 점을 지적했던 것이다. 진리 그 자체가 이와 동일한 방식으로 다양할 수 있다는 완전히 다른 무모한 논제를 제시한 적은 없었다.

확실히 나는 우리가 어떤 믿음을 두고 옳다고 말한다면 그것이 합리적으로 인정할 만하다고 생각한다는 뜻이라고 주장해왔다. 그렇지만 개념적 상대주의자가 하듯이 진리에 수용 가능성 말고 다른 것은 없다고 주장하려는 건 아니다. 상대주의자와 달리 나는 진리의 정의를 제시할 생각이 없다. 대체로 나는 진리에 관해 말하는 게 아니라, 다른 사람들이 진실이라 믿은 것이 실제로 진실이었다고 우리 자신이 믿는지 여부와는 무관하게 그들이 다른 시대에 자신들의 견지에서 진실이라고 생각할 충분한 이유가 있었던 것에 관해 말하고 있는 것이다.

심지어 사람들이 자신의 믿음에 대해 제시하는 근거들이 그것을 재발견한 역사가가 볼 때 해당 믿음을 진실한 것으로 생각할 수 있다는 이유로 인정해줄 만한 것일 필요가 있다는 얘기를 하는 것도 아니다. 역사가들은 마틴 홀리스가 제의적 믿음ritual belief이라 부른 것을 연구할 때가 종종 있는데, 이는 조사 대상이 된 믿음의 내용이 이해 불가능한 경우를 말한다.[103] 그런 상황에서 우리가 바랄 수 있는 최대치는 해당 믿음을 다른 믿음들의 적절한 설명적 맥락 안에 놓는 것이다.[104] 그렇게 되면 그 맥락에서 활동하는 누군가가 우리로서는 이해 불가능한 명제들을 수용하게 된 이유를 찾아낼 가능성이 생긴다. 하지만 그 이상은 바랄 수 없다. 그런 경우에, 가령 아퀴나스Aquinas가 어떻게 신이 삼위三位이면서 동시에 나뉠 수 없는 존재라는 믿음에 도달하고 이를 옹호했는지 설명할 수 있다면 해석자로서의 우리 임무는 끝난다.[105] 그에 더해 아퀴나스가 믿는 게 정확히 무엇인지 설명한다는 불가능한 위업을 달성할 수 있어야 한다고 생각할 필요가 없다. 홀리스의 말을 바꿔 쓰자면, 역사가의 목표는 가능한 한 많은 이해를 만들어내는 것이며 이 임무는 개종자를 만들어내는 것과 혼동되어서는 안 된다.[106]

요컨대 나는 내가 다루고 있는 역사적 연구에서 진리의 중요성이 한참 과장되어왔다고 확신한다. 내가 볼 때 이는 메타-역사적 논의의 대다수가 과학적 믿음에 대한 분석에 의존해온 사실에서 비롯된 것이다. 과학적 믿음의 경우라면 진리의 문제는 꽤 중요할지 모른다. 하지만 사상사학자들이 연구하는 대부분의 사례에서 연구 대상인 믿음의 진리를 고려할 필요가 있다는 주장은 역사가들에게 생소한 것으로 생각될 법하다. 일례로 이미 논의한 사례 중의 하나인 마키아벨리를 들어보자. 그는 용병 군대가 언제나 정치적 자유를 위험에 빠뜨린다고 확고하게 믿었다. 물론 이것이 진실인지 물어보는 일은 얼마든지 가능하지만 그것의 효과는 프랑스의 왕이 대머리인지 묻는 일과 대동소이할 것이다. 오늘날에는 그런 질문이 제기되지 않는다는 것이 최선의 대답일 법하다.

그렇다고 해서, 때로 비트겐슈타인이 그랬다고 생각되는 것처럼, 궁극적으로 우리 자신의 것만큼이나 인식 면에서 정당화될 수 있는 삶의 일부로 이해될 수 있다는 점을 근거로 그런 믿음의 진리에 관해 묻는 일을 미리 **배제**하는 입장을 취하자는 얘기는 아니다.[107] 오히려 나로서는 개념적 상대주의의 테제가 어떤 관점을 얻는 것 자체를 부인하면서도 실은 하나의 관점을 선호하는 진술을 체현하고 있으므로 스스로를 반박하는 것으로 보인다.[108] 나는 (위의 예로 돌아가자면) 다만 역사가로서 우리의 임무는 마키아벨리의 관점을 재발견하는 것이며 이 임무를 수행하기 위해 우리가 채택해야 할 유일한 것은 합리적 수용 가능성 개념이지 진리 개념이 아니라는 점을 주장하려는 것이다.

자신들의 발견이 개념적 상대주의라는 논제를 뒷받침한다고 주장함으로써 몇몇 역사가들이 진리의 문제를 재도입해온 것은 사실이다. 토머스 쿤이 그랬다고 널리 해석되어왔지만 이는 잘못된 해석이고, 이런 주장에 관한 가장 분명한 진술은 배리 반스와 데이비드 블루어 같은 '강한 프로그램' 주창자들에 의해 제시되었다. 앞서 살펴본 대로 그들은 자신들의 역사적 사례연구를 토대로 우리의 모든 믿음이 사회적 원인을 갖고 있으며 그런 원인들은 모두 믿음의 대상과 접촉하는 우리의 능력을 왜곡하는 방식으로 작동한다는 점을 분명히 했다고 생각한다. 이로부터 그들은 믿음의 진리에 대한 유일한 판관은 그들이 지역문화라고 부르는 것을 지배하게 된 규범과 기준에 대한 합의여야 한다고 추론했다.[109]

나로서는 반스와 블루어가 자신들의 연구에서 뽑아낸 일반화가 개념적 상대주의 테제와 어떻게 관련되는지 이해할 수가 없다. 우리의 믿음을 둘러싼 사회적 인과관계가 믿음의 대상을 우리로부터 가리는 것이 사실이라고 가정해보자. 그로부터 나오는 명백한 추론은, 우리가 어떤 상대화된 진리 개념에 따라 그것이 진리라고 생각할 만족스러운 근거를 갖고 있다는 게 아니라 우리가 이 믿음이 진실이라고 생각할 어떤 충분한 근거도 갖고 있지 않다는 것이다.[110] 반스와 블루어와는 반대로 나로서는 지성사를 하는 일이 이론적 통찰을 제시하는 데 기여한다면 이때의 통찰은 반드시 반反상대주의적이라고 생각된다. 이렇게 추론하는 것은 개념적 상대주의의 진리와 지성사의 실행이 양립 불가능하기 때문이다.

여기서 내가 염두에 두고 있는 요지는 명백하고 익숙한 것이다. 우리가 선조들의 발언을 지침으로 이용하여 그들이 가진 근본적인 믿음을 확인하려면 최소한 믿음 형성의 과정 자체에 관한 다수의 가정들을 선조들과 공유해야 하는 게 필수불가결하다. 이미 언급했지만 이런 가정 중의 가장 기본은 누구보다 콰인이 강조했던 것이다.[111] 우리는 역사 연구에 앞서 우리 선조들이 최소한 일관성과 정합성의 중요성에 관한 우리의 믿음을 최소한 일부라도 공유했다고 가정할 수 있어야 한다. 예컨대 그들이 주어진 명제의 진리를 긍정한다면 그 명제에 대한 거부의 진리를 동시에 긍정할 수 없다는 원칙을 수용했다고 가정할 수 있어야 한다.[112] 여기에 그치지 않고 우리는 기존의 믿음을 이용하여 다른 믿음에 도달하는 과정에 관한 어떤 가정을 선조들과 공유할 필요가 있다. 왜냐하면 그들의 개별적인 믿음의 일부를 확인할 수 있다 하더라도 여전히 그들이 자신들의 믿음을 한데 꿰어 맞추는 데 활용했을 추론의 성격을 두고 상당히 강한 가정을 하지 않고서는 이해를 향한 우리의 노력은 좌절되기 십상이기 때문이다.[113]

이와 같은 반反상대주의적인 생각들을 선험적인 방식으로 주장한다면 순전히 교조주의적으로 보이기가 쉬울 것이다. 하지만 그래야 할 필요가 있다는 점은 지성사학자들의 임무가 갖는 성격을 생각해보기만 해도 쉽게 정당화될 수 있다. 그들의 임무가 겨냥하는 것은 선조들의 발언을 지침으로 삼아 그들의 믿음을 확인하는 것이다. 하지만 그들이 도무지 일관성을 존중하지 않고 어떤 인식 가능한 추론 양식도 사용하지 않는다면, 그들의 발언 중의 어떤 것이 믿음을 진술하거나 긍정하거나 옹호하는 화행으로 분류되어야 하는지 구분할 수단이 없게 될 것이다. 가령 그들이 어떤 특정 명제의 진리를 기꺼이 긍정도 하고 부정도 한다면 그들이 그것에 대해 어떤 믿음을 갖고 있는지 말할 수가 없을 것이다. 콰인의 뒤를 이어 많은 철학자들이 주장해왔듯이, 합리적 믿음을 갖는다는 생각과 우리의 관점에 비추어 대체로 진실한 믿음을 갖는다는 생각은 이 지점에서 확실히 합류한다.[114]

그렇다고 해서 이런 맥락에서 철학자들이 의례적으로 밀고 나가는 '논리 이전의 정신구조'라는 관념이 불가능할 수밖에 없다고 단언하는 건 아니다. 다만 역사가가 하나의 명제를 긍정도 하고 부정도 하는 것에 대해 아무런 불편도 느끼지 않는 사람들을 실제로 만난다면, 그들이 무엇을 믿는지 기록할 전망이 없으리란 사실을 지적하는 것이다. 모순이 없어야 한다는 법칙을 의도적으로 우롱하는 변칙적 형태의 담론을 마주칠 가능성을 부인하는 것도 아니다. 다만 그런 형태의 담론은 그것이 발생하는 언어 공동체를 이해할 수 있다면 분명 어떤 인식 가능한 형태에 기생하는 변칙이라는 것이다. 또한 정상적인 담론에 참여하는 행위자도 자신들의 믿음에 관해 엄밀히 보아 비일관성을 드러내는 다수의 믿음을 가질 수 있음을 부인할 수 없을 것이다.[115] 내가 하려는 얘기는 단지 역사가가 그 자체로 모순적인 믿음의 내용을 파악할 수는 없다는 것이다.

이런 결론들은 역사적 방법에 관한 또 하나의 지침이라는 형태로 서술될 수 있다. 역사가로서 우리가 모순적인 믿음과 마주친다면 우리는 어떤 식으로든 그것을 표현하는 명제들의 일부를 잘못 이해하거나 잘못 번역했음이 분명하다고 가정하고 들어가야 한다. 내가 염두에 두는 바를 보여주는 단순한 예로 마키아벨리의 정치 저작에서 나온 예를 하나 더 살펴보면서 끝내도록 하겠다. 『로마사 논고』에서 마키아벨리는 공화국 *repubblica*에서만 자유가 가능하다고 단언한다.[116] 하지만 그는 또 로마가 초기 왕들의 통치 아래서 자유롭게 *in libertà* 살았다고 단언한다.[117] 그렇다면 그가 믿는 바는 무엇인가? 자유와 군주정이 양립 불가능하다고 생각하는 것인가, 아닌가?

역사가들은 대개 그가 혼란에 빠진 것으로 보인다고 답하는 경향이 있다. 자유가 오직 공화국 아래서만 가능하다는 점을 긍정하면서 동시에 부정한다는 것이다.[118] 하지만 나는 그런 결론을 승인하기 전에 먼저 우리가 어떤 식으로 그가 말한 바를 오해한 건 아닌지 따져봐야 한다고 주장하는 것이다. *repubblica*라는 용어가 사용되는 맥락 전체를 조사한다면, 마키아벨리에게 이 용어는 법이 공익을 고취한다고 할 수 있는 어떤 형태의 정부도 다 지칭할 수 있었다는 사실을 확실히 발견하게 된다. 그렇다면 마키아벨리에게는 군주정이 *repubblica*일 수 있는지 여부가 우리에게 그렇듯이 공허한 역설이 아니라 중대한 국정 운영술의 문제였다. 핵심은 왕이 공익에 기여할 법률만을 통과시킨다는 신뢰를 받을 수 있는지 여부이다. 이 점은 우리에게 하나의 대안적 독법을 제시해준다. 마키아벨리는 로물루스와 그의 계승자들의 치하에서 로마의 법은 공익에 기여했고 따라서 그 정부는 비록 형태는 군주정이었지만 *repubblica*의 사례였다고 말하고 있는 것이다. 이렇게 보면 모순이 해결되는 결과가 되므로 이는 또한 우리가 선호해야 할 해석이기도 하다는 것이 나의 주장이다.

하지만 애초의 모순이 이런 식의 재해석 노력 어디에도 도무지 들어맞지 않는다면 어떻게 되는가? 나는 이미 답을 제시한 바 있다. 즉 이 지점에서 우리는 마키아벨리가 무엇을 믿었는지 말할 수 없다는 사실을 인정해야 하는 것이다. 이런 식으로 손을 들기 전에 실제로 마지막 노력까지 다해보았다고 확신할 필요는 있다. 하지만 만약 그렇게 했다면 달리 도리가 없다. 더 잘했어야 한다고 자책할 필요도 없다. 완벽한 이해 가능성을 찾는 것은 과거라는 이국의 땅에서 우리가 가져오기를 바랄 수 있는 것에 대해 부당하게 낙관적인 견해를 갖는 일이 된다.

4장

관념사에서의 의미와 이해
Meaning and understanding
in the history of ideas

이 장은 원래 *History and Theory* 8 (1969), pp.3~53에 같은 제목으로 출판된 논문을 상당 부분 줄이고 대폭 수정한 것이다.

패러다임 적용의 위험성

관념사[1]의 임무는 고전적인 정전 텍스트를 연구하고 해석하는 것이다. 이런 종류의 역사를 서술하는 가치는 도덕이나 정치, 종교나 그 밖의 다른 양식의 사유를 담은 고전적인 텍스트들이 '시대를 초월한 지혜'[2]를 '보편적인 관념'[3]의 형태로 담고 있다는 사실에서 나온다. 따라서 이렇듯 영속적인 현재성을 담지하고 있으므로 우리는 이 '영원한 요소들'을 살펴봄으로써 직접적으로 배우고 혜택을 입으리라 기대할 수 있다.[4] 이는 다시 이런 텍스트들에 접근하는 최상의 방식은 그것들 각각이 도덕과 정치, 종교, 사회생활과 관련된 '기본 개념들'[5]과 '변함없는 질문들'[6]에 대해 **말하는** 바에[7] 초점을 두는 것임을 일러준다. 다시 말해 우리는 고전적 텍스트 각각을 '마치 동시대인이 쓴 것처럼'[8] 읽어야 한다. 이런 식으로 그런 텍스트에 접근하여 그것이 하는 논의에 초점을 두고 영속적인 사안들에 관해 그것이 일러주는 바를 조사하는 게 사실상 핵심적으로 중요하다. 만일 그것이 나온 사회적 조건이나 지적 맥락을 살펴보는 곁길로 빠진다면 그것이 가진 시대를 초월한 지혜를 놓치게 될 것이고 따라서 그것을 연구하는 가치와 목적을 잃어버리게 될 것이다.[9]

바로 이런 가정들이야말로 이제부터 내가 문제를 제기하고 비판하며 가능하다면 무너뜨리고자 하는 것이다. 내가 볼 때 고전적인 이론가들이 명확한 '기본 개념들'에 관해 논평한다고 생각할 수 있다는 믿음은 관념사 분야를 그토록 오랫동안 엉망으로 만들어온 일련의 혼란과 해석적 부조리를 야기해왔다. 그러나 이 믿음이 어떤 의미에서 잘못된 것인지 명확히 분간하기란 그리 쉬운 일이 아니다. 그것을 '치명적 실수'[10]라고 비난하기는 쉽지만 동시에 여러 다른 지적 추구에 관한 역사들이 언제나 상대적으로 안정되고 특징적인 어휘를 사용해왔다는 점을 부인하기도 어렵다.[11] 그런 서로 다른 활동을 정의하고 구분하는 일도 어떤 집단적 유사성 덕분에 가능하다는 성긴 주장을 받아들인다 해도, 우리는 여전히 어떤 경우는 주어진 활동의 적절한 사례로 간주할 수 있고 다른 경우는 배제해야 한다는 식으로 적용할 **몇몇** 기준과 규칙들을 고수하고 있는 것이다. 그렇지 않다면 궁극적으로 가령 윤리적 혹은 정치적 사유의 역사들이 인식 가능한 활동의 역사라고 서술하고 이야기할 수단을 잃게 될 것이며 그렇게 하는 것을 정당화하기는 더더욱 불가능해질 것이다. 실상 그런 활동 모두가 혼란의 주요 원천이 되는 몇몇 특징적 개념을 갖고 있다는 것은 이 주장의 터무니없음이 아니라 이 주장이 가진 진실이다. 그 활동 자체를 인식하기 위해서는 최소한 그런 활동의 사례들 모두를 이어주는 어떤 집단적 유사성이 있어야 하며 또 무엇보다 그런 유사성을 파악해야 하는 것이라면, 우리가 찾고자 하는 것에 관해 어떤 사전 견해를 갖지 않고서는 그런 활동이나 사례를 살펴보기가 불가능해질 것이다.

이 딜레마가 관념사, 특히 역사가들이 권위 있는 주제들에 관해 고전적인 텍스트들이 **말하는** 바에 집중해야 한다는 주장과 관련되어 있음은 이제 분명해졌을 것이다. (특히 이질적인 문화의) 어떤 저자가 **말한 것**을 연구하는 일은 그가 이러저러하게 말했음이 분명하다는 우리 자신의 기대와 사전 판단을 동반하지 않고서는 불가능하다. 이것은 심리학자들에게는 결정적 요소로서의 관찰자의 정신**구조**로 잘 알려진 딜레마이다. 우리의 과거 경험을 통해 '우리는 특정한 방식으로 세부적인 사실을 인식하게 맞춰져 있고', 이런 참조틀이 정착되면 '그 과정은 특정한 방식으로 인식하거나 반응할 **태세**를 갖춘다.'[12] 지금 다루는 주제와 관련해서 본다면, 이것의 결과로 나오는 딜레마는 우리의 인식과 사유를 조직하고 조정하는 모델과 사전 견해 그 자체가 우리가 생각하고 인식하는 것을 결정하는 요소로 작용하는 경향이 있다는 명제로 진술될 수 있겠다. 이해하기 위해 우리는 분류해야만 하고 익숙하지 않은 것은 익숙한 것의 견지에서 분류할 수밖에 없다.[13] 따라서 역사적 이해를 증대하려는 우리의 시도에 놓인 영속적인 위험은, 누군가가 말하거나 행하는 것에 대한 우리의 기대가 그 자체로 그 행위자로서는 자신이 하고 **있는** 것에 대한 설명으로 받아들이지 않았을, 혹은 심지어 받아들일 수 없었을 것을 했다고 이해하게 만든다는 것이다.

패러다임의 선차성이라는 이런 생각은 이미 예술사에서 탐구되어 유익한 성과를 냈는데,[14] 이 분야에서 그것은 환영주의의 발전에 관한 본질적으로 역사주의적인 이야기에서 변화하는 의도와 관습을 추적하는 데 만족하는 이야기로 넘어가게 만들었다. 성과는 적었지만 더 최근에는 과학사에서 유사한 탐구가 수행되었다.[15] 여기서 나는 이와 비슷한 고려사항들을 관념사에 적용하고자 한다. 이 시도는, 익숙하기 때문에 역사가에게는 본질적으로 과거에 적용될 수 없다는 점이 은폐되는 패러다임들의 무의식적 적용이 윤리적, 정치적, 종교적, 혹은 그 외의 유사한 사유 방식에 대한 현재의 역사적 연구를 어디까지 오염시키고 있는지 밝히는 과정이 될 것이다. 물론 내가 비판하는 방법론이 때로 두드러진 결과물을 낳았다는 사실을 부인하지는 않을 것이다. 하지만 각각의 고전적인 저자가 **말하는** 것은 어쩔 도리 없이 다양한 종류의 역사적 부조리함으로 전락할 위험을 무릅쓰게 됨을 여러 방식으로 주장하고, 동시에 그 결과들이 역사라기보다는 신화로 분류되는 것이 적절하다는 점을 분석하려고 한다.

원칙의 신화

가장 끈질긴 신화는, (가령 도덕이론이나 정치이론의 역사에서) 각각의 고전적인 저자가 해당 분야를 구성한다고 여겨지는 주제들에 대해 어떤 교리doctrine를 진술하고 있음을 발견하게 되리라는 기대로 작업하는 역사가들이 만들어왔다. (아무리 무의식적이라 하더라도) 그런 패러다임의 영향 아래 있다는 것과 모든 필수적인 주제에 관해 어떤 주어진 저자의 교리를 '발견하는 것' 간의 거리는 위험할 정도로 가깝다. 교리의 신화로 분류할 수 있을 논의가 그 결과이다.

　이 신화는 몇 가지 형태를 띤다. 첫 번째는 고전적인 이론가의 산발적이고 우연적인 발언들을 자신이 기대하는 주제에 관한 '교리'로 바꾸어버릴 위험이다. 이것은 다시 두 가지 종류의 역사적 부조리를 발생하는 결과를 갖는다. 하나는 지적 전기나 사상사 개관에 더 특징적으로 나타나는 것으로, 개별 사상가(혹은 일련의 사상가들)에 초점이 맞춰진다. 다른 하나는 '관념사'에서 더 두드러지는데 거기서는 초점이 '단위 관념'unit idea 자체의 발전에 놓인다.

　지적 전기가 갖는 특별한 위험은 시대착오적이라는 것이다. 주어진 저자는 어떤 우연적인 용어의 유사성 덕분에 그가 원칙적으로 기여할 의사를 가질 수가 없었던 주장에 관해 어떤 견해를 가졌다고 '발견'된다. 일례로 파도바의 마르실리우스Marsilius of Padua는 『평화의 수

호자』*Defensor Pacis*의 어느 한 대목에서 인민의 입법적 역할과 대조되는 통치자의 행정적 역할에 관해 전형적으로 아리스토텔레스적인 발언을 한다.[16] 이 대목을 접하는 근대 논평가는 미국혁명 이래 제헌주의적 이론과 실천에서 중요한 원칙, 즉 정치적 자유의 한 가지 조건은 행정권력을 입법권력에서 분리하는 것이라는 원칙에 익숙할 것이다. 이 원칙의 기원은 로마공화정이 무너지고 제국으로 바뀐 것이 중앙집권화된 정치권력을 어느 하나의 권위에 맡기는 데 내재하는 신민의 자유에 대한 위험을 예증한다는 (마르실리우스가 죽은 지 약 두 세기가 지난 후에 처음으로 논의된) 역사기술상의 견해까지 거슬러 올라갈 수 있다.[17] 마르실리우스는 이 역사기술에 대해 아무것도 몰랐으며 그로부터 이끌어낼 교훈에 대해서는 더더구나 알지 못했다. (그 자신의 논의는 아리스토텔레스의 『정치학』 4권에서 끌어낸 것이며 정치적 자유라는 문제와는 아무런 관련이 없다.) 하지만 이런 사실들의 어느 것도 마르실리우스가 권력 분립의 '원칙'을 가졌다고 해야 하는지, 만일 그랬다면 그를 '이 원칙의 창설자로 칭송해야'[18] 하는지를 둘러싼 무성한 논의를 막기엔 역부족이었다. 마르실리우스가 그런 원칙을 가졌다는 점을 부인하는 사람들조차 그의 텍스트를 근거로 이런 결론을 내리는 경향이 있으며[19], 그가 자신에게 알려져 있지 않은 용어들로 구성된 논의에 기여하고자 **했을 수도 있었다**는 발상이 지닌 부적절함을 감안하지 않는다.

잉글랜드 관습법이 때로 성문법보다 우위에 있다는 취지의, 에드워드 쿡 경Sir Edward Coke이 보넘 판결Bonham's case에서 제시한 공식 견해를 둘러싼 논의에서도 동일한 종류의 시대착오가 나타난다. 근대(특히 미국) 논평자들은 한참 후에 나온 위헌법률 심사권의 원칙과 상통한다는 의미를 이 발언에 부여한다. 쿡 자신은 그런 원칙에 대해 아무것도 몰랐다. (그의 제안이 지닌 맥락은 제임스1세에게 법의 결정적 특징은 관습이지 제임스가 주장하듯이 주권자의 의지가 아니라는 점을 확인시키는 정당 정치가로서의 맥락이다.)[20] 그러나 이런 역사적 고려사항들의 어느 것도 '쿡이 실제로 위헌법률 심사권을 옹호할 의도였는지 여부'[21]를 둘러싼 무의미한 질문이나 쿡이 이 '새로운 원칙'을 분명히 표현하고 그럼으로써 이와 같은 '정치학에의 뚜렷한 기여'를 수행할 의사를 가졌음이 분명하다는[22] 주장의 반복을 막아주지는 못했다. 여기서도 마찬가지로, 쿡이 그런 선견지명을 가졌다고 볼 수 없다는 전문가들도 대체로 쿡의 의도를 함축한 설명이 지닌 우선적인 논리상의 문제점을 지적하기보다는 쿡의 텍스트에 대한 재해석을 토대로 결론을 내린다.[23]

저자에게 그가 전달할 의사를 가질 수가 없었던 의미를 요령부득하게 귀속시킬 가능성 말고도, 고전적인 텍스트에서 기대하는 원칙을 너무 쉽게 찾아낸다는 한층 더 음험한 위험이 있다. 일례로 리처드 후커Richard Hooker가 『교회 정치조직의 원칙에 관하여』Of The Laws of Ecclesiastical Polity 1권에서 천부적 사회성에 관해 언급한 아리스토텔레스적 발언을[24] 생각해보자. 후커의 의도는 그 당시의 많은 다른 학자 법률가들이 그랬듯이 단순히 교회의 신성한 기원을 세속 단체들의 더 현세적인 기원과 구분할 수단을 마련하려는 것이라고 생각할 수 있다. 하지만 '후커에서 로크로, 로크에서 **프랑스 계몽사상가**로' 이어지는 '계보'의 꼭대기에 후커가 있다고 보는 현대 논자들은 후커의 발언을 '사회계약론'에 다름 아닌 것으로 손쉽게 바꾸어놓는다.[25] 비슷하게 존 로크가 『통치론』Two Treatises of Government의 한두 대목에서 내놓은 신탁통치 관련 발언들을[26] 생각해보자. 로크는 그저 여기서 그 시대의 정치 저작에서 흔히 보이는 법적 유추를 활용한다고 볼 수가 있다. 하지만 여기서도 로크가 '동의에 토대를 둔 정부'라는 전통의 정점에 있다고 보는 현대 평자들은 이 주제에 관해 책 '여기저기에 흩어져 있는 대목들'을 어렵지 않게 하나로 짜맞춘 다음 로크의 '정치적 위탁'에 관한 '원칙'을 들고 나온다.[27] 제임스 해링턴James Harrington이 『오세아나 공화국』*The Commonwealth of Oceana*에서 법률가가 정치생활에서 차지하는 위치에 관해 행한 발언도 마찬가지이다. 1650년대의 잉글랜드 공화주의자들이 권력 분립에 관해 가지고 있었다는 견해들을 연구하는 역사가는 해링턴이 ('이상하게도') 이 지점에서 공무원들에 관해 이야기하지 않는다는 사실에 잠시 당혹스러워할지도 모른다. 하지만 이 그룹에서 그 원칙을 기대할 수 있음을 '알고 있는' 역사가라면 별다른 주저없이 '이것은 그 원칙에 관한 어렴풋한 진술로 보인다'라고 주장할 것이다.[28] 이 모든 경우에 주어진 저자가 그와 같은 어떤 '원칙'에 대해 암시한다고 보일 가능성이 있는 곳이라면 어김없이 바로 그 쥐어짜낸 문제와 마주치게 된다. 해당 저자들이 자신의 공으로 돌려진 그 원칙들을 분명히 표현할 의사가 실제로 있었다면 도대체 왜 그 일을 제대로 해내지 못해서 후대 역사가로 하여금 추측과 단서를 통해 그들의 의사라는 것을 재구성하도록 만들었겠는가?

원칙들을 둘러싼 신화는 엄밀한 의미에서 '관념사'에서도 비슷한 예를 찾아볼 수 있다. 여기서의 목표는 (이런 접근의 개척자인 아서 러브조이Arthur Lovejoy의 말에 따르면) 어떤 주어진 원칙의 형태론을 '그것이 나타나는 역사의 모든 방면에서' 추적하는 것이다.[29] 특징적인 출발점은 평등이든 진보든, 국가 이성, 사회계약, 존재의 거대한 사슬,

권력 분립이든 아니면 다른 것이든 해당 원칙의 관념적 유형을 설명하는 것이다. 이런 접근이 갖는 위험은 연구 대상인 원칙을 너무 쉽게 하나의 실체로 만드는 점이다. 역사가가 그렇게 특징지어진 관념을 절차에 따라 찾아 나서게 되면 설사 여러 사상가들이 그것을 '떠올리지' 못했고[30] 수차 '시야에서 놓쳤으며',[31] 또 설사 시대 전체가 그것을 '의식적으로 생각하지' 못했다 해도,[32] 마치 그 원칙의 발전된 형태가 어떤 의미에서는 항상 역사에 내재해 있었던 것처럼 말하기가 십상이다. 그 결과 성장하는 유기체에 대한 묘사에나 적절한 언어를 쓰기가 십상이 된다. 관념이 행위자를 전제한다는 사실은 관념 자체가 스스로를 위한 싸움에 나서면서 쉽사리 사라진다. 예컨대 우리는 진보라는 관념의 '탄생'은 꽤 쉬운 과정이어서 16세기경에는 '자신의 출현에 놓인 장애들'을 '초월하고'[33] 그리하여 그 후 수백 년에 걸쳐 '지지를 얻었다'[34]라고 듣는다. 반면 권력 분립이라는 관념은 훨씬 어렵게 세상에 나타났다. 영국 내전기에 거의 '출현할' 뻔했지만 '결코 완전히 현실화되지는 못했고', 그리하여 '영국 내전부터 18세기 중반까지' 또 한 번의 세기가 지나고서야 '삼권 분립이 온전히 출현하여 세를 얻게' 되었다는 것이다.[35]

　이런 식의 물화物化는 두 가지 종류의 역사적 부조리를 야기하는데, 그것들은 이런 유형의 역사에서만 널리 퍼진 것이 아니라 이와 같은 접근을 따르는 경우라면 다소간에 피할 수 없는 결과로 보인다.[36] 관념적 유형에 근접하는 것을 찾으려는 경향은 나중에 나온 원칙들이 그에 앞서서 '예견'된 사례를 지적하고 그리하여 개별 저자들의 선견지명을 찬양하는 데 거의 전적으로 몰두하는 형태의 역사를 만들어낸다. 파도바의 마르실리우스는 마키아벨리에 대한 '탁월한 예견'으로 주목할 만하다.[37] 마키아벨리는 '마르크스를 위한 토대를 마련'했기 때문에 주목할 만하다.[38] 존 로크의 기호이론은 '버클리Berkeley의 형이상학에 대한 예견으로서' 주목할 만하다.[39] 조지프 글랜빌Joseph Glanvill의 인과이론은 '그가 상당 정도로 흄을 예견'했기 때문에 주목할 만하다.[40] 섀프츠베리 경Lord Shaftesbury이 신정론神正論을 다룬 것은 '어떤 의미에서 칸트를 예견했기' 때문에 주목할 만하다.[41] 때로 이것이 역사라는 허울조차 방기되며, 과거의 저자들은 그저 우리 자신이 되는 조건을 얼마나 열망한 듯 보이는가에 따라 칭송 혹은 비난을 받는다. 몽테스키외는 '완전고용과 복지국가라는 관념을 예견했고' 이 점이 그의 '지적이고 예리한' 정신을 보여준다.[42] 정치에 관한 마키아벨리의 사유는 본질적으로 우리와 같으며 이 점이 그의 '지속적인 중요성'이다.[43] ('탁월하게 정치적인 저자'인) 셰익스피어는 '다인종, 다종교 사회의 가능성'에 회의적이었고 이 점이 '도덕적·정치적 교육 텍스트'로서의 그의 가치를 나타내는 표상의 하나이다.[44] 기타 등등.

우리는 하나의 주어진 '개별 관념'이 주어진 시기에 '실제로 출현'했다고 할 수 있는지, 어떤 주어진 저자의 저술에 그것이 '실제로 있는지' 여부를 둘러싼 끝없는 논쟁들에서 이와 연관된 부조리와 마주친다. 다시 권력 분립이라는 관념의 역사를 생각해보자. 그 원칙이 조지 뷰캐넌George Buchanan의 저작에 이미 '들어' 있는가? 그렇지 않다, 왜냐하면 비록 그 당시에 '다른 누구도 그만큼 거기에 접근하지 못했지만' 그가 그것을 '충분히 분명하게 서술하지는 않았'으니까.[45] 그러나 어쩌면 영국 내전 기간 왕당파가 내놓은 제헌적 제안이 나올 무렵에는 거기 '들어' 있는가? 그렇지 않다, 왜냐하면 그때까지는 아직 '순수한 원칙이 아니'니까.[46] 아니면 사회계약 법칙의 역사를 보자. 그 원칙이 프랑스 종교전쟁에서 위그노들이 만든 팸플릿에 이미 '들어' 있는가? 그렇지 않다, 왜냐하면 그들의 생각은 '충분히 발전된 것이 아니'니까. 그러나 어쩌면 그들의 가톨릭 반대파의 저작에는 '들어' 있는가? 그렇지 않다, 왜냐하면 그들의 진술이 '결정적으로 더 진전된' 것이긴 해도 아직은 '불완전'하니까.[47]

그러니 원칙에 관한 신화의 첫 번째 형태는, 이와 같이 다양한 방식으로 고전적인 이론가들의 몇몇 산발적이고 우연적인 언급들을 역사가 자신이 찾아내려고 **작정**한 주제에 관해 남긴 '원칙'으로 오해하는 것이라 할 수 있다. 이제부터 이야기할 두 번째 형태는 이런 오류의 역逆을 내포한다. 핵심적인 주제에 관해 인식 가능한 원칙을 생각해내는 데 실패한 고전적인 이론가는 합당한 임무를 수행하지 못했다고 비판받는다.

도덕이론과 정치이론에 대한 역사적 연구는 현재 이런 오류의 악마연구적인 (그러나 매우 영향력 있는) 변형에 붙들려 있다. 먼저 이 분야들은 항구적이거나 최소한 전통적인 '진정한 기준'에 관심을 두고 있거나 두어야 한다고 규정되어 있다.[48] 따라서 이런 주제들의 역사를 '삶과 그 목표'에 대한 근대적 사유의 특징이라 말해지는 '논조의 분명한 저하'라는 견지에서 다루고, 이렇듯 비난받는 쇠퇴를 평가하는 것이 이 역사의 초점이라고 받아들이는 것이 적절하다고 여겨진다.[49] 이리하여 토머스 홉스나 때로 니콜로 마키아벨리도 인간의 첫 번째 불복종을 범한 입장에 세워진다.[50] 따라서 기본적으로 그들의 동시대인들은 그들과 동일한 '진리'를 인정했는가 아니면 전복했는가에 따라 칭송되거나 비난받는다.[51] 이런 접근법의 주창자인 레오 스트라우스Leo Strauss는 그에 따라 마키아벨리의 정치 저작들을 두고 '비도덕적이고 비종교적'이라 비난받을 만하다고 '주저없이 단언한다.'[52] 그는 또한 그와 같은 비난의 어조가 마키아벨리의 저작들을 '이해한다'는 자신의 공언된 목표에 적합하다고 가정하는 데서도 주저함이 없다.[53] 여기서 패러다임은 전체 역사 연구의 방향을 규정한다. 패러다임 자체가 폐기되어야 역사가 재해석될 수 있다.

하지만 아무래도 이런 형태의 원칙에 대한 신화를 가장 전형적으로 구현한 판본은 고전적인 이론가들에게 그들의 주제에 적절하다고 합의된, 그러나 그들 자신은 무슨 이유에선지 논의하지 못했던 원칙을 부여하는 것이다. 때로 그와 같은 위대한 인물들이 말한 바에서 추정하는 방식으로 그들에게 적당한 믿음이 부여된다. 토마스 아퀴나스는 '어리석은 "시민 불복종"'이라는 주제에 관해 분명히 언급하지 않았을 수도 있지만 우리는 '그가 이를 승인하지 않았으리라'고 확신할 수 있다.[54] 파도바의 마르실리우스는 민주주의를 인정했을 것임이 틀림없으니 이는 '그가 지지하는 주권 형태가 인민에 적용되기 때문이다.'[55] 하지만 리처드 후커는 '전적으로 흡족해하지는 않았을 것'인데 '그 자신의 고귀하고 종교적이고 웅대한 법 개념이 한갓 인민 의지의 결정으로 쪼그라들기' 때문이다.[56] 이런 식의 추정이 그저 유별난 것으로 보일 수도 있지만 실은 항상 더 한층 음험한 잠재요소를 갖고 있다. 무해한 역사적 추론을 가장하여 자신의 편견을 가장 카리스마 있는 이름들에 고착시키는 수단이 되는 것이다. 그렇게 되면 역사는 실상 죽은 자들을 가지고 노는 장난이 된다.

그러나 더욱 흔한 전략은 해당 이론가가 언급해야 했으나 그렇게 하지 못한 어떤 원칙을 포착한 다음 언급하지 못한 무능함을 두고 그를 비판하는 것이다. 어쩌면 이런 접근이 행사하는 위력을 가장 뚜렷이 보여주는 증거는, 정치이론가들 가운데 가장 반反본질주의자인 T. D. 웰던Weldon조차도 정치적 관념의 역사를 논하는 방법으로서 여기에 대해 문제를 제기한 적이 없었다는 사실이다. 그의 책 『국가와 도덕』States and Morals의 첫 부분은 모든 정치이론가들이 정식화하거나 당연시한 다양한 '국가에 관한 정의들'을 설명한다. 우리는 모든 국가 이론이 두 개의 주된 그룹으로 나뉘어진다는 사실을 알게 된다. '어떤 것들은 국가를 일종의 유기체로 정의하고 다른 것들은 일종의 기계로 정의한다.' 이런 발견으로 무장한 다음 웰던은 '이제까지 제기되어온 국가에 관한 주요 이론들을 검토하는' 작업으로 향한다. 하지만 여기서 그는 '일반적으로 이 주제에 관한 주요 이론가로 간주되어온 저자들'조차 상당히 심하게 우리를 실망시키며 이들 중에서 '비일관성, 심지어 모순' 없이 이론을 설명할 수 있었던 사람은 거의 없다는 것을 알게 된다. 각각의 이론가들이 상세히 설명할 것을 '주요 목표'로 삼고 있다고 웰던이 상기시켜주는 바로 그 두 가지 명시된 모델 중 하나에 '완전히 충실한' 유일한 이론가가 헤겔Hegel임이 드러난다. 웰던보다 자신감이 적은 저자라면 이 지점에서 이들 이론가가 하고자 했던 바에 대해 자신이 애초에 규정했던 것이 과연 옳았는지 회의를 품었을 법하다. 그러나 웰던은 '2천 년 이상의 집중된 사유에도 불구하고' 거의 모두가 그토록 혼란 상태로 남아 있었다는 사실은 '다소 의아스러워' 보인다고 논평했을 뿐이다.[57]

주석적 문헌들은 이와 같은 원칙의 신화를 보여주는 사례로 가득하다. 예를 들어, 투표와 의사결정, 그리고 더 일반적으로 여론의 역할에 관련된 질문들이 정치이론에서 차지하는 위치를 생각해보라. 이 질문들은 근대 대의 민주주의 정치체 성립 이전에 작업했던 이론가들에

게는 거의 관심을 끌지 못한 사안이었지만 최근의 민주주의 정치이론
에서는 핵심적인 중요성을 갖게 되었다. 역사적 경고를 덧붙일 필요도
거의 없어 보이지만, 그럼에도 평자들은 서슴없이 플라톤Plato의『국
가』Republic가 '여론의 영향력'을 '빠뜨렸다'고 비판하며[58] 존 로크의
『통치론』이 '가족과 인종에 관한 언급을 통째로' 빠뜨리고 보통선거권
문제에 관한 자신의 입지를 '완전히 분명히' 하지 못했다고 비판한
다.[59] 실제로 '정치와 법을 다룬 위대한 저자들' 누구도 의사결정에 관
한 논의에 지면을 할애하지 않았다는 점이 놀랍다는 확신도[60] 듣게 된
다. 정치권력이 어느 정도까지 사회적 이점을 가진 세력들에 의해 좌
우되는지의 문제도 이와 비슷하다. 이 역시 민주주의 이론가들로서는
당연한 우려이지만 인민 통치의 신념을 갖지 않은 사람들에게는 거의
중요하지 않은 문제이다. 여기서도 역사적 위험은 명백하지만 마찬가
지로 평자들은 마키아벨리나 홉스나 로크를 두고 이들 누구도 이와 같
은 거의 전적으로 현대적인 논의에 관한 '진정한 통찰'을 제시하지 않
았다는 비판을 제기한다.[61]

　실상 이 신화의 더욱 만연한 형태는, 어떤 저작을 내놓았든 간에
해당 분야에서 자신들이 할 수 있는 가장 체계적인 기여를 할 의도로
그것을 썼다는 **선험적** 가정에 근거하여 고전적 저자들을 비판하는 것
이다. 예를 들어 리처드 후커가『교회 정치조직의 원칙에 관하여』에서
말하고자 했음이 분명한 원칙 중의 하나가 '정치적 의무의 토대'에 관
한 설명이라고 먼저 가정해놓으면, 그다음에는 틀림없이 그가 절대주
권 이론을 반박하는 데 주의를 기울이지 않았다는 점이 '후커의 정치
적 견해의 결함'이 되어버린다.[62] 비슷하게 만일 처음부터『군주론』Il
Principe에서 마키아벨리의 주된 관심사가 '정치를 하는 사람의 특징'

을 설명하는 것이라고 가정해버리면, 그다음에는 우리 시대의 정치학자가 마키아벨리의 미약한 노력이 '극히 일면적이고 비체계적'이라는 점을 보여주기란 어렵지 않다.[63] 마찬가지로, 애초에 로크의 『통치론』이 '자연법과 정치적 사회'에 관해 그가 말하고자 했을 원칙 모두를 포함한다고 가정하면, 그다음에는 의심의 여지없이 그가 '세계국가를 옹호하지 못한' 이유를 '묻는 것이 당연'해진다.[64] 그리고 몽테스키외Montesquieu의 『법의 정신』*De l'Esprit des lois*의 목표 중의 하나가 지식의 사회학에 대해 밝히는 것이 분명했다고 먼저 가정하고 나면, 그것의 주요 결정요인을 설명하지 못한 점은 의심의 여지없이 그의 '약점'이며 그 자신의 이론을 적용하는 데 실패한 것에 대해 '그를 비난할 수밖에 없다'는 점도 분명해진다.[65] 하지만 이 신화의 역전된 형태와 마찬가지로 그와 같은 온갖 추정된 '실패들'에 있어서도 여전히 우리가 자초한 동일한 질문과 마주하게 된다. 즉, 이들 저자 중의 누구라도 그가 하지 못했다고 비난받는 그 일을 애초에 할 의사가 있었는가, 혹은 그럴 의사가 있을 수나 있었겠는가.

일관성의 신화

이제 역사가들이 과거의 관념에 접근할 때 불가피하게 정해진 틀을 갖는다는 사실에서 야기되기 쉬운 두 번째 신화 유형을 검토해보자. 고전적인 저자들 중 일부는 일관성이 떨어지거나 심지어 자신들의 믿음에 대해 어떤 체계적인 설명도 내놓지 못할 수가 있다. 하지만 연구활동의 패러다임은 해당 분야에서 가장 특징적인 주제들에 대한 고전적인 저자들의 원칙을 규명하는 것으로 생각되어왔다고 해보자. 그렇다면 역사가가 이 텍스트들에 그것들이 결핍하고 있을지도 모를 일관성을 제공하는 것을 자신의 임무라고 여길 위험이 커진다. 그런 위험은 잘 알려져 있다시피 어떤 작업을 다른 말로 표현하면서 원래의 강조점과 어조를 유지하는 것이 어렵다는 점이나 그 결과로 추출 가능하거나 상대적으로 쉽게 전달 가능한 '메시지'를 찾고 싶은 유혹 때문에 한층 악화된다.[66]

도덕철학과 정치철학의 역사를 다루는 저작들은 이와 같은 일관성의 신화로 팽배하다.[67] '현재의 학문적 견해'가 리처드 후커의 『교회정치조직의 원칙에 관하여』에서 어떤 일관성도 볼 수 없다면, 거기서 얻어야 할 교훈은 더욱 열심히 살펴보는 것인데 왜냐하면 분명 일관성이 거기 없을 리가 없기 때문이다.[68] 홉스의 정치철학의 '가장 중심적인 주제들'과 관련하여 의혹이 있다면, 해석자의 의무는 어느 계시적인 구절에서 마침내 그의 논의가 '어떤 일관성을 띨' 때까지 『리바이어던』*Leviathan* 같은 텍스트를 읽고 또 읽어서 '그의 주장의 내적 일관성'을 발견하는 것이다.[69] 흄의 정치 저작에 학생이 '쉽사리 알아볼 수 있는' 어떤 일관된 체계가 없다면, 해석자의 의무는 '무슨 수를 써서라도' '전체 저작에 담긴 고도의 일관성'이 (역시 어느 계시적인 구절에서) 합당하게 펼쳐질 때까지 '저작 하나하나를 샅샅이 뒤지는 것'이다.[70] 정치에 대한 헤르더Herder의 생각이 '체계적으로 개진될 때가 드물고' '이런저런 저작에, 때로는 가장 예기치 않은 맥락에 드문드문 흩어져' 있다면, 해석자의 의무는 '이들 생각들을 어떤 일관된 형태로 제시'하는 것이 된다.[71] 학자의 임무에 대한 이와 같은 반복된 진술에서 가장 의미심장한 사실은 노력과 탐색의 은유들이 습관적으로 사용된다는 점이다. 목표는 항상 '하나의 단일한 해석'에 '도달'하고, '저자의 체계에 관한 일관된 관점'을 '획득하는' 것이다.[72]

이런 과정은 주요 철학자들의 사상에 그것들이 한번도 획득하지 못했거나 심지어 획득할 열망도 없었을지 모르는 일관성과 일반적으로 완결된 체제라는 인상을 부여한다. 예컨대 일단 루소Rousseau 철학을 해석하는 일의 핵심이 그의 가장 '근본적인 사상'의 발견에 있어야 한다고 가정하고 나면, 그가 수십 년에 걸쳐 여러 다른 분야에 기여했다는 점을 쉽게 무시하게 된다.[73] 홉스 사상의 모든 면이 전체를 아우르는 '기독교' 체계에 대한 기여로 구상되었다고 먼저 가정하고 나면, 윤리와 정치적 삶의 관계와 같은 핵심적인 논점을 밝히기 위해 그의 자서전을 살펴볼 수도 있다는 제안이 이상하게 보이지 않게 된다.[74] 에드먼드 버크Edmund Burke의 경우에 '일관된 도덕철학'이 그가 쓴 모든 것의 근저에 놓여 있다고 가정하면, 그다음에는 '그의 출판 저작들 전체'를 '하나의 단일한 사상의 구현체'로 다루는 것에 아무 문제도 없게 된다.[75] 이런 방식이 도대체 어느 정도까지 갈 수 있는지는 마르크스Marx의 사회사상과 정치사상에 대한 영향력 있는 어느 연구사례를 통해 얼마간 짐작할 수 있는데, 여기서는 사정이 오죽했으면 엥겔스Engels가 한 기여를 배제하기 위해 마르크스와 엥겔스가 '별개의 두 사람'이었다는 언급까지 동원된다.[76]

물론 때로 주어진 저자의 목표와 성공이 너무 다양한 성격이어서 그의 사상에서 일관된 체계를 추출하려는 해석자들의 노력에 번번이 저항하는 경우도 있다. 하지만 이것이 그저 역사적 부조리의 역전된 형태를 발생시키는 경우, 즉 그와 같은 체계의 결핍이 비난받아야 할 일이 되는 경우가 더 흔하다. 가령 마르크스의 다양한 언급들을 어떤 체계적 분류항목 아래 집어넣는 것이 해석의 편의뿐 아니라 이데올로기적 요구라고 여겨진다. 하지만 평자들의 노력에도 불구하고 그와 같은 체계를 발견하기는 어렵다. 이런 사실을 마르크스가 그때그때 매우 광범위한 사회적·정치적 사안들에 관심을 기울였기 때문으로 설명할수가 있다. 그러나 표준적인 비판에 따르면 이는 그가 '자신의' 기본 이론이라고 가정되는 것을 '파편적인 방식'으로밖에 작업하지 못했던 탓이다.[77] 이런 식의 비판은 저자들을 그들이 당시에 열망했으리라 여겨지는 모델에 따라 분류하고 나면 더욱 쉽게 이루어진다. 모든 보수적인 사상가들이 반드시 국가에 대해 어떤 '유기적'인 개념을 지녔다고 가정하고 나면 볼링브로크 경Lord Bolingbroke이 그와 같은 개념을 '가졌음이 분명'하다는 데는 의심의 여지가 없어지고 따라서 그가 이런 식으로 자기 생각을 조직하지 못했다는 점이 이상해진다.[78] 정의이론에 관해 글을 쓴 철학자라면 반드시 이 주제에 관한 세 가지 '기본' 관점의 하나에 '기여하게' 마련이라고 가정해버리면, 플라톤이나 헤겔이 그렇게 하지 않았다는 사실은 그들이 이 주제에 대해 '어떤 명확한 입장을 취하는 것도 거부하는 듯하다'는 사실을 보여주는 근거가 된다.[79] 이 모든 경우에 발견된 일관성 혹은 그것의 결핍이란 것은 누군가 품은 적이 있는 생각에 대한 어떤 식의 역사적 설명도 되지 못하기가 십상이다.

　문제점은 분명하지만 이를 지적한다고 해서 실제로 일관성의 신화가 가장 경멸적인 의미에서 형이상학적이라고 부를 수 있는 두 방향으로 전개되는 것을 막기에는 충분치 않았다. 첫째로는, 최대치의 일관성을 가진 메시지를 추출할 수만 있다면 자신의 의도를 설명하는 저자의 진술을 무시하거나 그의 사유체계의 일관성을 손상하는 듯 보이는 저작들 전부를 무시해도 괜찮다는 가정이 있다. 홉스와 로크에 관한 해석 문헌들이 이런 경향들을 보여주는 사례로 활용될 수 있을 것이다. 정치이론에 관한 초기 저작에서 로크가 뚜렷하게 보수적이고 심지어 권위주의적인 입장을 세우고 옹호하려 했다는 것은 이제 잘 알려져 있다.[80] 하지만, 이런 지식이 주어졌음에도 불구하고, 그가 50대에 가졌던 관점이지 30대에는 이를 스스로 거부했었다는 사실을 감안하지 않은 채 로크의 정치학을 간단히 '자유주의적' 정치이론가의 작업으로 분류될 수 있는 하나의 관점으로 처리하는 일도 여전히 일어나고 있다.[81] 30대의 로크는 분명 아직 '로크'가 아니었다는 것인데, 이는 로버트 필머 경Sir Robert Filmer조차 열망한 적이 없을 정도로 가부장적인 입장이다.

홉스의 경우는, 그의 정치이론이 어떤 특징을 갖도록 의도되었는지 그 자신이 분명히 밝히고 있다. 개관과 결론에서 그가 일러주다시피, 『리바이어던』은 '주권자의 민권과 신민의 의무와 자유'가 '인류의 알려진 타고난 경향에' 토대를 둘 수 있으며 그런 토대를 가진 이론은 '보호와 복종의 상호관계'에 초점을 두어야 한다는 점을 보여주는 것 말고는 '다른 계획은 없이' 쓰여졌다.[82] 그러나 홉스 사유의 이런 '과학적인 부분'이 초월적인 '종교적 전체'에서 다소 서투르게 떨어져 나온 일면에 그친다는 주장이 여전히 제기된다. 더욱이 홉스 자신이 이와 같은 한층 고차원적인 일관성의 질서를 알지 못하는 듯 보인다는 사실은 의견의 철회보다는 오히려 반박성 단언을 불러일으킨다. 홉스는 그저 인간 본성에 관한 자신의 논의가 '사실상' 종교적 목적을 전복한다는 것을 '분명히 하는 일에 실패한' 데 불과하다. 만일 그가 '도덕적 · 시민적 불복종이라는 견지에서 쓰고' 그리하여 자신의 전체 '체계'가 지닌 '진정한 통일성'이나 근본적으로 종교적인 특징을 끌어냈더라면 그 점이 '더 분명해졌으리라'는 것이다.[83]

일관성의 신화가 불러일으키는 또 하나의 형이상학적 경향을 살펴보자. 고전적인 텍스트들이 해석자가 드러낼 의무가 있는 어떤 '내적 일관성'을 갖고 있으리라 기대할 수 있으므로, 명백한 모순으로 말미암아 이런 드러냄을 막고 있는 장애물들은 실제 모순일 수 없기에 실제 장애물도 될 수가 없다. 다시 말해, 그와 같은 미심쩍은 경우에 물어야 할 올바른 질문은 주어진 저자가 일관성이 없는가가 아니라 '그의 모순(혹은 모순을 보이는 것)이 어떻게 설명될 수 있는가'여야 한다는 가정이다.[84] 오컴Ockham의 면도날 원칙에 의거한 설명(즉 드러난 모순이 실제 모순일 수 있다는 것)은 공공연히 무시된다. 양립 불가능성은 그렇듯 해결되지 않은 상태로 놓아두어서는 안 되고 '전체 이론에 대한 포괄적인 이해'로[85] 향하는 데 도움을 주는 것이 되어야 하며, 이런 전체에서 모순들은 분명 승화되지 않은 부분에 불과하다는 것이다. 주어진 저자의 '모순과 분기'는 '그의 사상이 바뀌었음을 입증한다고 간주'될 수 있다는 생각 자체가 어느 영향력 있는 인물에 의해 그저 19세기적 학문 연구의 또 다른 망상에 불과하다고 일축된 바 있다.[86]

이런 견지에서 생각한다는 것은 관념사가들을 '이율배반 해소하기'라는 학문적 길로 인도한다. 예를 들어 우리는 마키아벨리의 정치학을 연구하는 목적은 1513년 『군주론』의 완성과 1519년 『로마사 논고』의 완성 사이에 그의 사유에서 일어난 발전을 추적하려는 시도 같은 직접적인 어떤 것에 한정될 필요가 없다는 이야기를 듣는다. 그보다는, 마키아벨리를 대상으로 『군주론』의 원칙들이 드러난 모순들을 해소하면서 『로마사 논고』로 지양될 수 있을 정도의 일반화된 신념 체계를 구성하는 것이 적절한 임무라고 여겨진다.[87] 마르크스의 사회·정치사상에 대한 역사서술도 이와 유사한 경향을 보여준다. 마르크스는 『경제학-철학 수고』*Economic-Philosophical Manuscripts*의 휴머니즘적 경향에서 20년 이상 지난 『자본론』*Das Kapital* 1권의 한층 기계적인 체계로 가는 동안 발전하거나 변화했을 가능성이 봉쇄된다. 그 대신 이런 표면적 분기들이 '하나의 전체'의 일부로 생각될 수 있도록 '마르크스의 사유 전체에 대한 구조적 분석'을 확립해야 하는 것이 적절한 임무라고 흔히 단정된다.[88] 또 때로는 초기 자료들이 마르크스가 언제나 '현실에 대한 도덕적 비전에 집착'했음을 보여주고 이 때문에 '그 스스로 주장하듯이 사회를 연구하는 과학자가 아니라 도덕주의적 혹은 종교적인 사상가로 보이'므로 이 자료들은 과학을 자처하는 그의 후기 입장의 신뢰성을 떨어뜨린다는 주장도 나온다.[89]

이율배반의 해소가 바람직하다는 이런 믿음은 노골적인 옹호를 받기도 한다. 레오 스트라우스가 '글쓰기의 장인'이 범한 어떤 표면적인 '실책들'을 이해하는 단서는 박해의 위협과 그것이 사유의 표현에 미치는 영향을 이해하는 데 있다고 썼을 때, 그가 한 일이 바로 그런 것이다.[90] '박해 시기' 동안에는 덜 정통적인 믿음들을 출판된 저작의 '행간'에 숨길 필요가 있게 된다는 것이다. ('표현된 바는 명백히 은유적이다'는 것을 알고 우리는 안도하게 된다.) 따라서 그런 상황에서 '유능한 저자'는 겉으로 드러난 견해에서 스스로 모순되는 것처럼 보이는데, 그러므로 이 드러난 모순들이 '신뢰할 만한 지적인' 독자들에게 자신이 가진 것처럼 보이는 정통 견해에 실제로는 반대하고 있음을 보여주는 기호로서 의도적으로 심어졌을 가능성을 '합당하게 의심해

볼 수 있다.'

　이런 옹호가 갖는 어려움은 그것이 두 가지 선험적 가정에 의존한다는 점으로, 이 가정들은 받아들이기 어려운데도 불구하고 논의의 대상이 되지 않을 뿐 아니라 '사실'로 취급된다. 첫째, 연구의 방향은 독창적인 것이 **곧** 전복적이라는 가정에서 얻어진다. 이를 수단으로 해서 우리는 어떤 텍스트에서 행간의 원칙을 찾아야 하는지 알게 되기 때문이다. 둘째, '생각이 모자라는 사람은 부주의한 독자'라는 또 하나의 '사실'에 힘입어 어떤 해석이든 행간 읽기에 토대를 둔 것이라면 사실상 비평으로부터 면제된다. 이렇게 되면 행간의 메시지를 못 '보면' 생각이 모자란 것이고 '보면' 신뢰할 만하고 지적이라는 결론이 나온다. 하지만 우리가 다루는 시기가 적절한 '박해 시기'이며 따라서 행간을 읽으려고 해야 하는지 여부를 어떤 수단을 통해 검증할 수 있는지 묻는다고 해보자. 그에 대한 답은 두 개의 명백히 동어반복적인 논의이다. 어떻게 박해 시기를 알아볼 수 있는가? 당대의 정통에서 벗어난 저자들이 이런 '독특한 글쓰기 기법'을 계발할 수밖에 없는 시기가 그 시기이다. 이 기법이 늘 구사되고 있다고 가정해야 하는가? '없다고 생각하는 편이 더 엄밀할 때'는 그 기법의 존재를 가정하지 말아야 한다. 명시적인 옹호라는 것이 이런 식이므로, 주어진 저자의 사유가 지닌 '내적 일관성'을 찾아야 한다는 주장이 어떻게 실제로 그가 사유했던 것에 대해 신화적 설명 이상의 것을 산출할 수 있는지 도무지 알기가 힘들다.

예기의 신화

지금까지 다룬 두 신화 모두 관념사가들이 어떤 저자에 접근할 때 그 저자가 기여했다고 간주되는 학문 영역의 기본적인 특징에 관해 불가피하게 몇몇 사전 판단을 가질 수밖에 없다는 사실에서 나온다. 그러나 설사 그 신화들이 이런 추상 수준에서는 확산되더라도 역사가가 개별 저작의 내적 경제와 주장을 기술하는 수준에서 작업할 때는 거의 나타나지 않거나 감지하고 무시하기가 훨씬 쉬워진다. 실상 고전적인 텍스트의 내용과 주장을 해부하는 일에서는 그다지 문제적일 것이 없다는 주장이 일반적이다. 따라서 이런 수준에서조차 여전히 패러다임의 우선성이 야기하는 또 다른 딜레마와 마주치게 되고 결과적으로 여전히 역사적 해석이 신화가 되는 또 다른 방식과 마주치게 된다고 주장할 필요가 훨씬 절실해진다.

특정 텍스트가 우리에게 갖는 중요성을 고려할 때, 우선 그 저작이나 그것이 갖고 있다는 현재성을 저자의 의도와 의미에 대한 분석의 여지를 남기지 않는 방식으로 기술하기가 쉽다. 이런 혼란이 갖는 특징적 결과는 예기豫期의 신화로 부를 수 있는 유형의 논의로서, 주어진 에피소드가 그 당시에 행위자에게 가졌던 의미보다 현재로부터 소급된 중요성에 더 관심을 기울일 때 발생하기 쉬운 신화이다. 한 예로, 페트라르카Petrarch가 방투산Mount of Ventoux을 오르면서 르네상스가 시작되었다는 주장이 종종 제기되었다. 물론 이는 페트라르카의 행동의 의미와 그것이 우리에게 갖는 중요성에 대한 올바른 설명을 낭만적인 방식으로 제시한다고 볼 수도 있다. 하지만 이런 묘사에 담긴 어떤 설명도 페트라르카가 의도한 일, 따라서 그의 행위가 갖는 의미에 대한 올바른 설명이 될 수는 없다.[91] 요컨대 예기의 신화가 지닌 특징은 주어진 역사적 사건에서 관찰자가 발견했다고 정당하게 주장할 수 있는 중요성과 그 사건 자체의 의미 간의 비대칭을 하나로 합쳐놓는 것이다.

끊임없이 폭로되지만 그럼에도 끊임없이 반복되는 그와 같은 예기의 사례로 『국가』에 나타난 플라톤의 정치적 관점을 '전체주의적 정당 정치가'의 관점으로 비난하려는 시도가 있다.[92] 또 하나는 루소의 정치적 관점이 '민주주의적 국민국가뿐 아니라 전체주의적 국민국가 또한 철학적으로 정당화'[93]하며 또한 그 정당화의 강도가 루소 자신이 '전체주의의 출현에 특별한 **책임이 있다**'고 할 정도였다는 주장을[94] 들 수 있다. 두 경우 모두, 저작의 역사적 중요성과 관련하여 올바를 수도 있는 설명이 해당 저자가 하고 있는 것과 관련하여 원칙적으로 옳을 수가 없는 설명과 합쳐져 있다.

이 신화의 그와 같은 조잡한 형태들은 아주 쉽게 폭로될 수 있(고 또 폭로되어 왔)다. 그렇지만 영향력 있는 다른 정치이론가들에 대한 논의에서 동일한 유형의 예기가 좀 더 알아보기 힘든 방식으로 반복되는 것을 막기에는 충분치 못했다. 일례로 마키아벨리와 로크의 경우를 보자. 흔히 마키아벨리가 '근대 정치적 지향의 토대를 마련한 인물이었다'라고 한다.[95] 마키아벨리와 더불어 '우리는 근대 세계의 입구에 서게 되었다'는 것이다.[96] 이런 얘기가 (비록 역사적 인과관계에 대해 다소 지나치게 단순한 견해를 전제하는 듯하지만) 마키아벨리의 역사적 중요성에 관해서는 올바른 설명을 제공해주는지도 모른다. 하지만 이런 주장은 흔히 마키아벨리의 사유에 있는 '근대' 특유의 요소들에 대한 논의를 시작하기 위해 사용되며 심지어 '마키아벨리의 정치적 가르침이 갖는 **의도**'[97]에 대한 설명으로 제시될 때도 있다. 여기에 있는 위험은 단순히 연구자가 찾기로 설정되어 있는 '근대적' 요소들을 너무 쉽게 '본다'는 데 그치지 않는다. 그런 해석들이 원칙적으로 마키아벨리의 정치 저작들이 성취하고자 의도한 것에 대한 그럴싸한 설명일 수가 없다는 위험도 있다.

이와 비슷한 문제점이 로크의 정치철학에 대한 논의에도 폐해를 끼치고 있다. 우리는 로크가 근대 정치사상의 경험주의적이고 자유주의적인 계열의 토대를 만든 인물이라는 (의심할 바 없이 올바른) 설명을 자주 접한다. 그러나 이런 성격 규정은 너무 쉽게 로크 자신이 '자유주의적' 정치이론가였다는 주장으로 넘어간다.[98] 그 결과 로크의 중요성에 관한 올바를 수도 있는 주장이 그의 저작들의 내용에 관한 올바를 수 없는 주장으로 바뀐다. 이런 해석이 보기에 그가 위대한 성취를 통해 가능하게 한 정치철학 분파라는 것에[99] 로크가 실제로 기여할 의도가 있었을 가능성은 거의 없기 때문이다. 요컨대, 예기의 신화에 빠져 있다는 확실한 증거는 목적론적 설명이 범할 수 있는 거칠기 짝이 없는 비평을 허용한다는 사실이다. 사건이란 미래에 가서야 그 의미가 알려질 수 있다는 식이다.

이런 주의에 합당한 무게가 실릴 때조차 주어진 고전적인 텍스트의 내용을 기술하는 일견 단순한 목표가 그와 유사한 어려움을 야기할 가능성은 여전하다. 관찰자가 역사적 생략법historical foreshortening의 과정을 통해 텍스트가 의도한 의미를 잘못 기술할 위험은 여전하기 때문이다. 이런 위험은 이질적인 문화나 익숙하지 않은 개념 구도를 이해하려 할 때 거의 항상 발생한다. 관찰자가 자기 문화에서 해당 내용을 성공적으로 전달하자면 그 자신의 익숙한 분류와 구별 기준을 적용할 위험이 명백하며 또 그렇게 하는 것이 불가피하기도 하다. 그에 동반하여, 관찰자가 익숙하지 않은 논의를 연구하는 과정에서 익숙한 무엇을 '보고' 따라서 그에 대해 잘못 인식하게 만들 설명을 제시할 위험도 있다.

관념사 저술은 그와 같은 편협성의 두 가지 특정 형태를 뚜렷이 보여준다. 첫째, 역사가가 고전적인 텍스트에 있는 어떤 진술의 분명한 **지시내용**을 기술하면서 자신의 이점을 오용할 위험이 있다. 어떤 저작에 담긴 주장이 역사가에게 이전의 다른 저작에 나온 유사하거나 반대되는 주장을 연상시킬 수 있다. 어느 쪽이건 역사가는 후대 저자가 앞선 저자를 가리킬 의도가 있었다고 잘못 가정할 수 있고, 그리하여 앞선 저작의 '영향력'에 대해 잘못 얘기하게 될 수가 있다.

그렇다고 해서 영향력 개념에 설명의 힘이 없다는 말은 아니다. 그러나 개념의 적용을 위한 충분조건 혹은 최소한 필요조건이 충족되는지 고려하지 않은 채 외관상 설명의 방식으로 이 개념을 쉽게 사용해버릴 위험이 있다. 그로부터 흔히 빚어지는 결과가, 태생적 정통성 얘기만 빠진 연대기 제1권의 앞부분처럼 보이는 서사이다. 가령 에드먼드 버크의 정치적 견해에 대한 계보학이라고 하는 것을 생각해보자. 『현재의 불만 원인에 관한 고찰』*Thoughts on the Causes of the Present Discontents*에 담긴 그의 목표는 '볼링브로크의 영향력에 대응하는 것'이었다.[100] 볼링브로크 자신은 로크의 영향력 아래 저술 활동을 했다고 한다.[101] 로크는 다시 『통치론』을 쓸 때 '실제로' 염두에 두었음이 분명한 홉스에게서 영향을 받았거나[102] 아니면 홉스의 영향에 대응하는 데 관심이 있었다.[103] 그리고 홉스는 다시 마키아벨리의 영향을 받았다고 하는데,[104] 마키아벨리로부터는 분명 모든 사람이 영향을 받았다.[105]

이런 설명 대부분이 순전히 신화적이라는 사실은, 더 앞선 저자 A의 '영향'을 상기함으로써 주어진 저자 B에 나타난 어떤 원칙을 설명하는 데 도움을 주기 위해 요구될 필요조건이 무엇일지 생각해보면 쉽게 드러난다.[106] 그러한 일련의 조건에는 최소한 다음과 같은 것들이 포함되어야 할 것이다. (1)B가 A의 저작들을 연구했다고 알려져야 한다. (2)B는 A 이외의 다른 저자에게서 관련 원칙들을 발견할 수 없었어야 한다. (3)B는 관련 원칙에 독자적으로는 도달할 수 없었어야 한다. 그렇다면 이 모델의 견지에서 앞서 제시한 예들을 살펴보자. 홉스에게 미친 마키아벨리의 영향이나 로크에게 미친 홉스의 영향이라는 것은 (1)의 기준을 통과하지 못한다고 주장할 수 있다. 확실히 홉스는 마키아벨리를 명시적으로 논한 적이 없고 로크는 홉스를 명시적으로 논한 적이 없다. 홉스가 로크에게 미친 영향이나 볼링브로크가 버크에게 미친 영향이라는 것은 (2)의 기준을 통과하지 못함을 검증할 수 있다. 버크는 볼링브로크의 원칙들을 발견했을 수도 있으며 이를 통해 그가 월폴 정부에 적대적인 18세기 초 정치 팸플릿 저자들에게[107] 영향을 미쳤다는 얘기도 있다. 이와 유사하게 로크는 1650년대에 존재했던 다양한 정치 저작들에서 홉스의 특징으로 얘기되는 원칙을 발견했을지 모르는데, 로크가 적어도 이런 저작들을 읽었다는 점은 알려져 있지만 그가 홉스를 얼마나 자세히 읽었는지는 분명치 않다.[108] 마지막으로 위에 인용한 예들 어느 것도 (3)의 기준을 통과할 수 없음은 명백하다. (심지어 (3)의 기준을 통과하는 일이 어떻게 가능할지도 분명치 않다고 할 수 있다.)

또 하나의 일반적 형태의 편협성은 평자들이 주어진 **저작의 의미**를 기술하면서 자신들의 이점을 무의식적으로 오용한다는 사실에서 나온다. 역사가가 어떤 논의에 있는 이질적인 요소들을 잘못된 익숙함으로 해소하는 방식으로 개념화할 위험이 언제나 존재한다. 먼저 17세기 중반 영국혁명의 급진적 정치적 사유가 지닌 근본적인 특징이 투표권 확장에 대한 관심이었다고 (어쩌면 상당히 올바르게) 결론을 내린 역사가의 사례를 생각해보자. 그런 다음 이 역사가는 이와 같은 특징적으로 수평파Leveller적인 요구를 민주주의에 대한 주장으로 개념화할 수가 있다. 그리하여 '자유민주주의 철학'이라는 개념이[109] 수평파 운동에 대한 묘사와 이해를 위한 패러다임으로 사용될 때 위험이 발생한다. 이 패러다임은 수평파 이데올로기의 가장 큰 특징 몇몇을 설명하는 일을 불필요하게 어렵게 만든다. 예를 들어 수평파 지도층을 '공화주의적 세속주의'라는 견지에서 생각하도록 설정한다면, 그들이 군주제를 어떻게 해야 할지 괴로워했고 종교적 정서에 호소했다는 점이 당혹스러워 보이기 시작할 것이다.[110] '민주주의'라는 패러다임은 또한 이 역사적 탐구를 부적절한 방향으로 이끌기 쉬울 것이다. 수평파들의 사상에서 그들이 한번도 가진 적이 없는 보편 선거권에 대한 믿음뿐 아니라 '복지국가'라는 시대착오적 개념도 발견해야 하는 것이다.[111]

유사한 사례로, 로크의 『통치론』에 담긴 폭압적 통치에 대한 저항권 논의가 합법적 정치공동체에서 동의가 차지하는 위치에 관한 그의 논의와 연관된다는 (어쩌면 꽤 정당하게) 결론을 내린 역사가를 살펴보자. 그런 다음 이 역사가는 '동의에 의한 통치'라는 생각을 로크의 논의를 기술하는 패러다임으로 사용하게 될지 모른다.[112] 마찬가지 위험이 발생한다. 동의에 의한 통치를 이야기할 때 일반적으로 생각하는 것은, 시민들의 단체가 행한 법률적 합의가 적법하다고 간주되기 위해 충족되어야 할 조건들에 관한 이론이다. 따라서 이런 개념을 염두에 둔 채 로크의 텍스트를 살펴보면, 그 이론이 상당히 서투르게 설명되어 있다는 점을 발견하는 게 당연하다. 하지만 로크가 동의에 의한 통치를 말할 때 생각하고 있었던 바는 전혀 이런 것이 아니다. 동의 개념에 대한 로크의 관심은 합법적 정치집단의 **기원**에 대한 설명과 연결되어 나타난다.[113] 이는 우리가 동의에 대한 주장으로 받아들이는 것과는 다르다. 로크의 논의가 그러했으므로 그 지점에서 출발하지 않으면 그의 이론을 잘못 기술할 수밖에 없고 따라서 그가 실제로 하려고 하지 않은 설명을 서투르게 했다고 비난하는 결과에 이르게 된다.

이렇듯 지금까지 살펴본 어려움은 관념사가들이 미리 구상된 패러다임을 갖고 자료에 접근하는 것이 불가피하기는 해도 어쨌든 위험한 일이라는 점이다. 앞의 논의들을 통해 그런 위험은 역사가가 진술들을 작성하고 이해하는 작업에 적용할 어떤 일반적인 고려사항들을 무시하기 시작하는 지점에서 발생한다는 사실이 분명해졌다. 이런 사안들을 살펴본다면 내가 지금껏 주장하고자 한 방법론적 교훈들을 요약하는 것이 가능해질 것이다.

그런 고려사항 하나는, 어떤 행위자도 그가 의도했거나 성취한 것에 대한 올바른 설명으로 받아들일 수 없는 것을 의도했거나 성취했다고 설명될 수 없다는 점이다. 이처럼 행위자가 그 자신의 의도에 특별한 권위를 갖는다는 사실은 관찰자가 행위자의 행동에 대해 그 행위자 자신이 할 수 있는 것보다 더 충실하고 설득력 있는 설명을 할 위치에 있을 가능성을 배제하지는 않는다. (정신분석이 이런 가능성에 토대를 둔다.) 그러나 행위자의 행동에 대한 납득할 만한 설명이 행위자에게는 가능하지 않았던 묘사와 분류 기준의 이용에 의존한다는 것이 드러나고도 계속해서 납득할 만한 것으로 성립할 가능성은 배제한다. 왜냐하면 하나의 발언이나 기타 행동이 어떤 행위자의 뜻대로 수행되고 그 행위자에게 어떤 의미를 갖는다면, 행위자의 의도에 대한 신빙성 있는 설명은 반드시 그 행위자가 원칙적으로 자신이 하는 말이나 행동을 묘사하고 분류하는 데 적용할 수 있는 진술의 범위 안에 있어야 하며 그 범위 안의 진술을 활용해야 한다. 그렇지 않다면 결과적으로 나온 설명이 아무리 설득력 있다 해도 그 행위자의 발언이나 행동에 대한 설명은 될 수 없을 것이다.[114]

고전적인 이론가들이 관념사가들로부터 원칙을 일관되게 밝히지 못했다느니 영속적인 사안들이라는 것에 대해 원칙을 밝히지 못했느니 하면서 비판을 받을 때는 늘 바로 이런 점이 너무 쉽게 무시되고 있는 것이다. 어떤 행위자가 특정 행동을 수행할 의사가 있을 수도 있었고 또 실제로 있었다는 점이 먼저 밝혀지지 않는다면, 그 행동을 하지 못했다고 말하는 것은 그 행위자에 대한 올바른 평가가 될 수 없기 때문이다. 이런 검증 기준을 적용하는 것은 이제껏 검토해온 다수의 질문들(마르실리우스가 권력 분립의 원칙을 표명했는가 등등과 같은 질문들)이 엄밀히 말해 지시내용을 결핍한 것임을 인정하는 것이다. 그런 질문들을 원칙적으로 관련 행위자들에게 납득이 되는 용어로 정식화할 도리가 없다. 마찬가지로 바로 이 검증 기준은 앞서 살펴본 '예견'에 관한 주장들, 즉 '로크의 이론을' '버클리의 형이상학에 대한 예견으로' '간주할 수도 있다'는 식의 주장들이 무의미하다는 점을 분명히 해준다.[115] 우리의 목표가 로크에 관해 이야기하는 것이라면 로크의 이론을 그런 식으로 간주하는 것은 아무런 쓸모가 없다. 원한다면 그런 이야기를 할 수도 있겠지만 역사적 글쓰기는 (철학자들 사이에는 그런 태도가 유행이지만) 이야기로만 구성될 수 없다. 역사적 이야기

의 중요한 특징은 그것이 진실을 추적하기로 되어 있다는 점이다.[116]

　마지막으로 강조할 만한 고려사항은 사유활동 그 자체와 관련된다. 사유가 노력이 필요한 활동이지 단순히 변화무쌍한 정신적 이미지를 조작하는 일이 아니라는 사실을 감안할 필요가 있다.[117] 통상의 자기성찰과 관찰을 통해 문제들을 끝까지 사유하려는 시도는 유형화되거나 심지어 균일화된 목적을 지닌 활동의 형태를 띠지 않으며 또 그것으로 환원되지 않는다. 그보다는 오히려 자주 말과 의미를 붙들고 견디기 힘든 싸움을 벌여야 하고 지성의 한계를 벗어나 혼란을 겪어야 하며, 때로 관점을 종합해내려는 시도가 적어도 일관된 원칙만큼이나 많은 개념적 혼란을 드러낸다는 점을 깨닫는다. 하지만 해석자가 어떤 고전적인 저자의 애석하게도 '산발적인' 사유들을 한데 모아 체계적으로 제시해야 한다거나 통상 사유활동의 특징이 되는 노고와 혼란이 사라지고 열정이 소멸되는 층위에서 일관성을 발견해야 한다고 주장할 때마다 바로 이와 같은 고려사항이 무시되고 있는 것이다.

말한 것과 말로 행한 것

여기에 이르면 내가 펼쳐보인 논의에 대해 한 가지 분명한 반대 의견이 제기될 수 있다. 지금까지 나는 관념사에서 고전적인 텍스트들을 자기충족적인 대상으로 다루면서 각각의 저자가 공인된 정전급 원칙들에 대해 무슨 **말을 하는지**에 초점을 두고 그럼으로써 그들의 작업이 갖는 의미와 중요성을 찾아내는 방식으로 접근할 때 발생하는 위험들을 분석했다. 그러나 충분한 주의와 학식이 갖추어진다면 그런 위험은 확실히 피할 수 있다는 반박도 있을 수 있다. 그런 위험을 피할 수 있다면 이런 접근법에 내재적으로 잘못된 점이 있다는 나의 애초의 주장은 어떻게 되는가?

이에 대한 답변으로, 지금까지 옹호한 바를 보충하는 것이면서 그보다 더 강력한 하나의 논제를 제시하고자 한다. 위에서 살펴본 접근법은 원칙적으로 사상사에서 연구하는 텍스트의 적절한 이해에 도달하게 해주지 못한다. 근본적인 이유는, 그런 텍스트를 이해하려면 말해진 것의 의미에 대한 설명만이 아니라 해당 저자가 그런 말을 함으로써 담아낸 의미에 대한 설명도 제시할 수 있어야 하기 때문이다. 저자가 어떤 주어진 원칙에 대해 **말한** 바에만 초점을 두는 연구는 부적절하기도 하려니와 어떤 경우에는 해당 저자가 의도하거나 의미한 바를 오도하는 분명히 잘못된 지침이 될 수도 있다.

먼저, 개념을 표현하기 위해 사용하는 용어의 의미가 시간이 지나면서 때로 변하고 따라서 어떤 저자가 주어진 개념에 관해 말한 것에 대한 설명도 그 텍스트의 의미에 대한 잠재적으로 잘못된 지침일 수 있다는 명백한 사실을 고려해보자. 가령 버클리 주교의 유심론이 당대 비평가들에게 어떻게 받아들여졌는지를 보자. 앤드루 백스터Andrew Baxter와 토머스 리드Thomas Reid는 모두 버클리의 관점이 지닌 '자기중심주의'egoism를 언급했고 『백과전서』Encyclopédie에서도 버클리의 작업은 이 항목에서 논의된다.[118] 그러므로 버클리의 당대인들이 버클리에게 현재 우리가 자기중심주의라는 말로 의미하는 내용을 비난할 작정이었다면, 그들이 비난하고자 했던 것은 그의 '홉스주의'Hobbism일 가능성이 훨씬 크다는 사실을 아는 것이 상당히 중요하다. 그들이 버클리의 자기중심주의를 말할 때 의미했던 것은 우리가 유아론이라

는 말로 의미하는 바에 훨씬 가까웠다.[119]

　주어진 원칙에 관해 저자가 말한 바가 그들이 의미했던 바에 대한 잘못된 지침이 될 수 있다고 생각하는 두 번째의 더 중요한 이유는, 저자들이 때로 의도적으로 완곡한 수사 전략이라 부를 만한 것을 채택하기 때문이다. 그중 가장 명백한 것은 아이러니인데, 이를 배치할 경우 말한 바와 의미한 바가 애써 분리된다. 6장에서 이 전략으로 발생하는 문제점들을 논의하겠지만, 핵심적인 요지는 여기서 짤막하게나마 소개할 수 있을 것이다. 1689년 관용령Toleration Act이 성립된 시기에 잉글랜드 지식인들에게 종교적 관용의 원칙이 어떻게 비춰졌을지 예로 들어보자. 이 논쟁에 대한 다양한 기여들이 대체로 하나의 공통된 전망을 반영했다고 말할 충분한 근거가 있다. 하지만 가령 비국교도 처리에 관한 대니얼 디포Daniel Defoe의 『비국교도를 없애는 지름길』*The Shortest-Way with the Dissenters*이나 교회권력에 관해 교황에게 보낸 벤저민 호들리Benjamin Hoadly의 『편지』*Letter*, 그리고 존 로크의 『관용에 관한 편지』*Letter Concerning Toleration*가 모두 종교적 반대파에 대한 관용의 가치에 관해 비슷한 메시지를 전달하는 데 목적이 있음을 알게 되었다면 이는 가장 정교한 역사적 탐구의 결과로서만 가능한 일이다. 각 저자가 이 사안을 두고 **말한** 것을 연구한다면 필경 디포의 경우는 순전한 오해를, 그리고 호들리의 경우 상당한 혼란을 야기할 것이다. 로크만이 말한 것과 의미한 것이 엇비슷한데 여기서조차 (스위프트를 기억하며*) 어떤 아이러니도 개입되지 않았음을 확신할 방도를 따로 구해야 할지 모른다. 요컨대, 충고받은 대로[120] 그런 텍스트를 아무리 '거듭거듭' 읽는다 해도 이와 같은 경우에 어떻게 말해진 바에서 의미한 바에 대한 이해로 옮겨갈 수 있을지는 알기 힘들다.

완곡 전략과 관련하여 또 하나의 더욱 다루기 힘든 문제가 곧장 발생할 수 있다. 어느 전문가가 표현한 대로 주어진 저자가 진실성이 없다고 생각하기보다 '자신이 쓰는 바를 믿었다'고 보는 것이 과연 '역사적으로 더 신빙성이 있는지'에 관해 의심을 품을 몇 가지 이유가 있는 것이다. 일례로, 토머스 홉스나 피에르 벨Pierre Bayle 같은 철학자들에 대한 해석에서 이 문제가 제기되는 방식을 생각해보자. 자연법을 논할 때 홉스가 밝힌 원칙에는 자연법이 신의 법이며 우리가 자연법에 복종해야 한다는 주장이 포함된다. 전통적으로 이런 공공연한 의향에 대해서는 익숙한 어휘를 가지고 비정통적인 용법에 억지로 끼워 맞춘 회의론자의 작업으로 치부해왔다. 하지만 다수의 수정주의 평자들은 결국 '홉스가 "자연법"은 신의 명령이며 또 신의 명령이기 때문에 복종되어야 한다고 그토록 빈번하게 이야기할 때 실제 말 그대로를 의미했다'고 주장해왔다.[121] 이렇게 되면 홉스의 회의주의는 위장으로 취급된다. 즉 이 가면을 찢으면 그가 기독교 의무론의 주창자로 등장한다는 것이다. 벨도 마찬가지인데, 그의 『사전』Dictionnaire은 가장 엄격하고 무자비한 유형의 칼뱅주의 신학에 적합한 원칙들을 대부분 포함하고 있다. 여기서도 통상적으로는 벨이 진심이 아니었으리라는 주장으로 이런 공공연한 메시지가 일축된다. 하지만 역시 다수의 수정주의 평자들은 벨이 냉소적인 계몽철학자의 원형이기는커녕 신앙인이자 종교사상가였고 그의 주장을 이해하려면 명시적인 견해를 액면가 그대로 받아들일 필요가 있다고 주장해왔다.[122]

---

* 「겸손한 제안」 같은 글에서 스위프트는 진지한 어조로 일관함으로써 실제로는 신랄한 아이러니와 풍자가 들어 있다는 사실을 알기 어렵게 해놓았다.

여기서 홉스와 벨의 경우에 어느 쪽 해석 노선이 바람직한지 직접적으로 묻고자 하는 건 아니다. 그보다는 이런 수정주의적 해석을 이끌고 가는 방법론의 부적절함을 지적하고 싶다. 우리는 각 사례에서 '텍스트에 대한 꼼꼼한 연구', 텍스트 '그 자체'에 대한 집중이 수정주의적 주장을 정립하기에 충분하다는 얘기를 듣는다.[123] 이런 해석의 수용이 홉스와 벨, 그리고 그들이 살았던 시대에 대한 어떤 특정한 가정들의 수용을 수반한다는 점은 인식되지 못한 듯하다. 두 사상가들은 계몽철학자들에게 회의론의 위대한 선구자들로 받아들여졌고 당대의 동조자들뿐 아니라 비판자들로부터도 같은 방식으로 이해되었는데, 이들 중 누구도 두 사람이 지배적인 종교적 정통 교리를 무너뜨리는 발언을 할 의도가 있었음을 의심하지 않았다. 물론 홉스나 벨의 동시대 평자들 모두 이들의 텍스트에 깔린 의도의 성격과 관련하여 똑같이, 그리고 정확히 같은 방식으로 오류를 범했다고 주장함으로써 이런 반박을 일축할 수도 있다. 하지만 이런 개연성 없는 가정을 받아들인다면 홉스와 벨의 태도 자체와 관련하여 더 심각한 어려움이 제기될 뿐이다. 두 사람은 종교적 이설異說이 위험하다는 점을 인식할 이유가 충분했다. (존 오브리John Aubrey에 따르면) 홉스는 주교들이 '이단을 범했다는 이유로 이 노년의 신사를 화형시킬 발의'를 하지나 않을까 한동안 두려워했다.[124] 벨은 반가톨릭적이라는 이유로 스당의 교수직에서 쫓겨나며 나중에는 충분히 반가톨릭적이지 않다는 이유로 로테르담의 교수직에서 쫓겨난다. 두 저자들이 저작을 통해 정통적인 종교적 견해를 전파할 의도였다면 왜 둘 중 어느 쪽도 (둘 다 그렇게 할 수 있었고 벨의 경우는 그렇게 하라는 권고도 받았는데도) 저작의 후기 판본에서 그토록 비통하게 오해되어온 부분들을 삭제하지 않았는지,

또 자신들의 작업의 근저에 깔린 의도를 두고 발생한 명백한 오류를 교정할 시도를 하지 않았는지 이해하기가 불가능해진다.[125]

요컨대 홉스와 벨의 텍스트는 이해했다고 믿을 수 있을 때까지 '거듭거듭' 읽는다고 해서 절대로 해결되지 않은 문제들을 제기한다. 내가 이제까지 강조해온 함축적 의미들을 고찰한 결과로서 이제 그들의 텍스트가 그들이 말한 바를 의미하는지가 미심쩍다고 결론을 내린다면, 그 이유는 텍스트 자체를 넘어선 정보 때문일 것이다. 반대로 여전히 그들이 의미한 바를 그들의 텍스트가 말해준다고 주장할 수 있다고 여긴다면, 이런 믿음이 갖는 독특한 함의를 설명해야 한다는 문제가 남는다. 어느 쪽 해석을 택하든 텍스트의 드러난 의미들을 가리킴으로써 간단히 옹호하기는 불가능하다.

하지만 이런 고려사항들보다 훨씬 중요한 것은 **어떤** 진지한 발언의 경우라도 누군가 한 말을 연구하는 것이 그 의미를 이해하는 충분한 지침이 결코 될 수 없다는 사실이다. 진지한 발언을 이해하기 위해서는 말해진 것의 의미뿐 아니라 어떤 의도된 힘을 동반하여 그 발언을 내놓는지도 파악할 필요가 있다. 즉, 사람들이 말하는 것뿐 아니라 그렇게 말함으로써 **행하는** 것도 파악해야 한다는 것이다. 요컨대, 관념사에서 과거의 사상가들이 공인된 정전급 주제들에 관해 **말했던** 것을 연구한다는 것은 두 가지 해석학적 임무의 첫 번째를 수행한 데 그치는데, 그들이 쓴 것에 대한 역사적 이해에 도달하는 것이 목표라면 이 임무 둘 다가 필수불가결하다. 그들이 말한 것의 의미를 파악할 뿐 아니라 그렇게 말함으로써 의도한 것을 이해할 필요가 있다는 것이다.

이런 주장은 의미의 발견에 내포된 것에 관한 비트겐슈타인의 논의 및 의미와 용법에 관한 비트겐슈타인의 논의를 발전시킨 J. L. 오스틴에 기대고 있다. 두 사람의 이론이나 그 이론이 텍스트 해석 활동에 갖는 관련성에 대해서는 5장과 6장에서 더 포괄적인 설명을 제시할 것이다. 여기서는, 텍스트를 이해하는 것이 목적이라면 저자들이 말하는 것뿐 아니라 **행하는** 것에 관해 물어야 할 질문이 있다는 사실을 진지하게 받아들일 때, 개별 텍스트와 '단위 관념'의 연구에 어떤 차이가 생기는지 예시하는 데 그치도록 하겠다.

이런 주장을 예시하는 방편으로 먼저 개별 텍스트의 경우를 생각해보자. 데카르트는 『성찰』Meditations에서 의문의 여지없는 지식이라는 관념을 입증하는 것이 핵심적이라고 생각한다. 그렇지만 왜 이런 것이 그에게 중요한 사안이었을까? 전통적인 철학사가들은 이 질문을 거의 인정하지 않았고 일반적으로 데카르트가 인식론자였으며 확실성의 문제가 인식론의 주된 문제였으니 여기에 특별히 의아해할 점이 없는 게 당연하다고 치부한다. 따라서 그들은 기본적인 해석적 과제라고 간주해온 것, 즉 어떻게 무언가를 확실히 알 수 있게 되는가에 관해 데카르트가 **말한** 바를 비판적으로 검토하는 임무에 집중해도 된다고 생각한다.

이런 접근법에 대해 내가 가진 불만은 (R. G. 콜링우드Colling-wood의 유익한 용어로 표현하자면) 그것이 데카르트가 어떤 특정한 문제를 해결하기 위해 확실성의 원칙을 하나의 답으로 의도했던 것인지 일러주는 바가 없다는 사실에서 비롯된다.[126] 결과적으로 이 접근법은 그가 바로 그와 같은 형태를 택하여 자신의 원칙을 제시함으로써 어떤 일을 하고 있었던 것인지 이해하는 데도 아무 도움을 주지 못한다. 사정이 이러하므로, 리처드 포프킨Richard Popkin과 E. M. 컬리Cur-ley를 비롯한 다수의 학자들이 『성찰』에 관해 바로 이런 질문들을 스스로 던지기 시작한 것이야말로 최근 몇 년간 데카르트 연구에서 이루어진 주된 성과라고 생각된다.[127] 질문들에 대한 답으로, 이들은 데카르트가 하고 있는 것의 일부는 16세기 후기에 고대의 극단적 회의론 텍스트들이 재발견되고 파급된 데서 생겨난 특히 통렬한 새로운 형태의 회의론에 대응하는 것이었다고 제안했다. 그렇게 함으로써 이들은 『성찰』의 성격을 규정하는 새로운 방식뿐 아니라 그 세부적 효과들 다수를 해석하는 단서를 제공해주었다. 그들은 왜 이 텍스트가 이런 특정한 방식으로 조직되었는지, 왜 특정 어휘가 배치되었는지, 왜 특정 논의가 유독 선별되고 강조되었는지, 전체적으로 왜 이 텍스트가 그 특유의 고유성과 형태를 갖는지를 새롭게 사유할 수 있게 해주었다.

'단위 관념'[128]에 집중하고 주어진 시대 혹은 심지어 '여러 세기에 걸쳐' '거대하지만 포착하기 힘든 주제를 추적'한다는[129] 러브조이의 기획에도 이와 유사한 것이 적용된다. 일례로 근대 초 유럽의 노빌리타스nobilitas라는 관념의 역사를 쓴다는 기획을 생각해보자. 역사가는 먼저 이 용어의 의미가 특히 높이 평가받는 도덕적 자질을 가리키는 데 사용되었다는 점을 지적하는 것으로 출발할 수 있고 이는 상당히 적절하다. 아니면 같은 용어가 특정한 사회계급에 소속되었음을 지칭하는 데 사용되었음을 지적할 수도 있는데 이 또한 마찬가지로 적절하다. 실제로 주어진 경우에 어떤 의미로 사용되었는지는 분명치 않을 수도 있다. 프랜시스 베이컨Francis Bacon이 노빌리티nobility가 군주의 위엄은 더해주었지만 그의 권력은 약화시켰다고 할 때, (그의 공식 직위를 떠올리며) 두 번째 의미라고 생각하는 것만큼이나 (그가 마키아벨리를 찬미했음을 기억하며) 첫 번째 의미라고 생각하기도 쉽다. 또하나의 문제점은 이런 모호함이 도덕가들에 의해 의도적인 방식으로 구사될 수도 있다는 사실에서 나온다. 고귀한noble 태생이 아닐 때도 고귀한 자질들을 가질 수 있음을 주장하는 것이 목표일 때도 있다. 누군가 '지위의 차이 때문이 아니라 덕을 기려' 고귀하다고 불릴 가능성이 르네상스 시대 도덕사상에서 흔히 나타나는 역설이었다.[130] 하지만 노빌리티는 성취의 문제이지만 그것이 하필 태생의 고귀함과 연결되어 있다고 주장할 목적일 때도 있다. 이런 다행스런 일치가 훨씬 더 보편적으로 지적되는 바였다.[131] 더욱이 도덕가들이 태생의 고귀함을 그것이 동반한 행위의 비천함과 대조함으로써 이 기본적인 모호함을 노빌리타스 개념 그 자체를 비판하는 데 돌리는 것도 항상 가능했다. 토머스 모어 경Sir Thomas More이 『유토피아』Utopia에서 군인 귀족층의 고귀한 행위를 묘사할 때 그는 노빌리타스의 지배적 개념에 오명을 안겨줄 작정이었을 수도 있다.[132]

위의 사례는 분명 지나치게 단순화된 감이 있지만 그래도 '단위관념'의 역사를 쓴다는 기획에 내재된 두 가지 약점을 드러내기에는 충분하다. 첫째, 특정 시기 특정 문화에서 주어진 관념을 이해하는 일조차도 러브조이식으로 그것이 표현되는 견지를 이해하는 데만 집중할 수는 없다. 왜냐하면 위의 사례가 보여주듯이 다양하고 양립 불가능한 의도에서 사용되기 십상이기 때문이다. 발언의 맥락이 갖는 의미를 이해하더라도 반드시 어려움이 해소되리라 기대할 수는 없는데, 이런 맥락 자체가 모호하기 때문이다. 오히려 해당 단어가 사용되는 온갖 다양한 맥락들을 연구해야 할 것이며 그것이 하는 온갖 기능과 그것으로 할 수 있는 온갖 다양한 것들을 연구해야 할 것이다. 러브조이의 실수는 반드시 '동일한 것으로 남아 있어야' 하는 어떤 것으로서 '관념'의 '본질적 의미'를 구했다는 데만 있는 것이 아니라 (개별 저자

들이 그에 '기여하는') 그런 '본질적' 의미가 있어야 한다고 생각하는 데 있다.[133]

　두 번째 문제는, 그와 같은 역사를 쓸 때 서사가 진술 주체인 행위자와 맺는 관계가 거의 즉각 끊어진다는 점이다. 행위자들이 그런 역사에 등장할 때는 일반적으로 관련 단위 관념, 곧 사회계약, 진보 관념, 존재의 거대한 사슬 등등이 이들의 저작에 나타나고 따라서 그들이 이 관념의 발전에 기여했다고 말할 수 있기 때문이다. 사소하든 중요하든 주어진 관념이 개별 사상가의 사유에서 어떤 역할을 하는지는 그런 역사를 통해서는 알 길이 없다. 그 관념이 출현한 시기의 지적 풍토에서 그것이 중심적이건 지엽적이건 어떤 위치를 차지했는지도 알 수 없다. 해당 표현이 그때그때 여러 다양한 질문에 답하는 데 사용되었음을 알 수 있을지는 모른다. 하지만 (R. G. 콜링우드의 지적을 반복하자면) 그 표현이 **어떤** 질문에 답하기 위해 사용되었으며 어떤 이유에서 그 표현을 계속 채택했는지 알 도리는 없다.

　그와 같은 역사에 대한 비판은 단순히 그것이 항구적으로 요점을 상실하기 쉽다는 것만이 아니다. 그보다는, 여러 저자들이 기여한 어떤 확정된 관념이란 **없고** 단지 여러 다른 행위자들이 여러 다른 의도로 작성한 여러 다른 진술들이 있을 뿐임을 아는 순간, 쓰여져야 할 관념사란 없다는 사실이 드러난다는 점이다. 관념의 다양한 용법에 관한 역사, 관념이 사용된 다양한 의도들의 역사가 있을 따름이다. 그와 같은 역사는 필경 하나의 '단위 관념'의 역사라는 형태가 되지 않을 것이다. 특정한 표현들의 지속성은 그 표현들이 대답으로 사용되었을지 모를 질문들의 지속성이나 여러 저자들이 그 표현들을 사용함으로써 의도했던 바의 지속성에 대해 어떤 신뢰할 만한 것도 알려주지 않는다.

요약해보자. 일단 저자들이 어떤 이야기를 함으로써 무엇을 **행한** 것인지에 관해 대답해야 할 질문이 있다는 걸 알고 나면, 더 이상 '단위 관념들'을 추적하거나 '영속적인 사안들'에 관해 개별 저자가 한 말에 초점을 두고 역사를 구성하고 싶지 않을 것이다. 이렇게 얘기한다고 해서 서구의 도덕·사회·정치철학에 오래 지속되어온 것들이 있으며 이것들이 다수의 핵심 개념과 논의양식의 안정된 채택에 반영되어 왔음을 부인하자는 것이 아니다.[134] 다만, 그런 지속성에 대한 연구를 중심으로 역사를 구성함으로써 종국에는 가령 '정당한 국가의 성격'에 관한 플라톤, 아우구스티누스Augustine, 홉스, 마르크스의 관점을 늘어놓고 비교하는 식의 연구를 계속하는 결과를 피해야 할 충분한 이유가 있다는 것이다.[135]

내 논의의 첫 번째 부분에서 강조했다시피 이런 역사들에 회의적인 입장을 갖는 이유는, 가령 방금 든 예로 돌아가면, 사상가들이 각자 자기 방식으로 정의에 관한 문제에 답한다고 생각하기 때문만은 아니다. 이 경우에는 '국가', '정의', '본성' 같은 용어들이 그러하듯이, 질문을 표현하기 위해 채택된 용어들이 이들의 이론에서 주요한 역할을 한다 하더라도 어떤 안정된 개념을 골라 사용하고 있다고 생각하면 분명 오산으로 보일 만큼 다양한 방식으로 등장하기 때문이기도 하다. 요컨대 서로 다른 사상가들이 모두 같은 묶음의 질문을 다루고 있다고 생각하는 것은 오류이다.

나의 회의론의 더 깊은 이유는 이 절에서 예시하고자 해온 것에 있다. 내가 비판해온 접근법은 특정 논의들을 그것들이 발생한 맥락에서 추상화하여 영속적인 논쟁이라는 것에 대한 '기여'로 재배치하는 일을 포함한다. 하지만 이런 접근은 주어진 저자가 그 특정한 '기여'를 제시함으로써 무슨 일을 **했는지** 질문할 수 없게 만들고, 따라서 해당 저자를 이해하고자 할 때 조사할 필요가 있는 의미 차원 하나에 다가가지 못하게 한다. 바로 이런 이유에서, 의심할 바 없이 오래 지속되어 온 것들이 우리의 물려받은 사유 유형의 특징을 이루고 있음에도 불구하고, 개념이나 '단위 관념'의 역사서술이 갖는 가치에 여전히 회의하게 된다. 써야 할 유일한 관념사는 해당 관념의 용법의 역사이다.

맥락의 이해와 관념사의 가치

지금까지의 내 논의가 이치에 닿는다면, 두 가지 적극적인 결론을 도출할 수 있다. 첫 번째는 관념사를 연구하는 데 적합한 방법론과 관련된다. 앞서 제안했다시피, 텍스트의 이해는 그것이 무슨 의미로 의도되었으며 어떤 식으로 그런 의미를 갖도록 의도되었는지에 관한 파악을 전제한다. 텍스트를 이해하려면, 최소한 이해되어야 할 의도와 이런 의도가 이해되도록 하는 의도 둘 다를 이해해야 하는데, 의도적인 소통 행위로서의 텍스트는 이런 것들을 체현하고 있음이 분명하기 때문이다. 따라서 그런 텍스트를 연구할 때 직면해야 하는 문제는, 특정 독자를 염두에 두고 그것을 쓸 당시에 저자가 그와 같은 발언들을 내놓음으로써 실제로 어떤 것을 전달하려고 의도했는가 하는 점이다. 따라서 내가 보기에 이 점을 가장 잘 밝히기 위해서는 주어진 경우에 해당 발언을 내놓음으로써 관습적으로 수행되었을 소통의 범위 전체를 그려보는 것으로 시작되어야 한다. 그다음 수순은 해당 저자의 의도를 해독하는 수단으로서의 더 광범위한 언어적 맥락과 해당 발언의 관계를 추적하는 것이어야 한다.[136] 이와 같이 연구의 합당한 초점이 본질 상 언어적인 것이며 따라서 적합한 방법론은 의도의 발견과 관련되어 있음을 알게 되면, 해당 텍스트의 사회적 맥락에 관한 모든 사실들에 대한 연구가 이런 언어학적 작업의 일부로 자리 잡을 수 있게 된다. 사 회적 맥락은, 원칙적으로 누군가 전달하고자 의도했을 법한 관습적인 이해 가능한 의미들이 무엇인지 결정하는 데 필요한 궁극적 틀로서 중 요하다. 이런 식으로 맥락은, 홉스와 벨의 사례를 통해 보았듯이, 의도 성에 관해 양립 불가능한 주장이 있을 때 어느 것이 상대적으로 신빙 성을 갖는지 평가하는 일종의 항소심 법정으로 활용될 수 있다. 물론 이 결론이 그 자체로 특별히 새롭다고 주장하는 것은 아니다.[137] 내가 주장하는 바는, 이제까지 수행한 비판적 점검이 이런 방법론을 확립하 는 데, 다시 말해 그것을 미학적 선호 대상이나 학문적 제국주의로서 가 아니라 발언의 이해를 위한 필요조건을 파악하는 문제로서 확립하 는 데 어느 정도 성과가 있었다는 것이다.

전체적인 결론 두 번째는 관념사 연구의 가치와 관련된다. 이 분 야에서 가장 흥미진진한 가능성은 철학적 분석과 역사적 증거 간의 대 화 가능성이다. 과거에 이루어진 진술들에 관한 연구는 특별한 쟁점들 을 제기하며 그에 상응하여 철학적으로 흥미로운 통찰을 내놓을 수 있 다. 강력한 통시적 접근을 택할 경우에 잘 조명할 수 있는 주제로는 특 히 개념적 혁신 현상, 그리고 언어의 변화와 이데올로기의 변화 간의 관계에 대한 연구를 들 수 있다. 이 책 8, 9, 10장에서 여기에 함축된 의미를 일부 더 논의할 것이다.

하지만 나의 주된 결론은 지금까지 제기한 비판이 관념사를 연구 하는 철학적 가치에 관해 한층 분명한 점을 일러준다는 것이다. 한편으로, 고전적인 텍스트들이 다룬다고 하는 '영속적인 문제들'에 제시할 수 있는 답이라는 견지에서 볼 때 이 분야를 정당화하기란 불가능하다고 본다. 내가 지금껏 보여주려고 한 것처럼, 이런 견지에서 여기에 접근하면 그것이 쓸데없이 단순하다는 점이 드러난다. 모든 진술은 불가피하게 특정한 문제의 해결을 위한 특정한 계기의 특정한 의도를 구현한 것이며 따라서 그것을 둘러싼 맥락에 특유하므로 그런 맥락을 초월하겠다는 것은 모자랄 정도로 단순한 일이 될 뿐이다. 이 점은 고전적인 텍스트들이 우리의 문제가 아니라 그들 자체의 문제를 다루고 있을 뿐 아니라, 콜링우드식의 표현을 되풀이하자면,[138] 철학에는 어떤 영속적인 문제도 없음을 함축한다. 개별적인 질문에 대한 개별적인 답변만이 있을 뿐이며 잠재적으로는 질문자의 숫자만큼이나 많은 다른 질문이 있다. 철학사에서 직접 적용할 수 있는 '교훈'을 찾기보다 우리 스스로 사유하는 법을 배우는 게 더 나을 것이다.

그렇다고 해서 관념사 연구가 아무런 철학적 가치도 없다는 얘기는 아니다. 고전적인 텍스트가 그것 자체의 문제들을 다루지 꼭 우리의 문제를 다루는 것은 아니라는 사실 자체가 그것에 '당면 과제와의 관련성'과 현재적인 철학적 중요성을 부여해준다. 우리가 받아들일 자세가 되어 있다면 고전적 텍스트들, 특히 도덕·사회·정치이론의 텍스트들은 본질적 동일성이 아니라 다양한 실질적인 도덕적 가정들과 정치적 신념들을 밝히는 데 도움을 준다. 바로 여기에 그것들의 철학적이고 심지어 도덕적인 가치가 놓여 있다고 할 수 있다. 우리의 현재적 상황이 원칙적으로 가장 진화된 상황이므로 과거의 관념들을 살펴볼 때 불가피하게 작용할 뿐 아니라 최상의 이점을 갖는다고 생각하는 (때로 헤겔이 그랬듯이 하나의 절차로서 공공연하게 권장되는) 경향이 있다. 근본적인 사안들을 둘러싼 역사적 차이들은 그저 의도와 관습의 차이를 반영할 뿐이지 하나의 가치 공동체의 지배권을 놓고 벌이는 경쟁이 아니며 절대정신의 인식의 진화 같은 것은 더구나 아니라는 사실을 인식한다면 이런 주장은 살아남을 수 없다.

게다가 우리 사회가 자체의 고유한 믿음과 고유한 사회적·정치적 삶의 방식을 갖는다는 점에서 다른 사회와 다르지 않다는 것을 인식한다면 이미 상당히 다른, 그러면서도 내가 볼 때 훨씬 더 유익한 이점에 도달한 셈이다. 그와 같은 관념들의 역사에 대한 지식은 우리가 '시대를 초월한' 진리로[139] 받아들이기 쉬운 우리 자신의 방식의 특징들이 우리의 특정한 역사와 사회구조가 지닌 우연적인 것들에 지나지 않음을 보여줄 수 있다. 실상 시대를 초월한 개념 같은 것은 없고 다양한 서로 다른 사회들과 함께 가는 다양한 서로 다른 개념들이 있을 뿐이라는 사실을 사상사에서 발견한다면 과거뿐 아니라 우리 자신에 관한 일반적 진리를 발견한 셈이다.

우리 자신의 사회가 우리의 상상력에 부지불식의 제약을 가한다는 것은 이미 상식이다(그런 한에서 우리는 모두 마르크스주의자들이다). 그렇다면 이런 제약들에 한계를 가하는 필수불가결하고 대체 불가능한 수단으로서 다른 사회의 믿음에 대한 역사적 연구가 수행되어야 한다는 것도 하나의 상식이 될 자격이 있다. 그리고, 최근에 관념사를 처분해야 할 이유로 흔히 제시되는, 관념사가 '진부한 형이상학적인 개념들'로만 이루어져 있다는 무섭도록 편협한 주장은 오히려 이역사가 조잡한 '교훈들'을 골라주기 때문이 아니라 그 자체가 자기인식의 교훈을 제공해주기 때문에 없어서는 안 될 만큼 '현재성이 있다'고 간주해야 할 근거가 될 것이다. 우리 자신의 즉각적인 문제들에 대한 답을 사상사에 요구하는 것은 방법론적 오류를 범하는 데 그치지 않고 뭔가 도덕적 오류를 범하는 것이 된다. 하지만, 다른 무엇으로부터는 절대로 배울 수 없는, 필연적인 것과 우리 자신의 고유한 방식이 낳은 우연적 산물 간의 구분을 과거로부터 배우는 일은 자기인식에 도달하는 열쇠 하나를 알게 된 것에 다름 아니다.

5장

T. S. 엘리엇Eliot의 시…
비평가의 직…
쓴 시…

동기, 의도, 해석
Motives, intentions and interpretation

…스트모던 시대에 살고 있고 포스트모던 문화의 도전적인 특…
…휴머니즘적 기획에 관한 깊은 회의이다. 이런 진전단계를 염두에 둘…
…말했던 것처럼, 저자들의 동기와 의도를 발견하고 그들의 발언에 특정 의미를…
…철학적 텍스트에 대한 받아들일 만한 독법을 받아들일 수 없는 독법과 구분한다는 얘기…
…응합할 수 있는 것인지 새로이 물어볼 필요가 충분하다. 겸손과는 거리가 먼 이와 같은 임무를 지금…
…겸손하게 시작하고자 한다. 우리는 (이 점을 알아차린 건 내가 처음이 아닌데) 포스트모던 시대에 살고 있…

의미1과는 대조적으로, 우리는 이 텍스트가 나…
다.) 신비평 주창자들이 '효과들의 교…
대개 염두에 두고 있는 것이…
이 갈려 있는 듯한…
으로 이어…

…의미'에 대한 여러 다른 뜻이 서로 부딪친다. 이 용어에 대해 최소한…
…것으로 보이는데 가능하면 이들을 구분하는 데서 시작할 필요가 있다. 첫 번째…
…해 묻는 것은 주어진 텍스트에서 단어들이 무슨 의미인지 혹은 어떤 특정한 단어와 문…
…미하는지 묻는 것과 같다는 것이다. (이를 의미1로 부르겠다.) 윔샛과 비어즐리가 의도의 오류에…
…을 을 때 원칙적으로 염두에 둔 것이 이 의미1이었던 것으로 보인다. 그들은 '문법이나 사전 등등을 통해…

이 장은 *New Literary History* 3 (1972), pp.393~408에 실린 논문 「동기, 의도, 텍스트 해석」Motives, Intentions and the Interpretation of Texts과 *The Journal of Political Philosophy* 4 (1996), pp.142~154에 실린 논문 「흄의 의도에서 해체로, 그리고 그 반대로」From Hume's Intentions to Deconstruction and Back에 각각 일부 토대를 둔 것이다.

받아들일 만한 독법과 받아들일 수 없는 독법

우리는 (이 점을 알아차린 건 내가 처음이 아닌데) 포스트모던 시대에 살고 있고 포스트모던 문화의 도전적인 특징 하나는 텍스트를 해석한다는 전통적인 휴머니즘적 기획에 관한 깊은 회의이다. 이런 진전단계를 염두에 둘 때 내가 4장에서 꽤나 자신 있게 말했던 것처럼, 저자들의 동기와 의도를 발견하고 그들의 발언에 특정 의미를 귀속시키며 문학적 혹은 철학적 텍스트에 대한 받아들일 만한 독법을 받아들일 수 없는 독법과 구분한다는 얘기를 어디까지 옹호할 수 있는 것인지 새로이 물어볼 필요가 충분하다. 겸손과는 거리가 먼 이와 같은 임무를 지금부터 겸손하게 시작하고자 한다.

'의미'의 세 가지 용법

돌이켜보면 저자와 의도와 텍스트의 의미에 관한 질문이 더 이상 가능하지 않다는 결론으로 수렴되는 많은 서로 다른 사상적 유파들을 골라내기는 어렵지 않다. 신비평 주창자들은 저자의 의도를 찾아낸다는 기획이 불가피하게 잘못된 추론에 말려들게 한다고 선언함으로써 이런 생각을 공격하는 최전선에 나서서 영향력을 미쳤다. 윔샛Wimsatt과 비어즐리Beardsley가 의도의 오류라고 하는 것에 대한 고전적 논문에서 공언했다시피 '저자의 계획 혹은 의도'는 문학 텍스트의 의미를 회수하는 지침으로 '활용될 수도 없고 바람직하지도 않다.'[1] 얼마 지나지 않아 이보다 한층 치명적인 공격이 롤랑 바르트Roland Barthes와 미셸 푸코에 의해 개시되었는데 이들은 함께 저자의 죽음을 선언하고 그럼으로써 오랫동안 동기와 의도성이 머물러온 거처를 묻어버렸다.[2] 그러나 단연 가장 큰 타격을 준 운동은 1960년대 후반과 1970년대 초 자크 데리다Jacques Derrida가 텍스트 해석이라는 생각 자체가 오류이며 그런 읽기로 얻어질 수 있는 것은 아무것도 없다고 주장하면서 시작되었다. 우리가 텍스트의 의미로 인식할 수 있을 만한 어떤 것에 분명하게 도달할 수 있다고 여기는 것이 잘못이므로 다만 오독들이 있을 뿐이라는 것이다.[3]

이와 같은 회의론적 공격의 과정에서 흔히 '의미'에 대한 여러 다른 뜻이 서로 부딪친다. 이 용어에 대해 최소한 세 개의 구별되는 뜻이 작용하는 것으로 보이는데 가능하면 이들을 구분하는 데서 시작할 필요가 있다. 첫 번째는, 이 맥락에서 의미에 관해 묻는 것은 주어진 텍스트에서 단어들이 무슨 의미인지 혹은 어떤 특정한 단어와 문장이 무엇을 의미하는지 묻는 것과 같다는 것이다. (이를 의미1로 부르겠다.) 윔샛과 비어즐리가 의도의 오류에 관한 글을 쓸 때 원칙적으로 염두에 둔 것이 이 의미1이었던 것으로 보인다. 그들은 '문법이나 사전 등등을 통해 언어에 대한 우리의 관습적인 지식'을 거쳐 '시의 의미'를 설명하는 것에 대해 이야기하며, T. S. 엘리엇Eliot의 시를 논하면서 '시의 구절들의 의미'를 해독할 필요에 집중한다.[4] 이후에도 비어즐리는 문학비평가의 적절한 임무는 '텍스트의 의미' 즉 우리 앞에 놓인 단어들의 의미에 초점을 두는 것이지 애초에 그것을 쓴 사람들의 추정된 의도를 파악하는 것이 아니라고 재차 주장했다.[5]

데리다가 의미의 회수 불가능성을 논할 때도 마찬가지로 대체로 의미1에 관해 이야기하는 것으로 보인다. 그는 의미를 찾으려는 시도를 로고스중심주의라 부르는 것, 즉 의미가 세계에서 비롯되며 사물을 지시하는 단어들의 역량을 통해 우리에게 전달된다는 믿음과 연결시킨다. 그의 하이데거적 표현에 따르면 이런 믿음은 현전의 형이상학, 다시 말해 세계에 관한 진리가 지시적 언어를 매개로 하여 정신에 현전할 수 있다는 망상을 낳는다. 그와 같은 의미를 얻기가 불가능하다는 점은, 우리가 사물들을 지시하기 위해 쓰는 용어들이 그 일을 명료하게 해낼 수 없을 뿐 아니라 지시대상이라고 여겨지는 것에서 떨어져 나와 부유하면서 자유로운 유희의 상태로 존재하게 된다는 사실에서 기인한다. 그런 기표들의 추정된 의미들은 지연되어 궁극적으로 사라지며 순수한 상호텍스트성의 상태로 대체된다.[6] 이 지점에서는 의미1에 관해 이야기한다는 점이 비교적 분명해진다. 데리다의 영어권 숭배자 한 사람이 다소 거칠게 표현한 대로, 우리가 사물을 지시하기 위해 택하는 단어들에 '고정된 의미'가 없다는 것이 핵심적 주장이다.[7]

　의미1과는 대조적으로, 우리는 이 텍스트가 나에게 어떤 의미가 있는가를 물을 수도 있다. (이를 의미2라고 하겠다.) 신비평 주창자들이 '효과들의 구조'와 그것이 독자에게 미치는 영향을 평가하는 데 집중할 필요를 말할 때 대개 염두에 두고 있는 것이 이런 뜻이다. 문학비평에 대한 현상학적 접근의 근저에도 의미2에 대한 동일한 관심이 깔려 있는 듯하다. 일례로 볼프강 이저Wolfgang Iser가 독서과정을 '독자에 의해 완성되는' 텍스트의 '실현'으로 이야기할 때, 특히 '실제 텍스트만이 아니라 그 텍스트에 대한 반응에 연루되는 행동도 마찬가지로 고려해야 한다'고 주장할 때 주로 의미2를 생각하고 있는 것으로 보인다.[8]

의미에 주로 관심을 둔다는 점을 가장 명백히 한 이론가들은 현상학자들의 통찰을 해석에 대한 독자-반응 접근법으로 불리게 되는 것으로 발전시킨 이들이다. 널리 알려진 주창자로는 폴 리쾨르Paul Ricoeur가 있는데 특히 그의 『해석학과 인문사회과학』Hermeneutics and the Human Sciences이 그렇다. 리쾨르는 텍스트가 원래 의도된 의미를 가질 수도 있다고 인정하지만 시간의 경과나 언어의 다의적이고 은유적인 특징 때문에 어떤 텍스트라도 '저자의 의도로 활성화된 것이 아닌 의미의 자율적 공간'을 획득한다고 강조한다.[9] 리쾨르의 주안점은 해석자들이 애초에 저자들이 텍스트에 할당하기로 의도했던 의미보다는 이와 같이 변화하는 공적 의미들에 집중해야 한다는 것이다. '이제 저자가 말하고자 했던 것이 아니라 텍스트가 하는 말이 더 중요'[10]하며, 따라서 해석행위는 텍스트가 현재 우리에게 의미하는 것을 묻는 것과 같으며 그리하여 그것을 우리 자신의 목적에 맞게 전유하는 것과 같다고 생각되어야 한다.[11]

독자-반응 접근법의 한층 더 열렬한 주창자는 스탠리 피시Stanley Fish로, 특히 『이 수업에 텍스트가 있는가?』Is There a Text in this Class?라는 제목을 단 그의 평론 모음집이 대표적인 예이다. 피시는 기본적으로 내가 의미2로 부른 것에 관심을 둔다는 사실을 분명히 했고 처음부터 '독자의 반응은 의미에 대한 반응이 아니라 문학 텍스트의 의미 그 자체'라고 선언하면서 시작한다.[12] 피시는 이런 통찰을 발전시켜 독자들을 그야말로 유일한 의미의 원천으로 생각했으며 따라서 전통적인 이론들이 통상 텍스트에 구현되어 있다고 가정하는 모든 정보들의 창조자가 독자라고 보았다. 결과적으로 해석행위가 '텍스트, 사실, 저자, 의도의 원천'이고 우리가 복원할 수 있는 유일한 의미는 우리가 창

조한 의미가 된다.[13]

의미1 혹은 의미2에 관해 묻기보다는, 주어진 텍스트에서 저자가 자신이 말하는 것을 통해 무엇을 의미하는지를 물어야 하는지도 모른다. (이를 의미3이라 하겠다.) 윔샛과 비어즐리가 의도의 오류라고 알려진 것을 폭로할 때 가끔은 이런 뜻의 의미를 염두에 둘 때가 있다. 암시성의 문제를 논하는 과정에서 '온전한 의미의 추구'를 말할 때 그들은 답해야 할 질문이 '시인이 자신이 말한 바를 통해 의미한 것'이라고 주장한다.[14] 그리고 '객관적이고 진정한 비평 방식'을 '발생적이고 전기傳記적인 연구 방식'과 대조시키면서 논문을 마무리할 때 그들이 우리에게 남기는 질문은 시인을 연구할 때 우리의 목표가 '그가 의미한 것'을 이해하는 것이라면 어떤 방법이 바람직한가 하는 것이다.[15]

마찬가지로 데리다가 텍스트의 의미를 복원하는 일의 불가능성에 관해 쓸 때 의미3을 염두에 두었다는 사실이 분명할 때도 있다. 그가 니체Nietzsche의 글에서 발견한 '나는 우산을 잊어버렸다'I have forgotten my umbrella라는 단편적 구절을 제시한 대목은 숱한 논의의 대상이 되어왔는데 확실히 그런 사례로 보인다.[16] 데리다조차 이런 경우에 의미1이라 부른 것 즉 문장 자체의 의미를 복원하는 데는 어려움이 없다는 점을 기꺼이 인정한다. 데리다가 언급하듯이 '"나는 우산을 잊어버렸다"가 무슨 의미인지는 누구나 알고 있다.'[17] 데리다가 이의를 제기하는 부분은 의미3이라 부른 것, 즉 니체가 그런 단어들을 씀으로써 의미한 것을 복원할 방도는 여전히 없다는 점이다.[18] 데리다의 결론처럼, 어쩌면 니체는 아무것도 의미하지 않았을 수도 있다. 데리다의 요지는, 의미를 복원할 수단이 없으므로 알 길이 없고 따라서 니체가 (무언가를 의미했더라도) 무엇을 의미했는지 이해할 가능성이 없다는 것이다.

텍스트의 의미, 저자의 동기와 의도

기본적인 것을 분명히 하려는 이 장章의 목표는 어떤 저자가 쓴 것의 의미를 추구하는 과정에서 해당 저자의 동기와 의도에 주목해야 한다면 얼마나 그래야 하는지 검토하는 것이다. 지금까지 나는 이런 논쟁에서 '의미'에 대한 논의에 따라오는 다수의 혼란에 초점을 맞추었다. 이제는 같은 동전의 다른 면으로 향해서, 텍스트 읽기에서 동기나 의도에 주목하지 말아야 한다는 주장을 옹호할 때 제시되는 여러 주장들을 검토하도록 하겠다.

논의의 두 가지 주요한 유형을 구분할 수 있다. 하나는 비평 과정의 순수성에 대한 요구와 관련되고 따라서 저자에 관한 본질적으로 전기적인 정보를 발견하는 것이 가능하다 해도 그런 정보가 그의 작품에 대한 우리의 반응을 조건 지우거나 오염시키게 해서는 결코 안 된다는 주장과 관련된다. 그렇기 때문에 윔샛과 비어즐리는 텍스트 자체가 제공하는 정보가 아닌 다른 것을 고려하려는 욕망을 '낭만적 오류'로 비판한다.[19] 그들의 이론을 논한 어느 평자가 표현했듯이, 이것은 모든 예술작품이 '자기설명적'이라는 주장이다. 역사적이거나 전기적인 종류의 외부 정보를 이용한다면 '예술과 비평의 실패'를 기록하는 셈이 되고 만다.[20] 윔샛과 비어즐리가 선언하듯이 우리가 다루어야 하는 것은 다만 '텍스트 그 자체'이다.[21]

그러나 더욱 두드러진 또 하나의 논의는 동기와 의도라는 개념 자체에 관해 종종 제시되는 두 가지 상반되는 (사실상 양립 불가능한) 주장에서 나온다. 하나는, 비평가들이 그런 요소들에 관심을 기울이지 말아야 하는 이유가 저자들의 동기와 의도가 그들의 텍스트와 분리되어 있지 않으므로 텍스트 '내부'에서 발견되어야 하고 따라서 별도의 고려가 필요하지 않기 때문이라는 주장이다. 윔샛과 비어즐리가 의도성의 부적절함을 주장하는 주된 근거의 하나가 이것이다. 그들은 비평가가 어떻게 '시인이 하려고 한 바를 찾아낼' 수 있는지를 묻고, '시인이 하려던 바를 하는 데 성공했다면 그 시 자체가 그가 하려고 한 바를 보여준다'고 답한다.[22] 소위 의도적 오류에 대한 더 최근의 논자들 다수가 이와 동일한 관점을 받아들인다. 예를 들어, T. M. 갱Gang은 '무언가를 분명하고 명료하게 이야기한다면 화자가 그의 말로 지시하고자 의도했던 것이 무엇인지 묻는 일은 거의 의미가 없다'고 주장한다.[23] 그레이엄 휴Graham Hough도 '완벽하게 성공적인 시에서는 모든 것이 성취이며 별도로 생각할 수 있는 의도라는 문제는 제기되지 않는다'라고 동조한다.[24]

다른 하나의 (양립 불가능한) 주장은, 반대로 동기와 의도가 저자의 작품 '바깥'에 있고 따라서 작품의 구조의 일부가 아니기 때문에 비평가들이 텍스트의 의미를 밝힐 때 그런 동기와 의도에 주목하지 말아야 한다는 것이다. 하지만 이 두 번째 주장은 종종 다소 혼란스런 방식으로 제시된다. 저자의 동기와 의도가 작품 '바깥'에 있으므로 해석 활동과 관련이 없다고 생각하는 데는 최소한 세 가지 다른 이유들이 근거로 제시되어왔다. 이들 각각을 나눠보는 것으로 시작하자.

하나는 동기와 의도의 복원이란 건 처음부터 불가능하다는 주장이다. 그것들은 '누구도 접근할 수 없는 사적인 실체'이다.[25] 윔샛과 비어즐리가 처음에 내세웠던 주장이 이것인데, 그들은 '비평가가 어떻게 의도에 대한 질문에 답을 구하길 바랄 수 있겠는가'라는 수사적인 질문을 던지고는 '계획과 의도'에 대한 인식 같은 것은 도무지 얻을 수가 없다고 대답한다.[26] 그 이후에 이 논쟁에 참여한 주장들의 근저에도 이와 동일한 믿음이 깔려 있을 때가 많다. '의도란 사실상 알 수 없는 것'[27]이며 따라서 문학비평가나 지성사 연구자들은 '정신적 과정에 대한 피할 수 없는 불확실성'[28]에 직면하게 된다. '저자들의 정신 속으로 스스로를 투사하여' 그들이 글을 쓸 때 가졌던 의도를 복원할 수 있다고 생각한다면 오산이라는 것이다.[29]

두 번째는, 동기와 의도를 복원하는 게 가능하더라도 그런 정보에 관심을 기울이는 것은 문학적 혹은 철학적 작업의 가치를 평가하는 기준으로는 바람직하지 않다는 입장이다. 윔샛과 비어즐리는 다분히 일관성 없이 논의의 출발점에서 이쪽으로 옮겨가면서 저자의 의도에 관해 아는 것이 '문학작품의 성공 여부를 판단하는 기준으로 바람직하지' 못하다고 주장한다.[30] 그 이후에 반反의도론 옹호를 제시하는 경우에도 이런 근거를 내세울 때가 많다. 가령, '글을 쓸 당시 저자의 의도가 그 글에 대한 비평가의 판단에 어디까지 관련이 있는가 하는 것이 문제'[31]라는 발언이 있으며, 의도에 대한 관심이 독자의 반응에 바람직하지 못한 방식으로 영향을 미칠 수 있다는 경고도[32] 있다.

세 번째로는, 저자의 동기와 의도를 복원하는 것이 가능하다 해도, 텍스트의 의미를 확정하는 것을 목표로 삼는다면 그런 종류의 정보에 주의를 기울이는 것은 결코 **적절하지** 못하다는 주장이 있다. 윔샛과 비어즐리가 최종적으로 옮겨간 곳이 이 입장으로, 그들은 자신들의 유일한 관심사가 '시의 의미'이며 시인의 마음의 상태는 전적으로 별개의 문제라고 선언한다.[33] 때로 텍스트 해석에 대한 현상학적 접근법이나 더 일반적으로는 독자-반응 접근법도 유사한 믿음을 토대로 하고 있다. 앞서 보았듯이 리쾨르 같은 이론가는 텍스트가 '원래의' 의도된 의미를 갖는다는 점을 의심하지 않는다. 그는 다만 그런 것들의 복원은 부차적인 문제이며 가장 중요하고 더 흥미로운 임무는 텍스트가 획득하게 된 '공적 의미'를 조사하는 것이라고 생각한다.

발화수반적 의도의 복원

이제 앞서 구별했던 '의미'들에 비추어봤을 때 위의 주장들 중 어느 하나라도 저자의 동기와 의도가 텍스트의 의미를 복원하는 시도에서 무시될 수 있고 무시되어야 한다는 점을 확립하는 데 성공했는지 물어볼 차례이다. 비평 과정의 순수성을 유지하려는 욕구에서 나온 첫 번째 주장은 혼란에 토대를 둔 것으로 보인다. 저자의 동기와 의도에 관한 지식이 앞서 구별했던 '의미'의 어느 뜻으로 보아도 저작의 '의미'를 밝히는 데 부적절할 수도 있다. 하지만 그렇다고 해서 비평가가 이런 지식이 해당 저자의 작업에 대한 반응을 결정하는 데 아무 도움도 되지 않는다는 점을 보장해야 하거나 보장할 수 있게 되는 건 아니다. 동기와 의도를 아는 것은 저자가 그의 글과 어떤 관계를 갖는지 알게 되는 것이다. 의도에 대해 아는 것은 저자가 농담을 하는 건지 심각한지 혹은 아이러니를 구사하는지, 아니면 전반적으로 글을 쓰면서 어떤 언어행위를 수행하는지와 같은 사실들을 아는 것이다. 동기에 대해 아는 것은 그 특정 언어행위의 성격이나 발언으로서의 진리도truth-status와는 별개로 무엇이 그 언어행위를 추동했는지 아는 것이다. 그런데 가령 어떤 저자가 대체로 질투와 분노라는 동기를 가졌다는 사실을 아는 것은 그의 저작의 '의미'에 관해서는 아무것도 일러주지 않을지 모른다. 하지만 일단 평자가 그런 지식을 갖게 되면 해당 저작에 대한 그의 반응은 그로부터 영향을 받지 않을 수 없다. 일례로 어떤 저작이 질투와 분노가 아니라 계몽과 즐거움을 가져다주려는 소박한 욕구에서 나왔음을 발견하면 사실상 그에 대해 분명히 새로운 반응이 나오게 될 것이다. 이런 사실은 바람직할 수도 있고 아닐 수도 있지만, 상당 정도 불가피한 것이다.[34]

이제 동기와 의도 개념 자체를 분석하는 데서 파생되는 다양한 주장들을 살펴보자. 첫 번째는 그와 같은 정신적 활동을 복원하기란 불가능하다는 취지인데, 이는 성공적인 의사소통 행위에 구현된 의도가 당연한 전제로서 마땅히 공적으로 알아볼 수 있는 것이어야 함을 무시하고서야 신빙성을 얻는다. (비트겐슈타인이 제시한 예를 빌려) 옆 밭에서 손을 흔드는 남자가 애초에 생각했듯이 파리를 쫓으려는 게 아니고 황소가 달려드는 사태를 내게 경고해주려는 것임을 알게 되었다 치자. 그가 내게 경고를 해준다는 걸 알면 그의 행동의 의도를 알게 되는 셈이다. 하지만 이와 같이 의도를 복원하는 일은 손을 흔들기 시작한 순간 그의 머릿속에 들어 있던 생각을 확인하는 문제는 아니다. 이는 손흔들기가 경고가 될 수 있으며 이 특정 사례에서 그렇게 하는 관습이 활용되고 있음을 파악하는 문제이다. 그런 의도를 '누구도 접근할 수 없는 사적 실체'[35]로 본다면 심각한 오해를 낳게 된다. 그와 같은 에피소드의 의미가 상호주관적으로 이해될 수 있는 한 그런 행위에 깔린 의도는 본질적으로 공적인 성격을 갖는 실체일 수밖에 없다. 클리퍼드 기어츠가 정교하게 표현했듯이, 생각이란 '전달수단이 된 의미'이며 '관찰 불가능한 정신적 물품이 아니며 아니게 된 지가 꽤 오래다.'[36]

다음에 살펴볼 두 번째의 주장은 허위 진술을 구현하고 있다. 저자의 동기나 의도에 대한 지식이 그의 작품의 장점이나 성공 여부를 평가하는 기준을 제공해줄 수 있다고 생각하는 것은 명백히 오류일 것이다. 프랭크 시오피Frank Cioffi가 비슷한 맥락에서 했던 말대로 저자가 걸작의 창조를 의도했음을 비평가에게 확신시킨다고 걸작이 되는 건 분명 아니다.[37] 반면, 세 번째 주장은 최소한 부분적으로는 옳은 것으로 보인다. 즉, 앞서 구별했던 '의미' 중 어떤 것이 되었든 작품의 의미를 이해하는 데 있어, 의도는 어떨지 몰라도 동기의 경우는 그것을 복원하더라도 아무 관련이 없을 정도로 작품 '바깥'에 있다는 점은 인정할 수 있다.

　그런데 이 마지막 주장은 대체로 소위 의도의 오류에 관한 논쟁에서 명시화되지 않았던 동기와 의도의 구분에 기대고 있으므로, 이제는 이 구분을 분명히 해둘 필요가 있겠다. 이 논쟁의 의아하고 불만족스러운 특징은, 대부분의 평자들이 의도성에 초점을 두면서도 대체로 의도에 대해 얘기하는 모든 것이 동기에도 마찬가지로 적용될 것이라고 생각한다는 점이다.[38] 그러나 해석에 관한 질문과 관련해서는 동기와 의도를 구분하는 것을 필수적이며, 이제 이 구분을 가장 적절하게 이해하는 방법에 관해 제안하고자 한다.[39]

　저자의 동기를 말하는 것은 언제나 글의 출현보다 앞서며 그것과는 우연적으로 연관된 조건에 대해 말하는 일이 된다. 하지만 저자의 의도를 말하는 것은 특정 유형의 글을 창작하려는 계획 혹은 설계를 (X를 하려는 의도) 지시하거나 특정 방식으로 실제 글을 (X하는 데서 특정 의도를 체현하는 것으로서) 지시하는 것 둘 중 하나이다. 전자의 경우 (동기에 관해 말할 때처럼) 글의 출현에 앞선 우연적인 조건을 가리킨다. 그러나 후자에서는 글 자체의 특징에 대해 말하는 것이다.

구체적으로 말하면, 그 글을 특정 목표나 의도의 구현이라는 견지, 따라서 그것이 특정 목적과 요점을 갖는다는 견지에서 규정하는 셈이다.

언어철학자들이 의도와 의미 개념 사이의 논리적 관계를 논의하기 위해 발명해낸 전문용어를 빌리면 이런 주장을 편리하게 입증할 수 있다. 그들은 (J. L. 오스틴의 고전적인 분석을 따르며) 진지한 발언을 한다는 것은 항상 특정 의미뿐 아니라 오스틴이 특정한 발화수반illo-cutionary 효력이라 이름 붙인 것을 담아 이야기하는 것이라는 사실을 강조한다.[40] 하나의 의미 있는 발언을 내놓을 때 그와 동시에 약속이나 경고, 호소, 정보 제공 등등과 같은 발화수반 행위를 수행할 수가 있다. 오스틴이 이 점을 표현하는 통상적인 방식에 따르면, 어떤 발언의 발화수반 효력에 대해 '이해'를 얻는다는 것은 화자가 그 발언을 내놓음으로써 무엇을 **하고 있는지**를 이해하는 것과 동일하다.[41] 그러나 이 점을 제시하는 또 다른 방법이자 현재의 논의에 핵심적인 것은, 화자가 수행한 발화수반 행위에 대한 이해는 발언을 내놓을 때 그들이 가진 일차적인 의도에 대한 이해와 동일하다는 것이다.

이제 동기와 의도 사이를 구분하고 그렇게 함으로써 효력을 갖는 말하기나 글쓰기 **안에 있는** 의도를 독자적으로 떼어내는 일이 나의 논의에서 갖는 중요성에 대해 이야기할 차례이다. 내가 볼 때 이런 구분들은 동기의 복원이 텍스트의 의미를 둘러싼 해석활동에 실제로 관련이 없음을 주장할 강력한 근거를 제공할 수 있다. 다시 말해, 저자가 (글을 **쓰는 데서** 작동하는 동기가 아니라) 글을 **쓰게 된** 동기에 관해 이야기하는 것은 그의 작품 '바깥'에 있으며 그것과 우연적인 관계를 맺고 있어 작품 자체의 의미에 영향을 줄 수 없는 요소들을 이야기하는 것과 실상 같은 것으로 보인다.

그러나 대개 문학이론가들이 동기와 의도 개념에 관해 제기한 다른 하나의 (그리고 양립 불가능한) 주장을 기억한다면, 내가 이런 결론이 의도 개념에도 적용된다고 이미 말한 것으로 보일 수도 있다. 나는 글쓰기 **안에 있는** 저자의 의도를 말할 수 있고 이 의도를 텍스트의 출현과 우연히 관계된 '외부'라기보다 어떤 의미에서는 그 '내부'라 할 수 있다고 주장한 바 있다. 하지만 내가 인용한 첫 번째 주장은, 다름 아니라 저자의 의도가 텍스트 '내부'에 있기 때문에 비평가는 글의 의미를 해석하는 시도에서 의도의 복원에 특별히 관심을 기울일 필요가 없다는 것이었다.

하지만 이 견해는 저자의 의도에 관해 물을 수 있는 두 가지 다른 종류의 질문을 합쳐놓은 결과이다. 이 점을 분명히 하려면 언어철학자들의 전문용어에 의존하는 것이 도움이 될 것이다. 우리는 한편에서는 작품에 구현된 발화결과적perlocutionary 의도에 관해 묻고 싶어 한다.[42] 다시 말해 그것이 (진부한 예를 사용하자면) 독자에게 슬픔의 감정을 유도하는 것 같은 특정 효과나 반응을 얻도록 의도되었는지 생각해보고 싶을 수 있다.[43] 하지만 다른 한편으로, 앞서 얘기했듯이, 저작의 특징을 설명하는 수단으로서 저자의 발화수반적 의도에 관해 질문하고 싶을 수도 있다. 다시 말해 저자가 성취하려고 의도한 것을 성취했는지 여부가 아니라, 그가 그것을 **쓰는 데서** 의도한 바가 정확히 무엇인지 묻고 싶을 수 있는 것이다.

이는 저자의 의도와 텍스트의 의미 사이의 관계에 관한 나의 핵심 주장으로 돌아가게 만든다. 나는 한편으로는 저자의 발화결과적 의도(그들이 특정한 방식으로 글을 **씀으로써** 의도했던 것)를 더 이상 고려할 필요가 없다는 점을 인정한다. 어떤 저작이 저자에 의해 가령 독자에게 슬픔의 감정을 유도하도록 의도되었는가 하는 질문은 저작 그 자체나 의도된 효과에 대한 저작 내부의 단서들을 고려함으로써만 (해결 자체가 가능하다면) 해결될 수 있기 때문에 별도의 연구를 필요로 하지 않는 것이다. 다른 한편으로, 이제 나는 저자의 발화수반적 의도 (특정 방식으로 글을 **쓰는 데서** 의도한 것)의 경우 그 복원은 별도의 연구를 요구하며 이는 저자가 쓴 것의 의미를 이해하는 것이 목적이라면 반드시 수행해야 할 연구라고 주장하고자 한다.

그러나 이런 주장이 쓸모 있으려면, 앞서 구분한 '의미'의 세 가지 뜻으로 돌아가 방금 말한 의도성에 대한 인식이 텍스트의 '의미'를 이해하는 데 관련이 있는지 결정해야 한다.

먼저 의미1을 보면, 저자의 발화수반적 의도는 텍스트가 가진 이런 뜻의 의미를 이해하는 데 거의 관련이 없다고 인정할 수밖에 없다. 이렇게 말한다고 해서 단어와 문장의 의미가 궁극적으로 **누군가**의 의도에 관한 진술로 환원될 수 없지 않는가 하는 극히 어려운 거대한 질문에서 어느 한쪽의 답을 택하는 건 아니다. 다만 사용한 단어와 문장의 의미에 관한 질문은 그것들을 사용하는 데서 작동하는 의도에 관한 질문과 동일할 수 없다는 자명한 이치를 강조하는 것일 따름이다.[44]

다음으로 의미2와 관련해서는, 마찬가지로 글을 쓰는 데서 작동하는 저자의 의도에 대한 이해가 텍스트가 가진 이런 뜻의 의미에도 거의 관련이 없음을 인정해야 한다. 다시 말해, 문학적 혹은 철학적 저작이 독자에게 무엇을 의미하는가 하는 질문은 저자가 무엇을 의도했는가에 대한 고려와 별도로 해결되어야 하는 것이 분명하다.

그러나 의미3으로 가면 저자의 의도와 텍스트의 의미 사이에 가능한 가장 긴밀한 연관관계를 확립할 수 있다. 내가 구별하고자 한, 글쓰기 안에 있는 저자의 의도에 대해 아는 것은 그가 쓴 것의 의미3을 아는 데 관련이 될 뿐 아니라 사실상 그것과 동일하기 때문이다. 이런 결론에 도달하게 된 단계는 분명하다. 의도에 대한 '이해'를 얻는 것은 저자가 특정 방식으로 글을 쓰는 데서 수행하는 발화수반 행위의 성격과 범위를 이해하는 것과 동일하다. 앞서 제시한 대로, 그와 같은 의도를 복원하는 것은 저자가 하고 있는 것이 무엇인지 규정할 수 있는, 가령 그가 특정 노선의 주장을 공격하거나 옹호할 의도 혹은 특정 담론 전통을 비판하거나 그에 기여할 의도가 있었다고 말할 수 있는 입장에 있다는 것이다. 하지만 이처럼 의도된 발화수반 효력이라는 견지에서 저작을 규정할 수 있다는 것은 저자가 그런 특정한 방식으로 글을 **씀으로써 의미**했던 것을 이해하는 것과 동일하다. 다시 말해 그가 해당 저작을 특정 태도나 특정 논의 등등에 대한 공격, 혹은 방어, 아니면 비판 혹은 기여**로 의미했음**이 분명하다고 말할 수 있는 것과 동일하다. 그러므로 글쓰기 안에 있는 이런 의도들과 쓰여진 것의 의미3 간의 등가가 성립된다. 왜냐하면 이미 지적했다시피 저자가 특정 저작을 통해 무엇을 의미했는지 아는 것은 그것을 쓰는 데서 어떤 주된 의도가 실행되고 있는지 아는 것과 **같기** 때문이다.

마지막으로 나의 논지를 두 가지 있을 수 있는 오해에서 방어하고자 한다. 나의 주장은 먼저 이런 의도들의 복원과 저자가 의도한 '애초의 의미'에 대한 해독이 해석자의 임무의 전부라는 취지로 흔히 제기되는 한층 강한 주장과[45] 구별되어야 한다. 해석에서의 '올바름의 첫 번째 기준'은 저작이 쓰여진 원래의 맥락을 연구함으로써만 제공될 수 있다는 견해를 종종 만나게 된다.[46] 하지만 나는 F. W. 베이트슨 Bateson이 맥락적 독법의 원칙으로 부른 것의 상당히 강한 형태에 해당하는 이런 견해를 지지할 의사가 없다. 저자가 의도하지 않은 의미를 저작이 갖는다고 말하는 것이 부적절하다고 생각하지 않는다. 나의 논지가 그런 가능성과 충돌하지도 않는다. 나는 다만 그 반대의 것에 관심을 갖고 있을 뿐이다. 즉 저자가 자신의 글쓰기**에서 하고 있는** 것은 무엇이든 해석과 관련이 될 수밖에 없고 따라서 해석자의 임무에는 그 글쓰기**에 있는** 저자의 의도를 복원하는 일이 **포함된다**는 것이다.

　이런 논제는 또한, 이런 식으로 저자의 의도에 관심을 갖는다면 그 저자가 자신의 의도를 두고 내놓는 모든 진술을 그가 해당 저작에서 하고 있는 바를 밝혀주는 일종의 최종적 권위로 받아들여야 한다는 주장과도 구별되어야 한다. 어떤 행위자라도 자신의 의도와 행위를 규정하는 데서 분명 특권적인 위치에 있다는 것은 사실이다. 하지만 나는 저작의 의미3을 해석하려면 저자의 의도를 규정할 수 있어야 한다는 주장을, 자신이 하고 있는 바에 대한 저자 스스로의 설명을 때로 무시하는 것도 적절할 수 있다는 주장과 화해시키는 일이 얼마든지 가능하다고 본다. 그렇다고 저작을 해석하는 지침으로 저자가 밝힌 의도를 이해하는 데 관심을 기울이지 말아야 한다는 말은 아니다. 다만 저자가 자신의 의도를 충분히 이해하지 못할 수도 있고 의도를 인식하는 데 스스로를 속일 수도 있으며 의도를 진술하는 데 능숙하지 않을 수도 있다는 것이다. 이런 실수는 인간이라면 누구나 피할 수 없는 것들이다.

　그러나 이와 같은 발화수반적 의도는 어떻게 복원되어야 하는가? 이 문제는 6장에서 다룰 것이지만 여기서 가장 핵심적인 부분이 무엇이라고 생각하는지 지적하는 것으로 마무리해도 좋을 듯하다. 우리는 우리가 관심을 갖는 특정 텍스트에만 초점을 두어서는 안 되고, 그 텍스트가 쟁점이나 주제를 다루는 방식을 좌우하는 지배적 관습에도 초점을 둘 필요가 있다. 통상 어떤 작가라도 의도된 소통 행위에 참여한다는 사실을 감안하면 이런 요구는 더욱 중요해진다. 저자가 어떤 의도를 가졌든 간에 그것이 논의에서 특정한 입장을 지지할 의도이거나 특정 주제를 다루는 데 기여할 의도이거나 하는 등의 것으로 인식된다는 의미에서 관습적이기 마련이다. 그렇다면, 저자가 특정 개념이나 논의를 구사하면서 무엇을 하고 있는지를 이해하기 위해서는, 무엇보다 그 특정 시대에 그 특정 주제를 다루면서 그 특정 개념을 사용함으로써 하고 있다고 인식될 수 있는 것들의 성격과 범위를 파악해야 한다. 요컨대 우리는 코르넬리우스 카스토리아디스Cornelius Castoriadis가 사회적 상상계the social imaginary라고 부른 것 전부를, 즉 한 시대의 주체성을 구성하는 계승된 상징과 재현의 범위 전체를 우리의 영역으로 삼을 준비가 되어 있어야 하는 것이다.

6장

비트겐슈타인이 '단어○
해 하나의 에○
는○

해석과 화행에 대한 이해
Interpretation and the understanding of
speech acts

지침 중 하나는 '단어의 의미'에 대해 고립적으로 생각하지
○ 언어게임에서, 더 일반적으로는 특정 삶의 형식 안에서의 용법에 초
○이 이렇게 획기적인 도전장을 던진 뒤 10년도 되지 않아 J. L. 오스틴은 『말과
○gs with Words에서 말의 의미와는 대조적으로 그것의 용법을 탐구한다는 것이 정확히 무
○지.² 그리고 그 결과 말 역시 행동이라고 말하는 것은 무엇을 의미하는지³ 물음으로써 이를 이어나
○. 4장에서 이미 암시한 대로 나는 항상 비트겐슈타인과 오스틴의 통찰들은 함께 묶어 고려할 때 지성사학자

보다 일반적으로는 문화 분과 연구자들에게 대○
그들의 접근방법이 발언의 이해 및 테○
에 대해 언급한 바 있다. 이○
범위하게 내 주장○
공한다고○

○ 정확한 어의를 구분하기 위해 신조어를 창안함으로써 이 핵심 논점
○연의 효력에 대해 말하는 경우 자신은 주로 행위자가 말한 바를 말하면서 무엇
○리키고 있다고 강조했다. 그는 이 차원을 우리가 단어를 사용하면서 행할 수 있는 또 다
○하고자 노력했다. 이러한 또 다른 일의 범위에는 어떤 효력을 지닌 말의 결과로서 (의도적이든 아
○ 성공적으로 초래할 수 있는 일들이 포함된다. 무언가를 말하면서 무엇을 행할 수 있는가라는 질문과 무언

이 장은 *Meaning and Context: Quentin Skinner and his Critics*, ed. James Tully(Cambridge, 1988), pp.259~288에 실린 필자의 글, 「비판에 대한 답변」의 마지막 절을 변형하고 확대한 것이다.

말의 용법

비트겐슈타인의 『철학적 탐구』에 담긴 가장 중요한 지침 중 하나는 '단어의 의미'에 대해 고립적으로 생각하지 말아야 한다는 것이다. 오히려 우리는 특정 언어게임에서, 더 일반적으로는 특정 삶의 형식 안에서의 용법에 초점을 맞춰야 한다.[1] 비트겐슈타인이 이렇게 획기적인 도전장을 던진 뒤 10년도 되지 않아 J. L. 오스틴은 『말과 행위』*How to Do Things with Words*에서 말의 의미와는 대조적으로 그것의 용법을 탐구한다는 것이 정확히 무엇을 의미하는지,[2] 그리고 그 결과 말 역시 행동이라고 말하는 것은 무엇을 의미하는지[3] 물음으로써 이를 이어나갔다. 4장에서 이미 암시한 대로 나는 항상 비트겐슈타인과 오스틴의 통찰들은 함께 묶어 고려할 때 지성사학자들에게, 보다 일반적으로는 문화 분과 연구자들에게 대단히 가치 있는 해석학을 제공한다고 생각해 왔다.[4] 이미 5장에서 그들의 접근방법이 발언의 이해 및 텍스트 해석의 기획을 고려하는 데 값진 도움을 줄 수 있는 한 가지 특정 방식에 대해 언급한 바 있다. 이제 앞의 논의들을 확장하고 그에 대한 비판에 답변함으로써 더욱 체계적이고 보다 광범위하게 내 주장을 제시하고 싶다.

발언의 효력

비트겐슈타인과 오스틴은 어떤 진지한 발언을 이해하고 싶다면 그것을 표현하는 데 사용된 용어들의 어의 및 지시 이상의 어떤 것을 파악할 필요가 있다고 상기시켜준다. 오스틴의 정식을 인용하면, 우리는 행위자가 말한 바를 말하**면서** 무엇을 **행하고** 있었는지 복구하고, 따라서 바로 그런 어의와 지시로 발화함으로써 행위자가 무엇을 의미했는지 이해할 수 있는 방도를 추가적으로 찾아야 한다.[5] 이미 비트겐슈타인이 여기에 관련된 것으로 보이는 언어의 두 가지 다른 차원을 암시한 바 있지만,[6] 오스틴의 정식화가 지닌 항구적 가치는 그것들을 구분할 방도를 제공했다는 사실에서 비롯한다. 그는 우리가 단어 및 문장의 의미에 대해 말함으로써 관습적으로 설명하던 차원에 우선 주목할 필요가 있다는 점을 인정했다. 그러나 그는 어떤 주어진 발언이 (주어진 의미로) 특정한 경우에 발설되었을 때 그것이 지니는 특정한 **효력**을 추가적으로 파악할 필요가 있다는 사실에 주로 중점을 두었다.[7]

오스틴은 그가 주로 관심 있던 '언어 용법'의 정확한 어의를 구분하기 위해 신조어를 창안함으로써 이 핵심 논점을 더 명확히 하고자 시도했다. 발언의 효력에 대해 말하는 경우 자신은 주로 행위자가 말한 바를 말하**면서** 무엇을 행하고 있었는지를 가리키고 있다고 강조했다. 그는 이 차원을 우리가 단어를 사용하면서 행할 수 있는 또 다른 일들과 구분하고자 노력했다. 이러한 또 다른 일의 범위에는 어떤 효력을 지닌 말의 결과로서 (의도적이든 아니든) 성공적으로 초래할 수 있는 일들이 포함된다. 무언가를 말하**면서** 무엇을 행할 수 있는가라는 질문과 무언가를 말함**으로써** 우연히 무엇을 초래할 수 있는가라는 질문을 분리하기 위해 오스틴은 발언의 발화수반적 효력과 발화결과적 효력을 대조하여 말해야 한다고 제안했다.[8]

비트겐슈타인이 '단어의 용법'과 관련하여 제안한 '의미'의 분석에 오스틴이 기여할 수 있었던 점을 예증하기 위해 하나의 예를 기억하는 것이 도움이 될 것이다. 다음의 논의와 더불어 그것이 함축하는 더 많은 것들을 탐구하는 7장에서도 나는 P. F. 스트로슨Strawson이 원래 화행의 이해에서 차지하는 의도와 관습의 역할을 분석하며 제시한 예 하나를 변용한다.[9] 경찰관이 연못에서 스케이트 타는 사람을 보고 '그쪽의 얼음은 매우 얇습니다'라고 말한다. 경찰관은 무언가를 말하고 단어들은 무언가를 의미한다. 이 삽화를 이해하기 위해서는 분명 단어들의 의미를 알 필요가 있다. 그러나 우리는 또한 경찰관이 자신이 말한 바를 말하**면서** 무엇을 **행하고** 있었는지도 알 필요가 있다. 가령 경찰관은 그에게 **경고하고** 있었을 수 있다. 이 경우 발언은 경고의 (발화수반) 효력을 지닌 채 이루어졌을 수 있다. 마지막으로 경찰관은 말해진 바를 말함**으로써** 동시에 그 이상의 몇몇 (발화결과적) 영향들을 가져오는 데 성공했을 수 있다. 예컨대 경찰관은 그를 설득하거나 놀라게 하고 아니면 아마도 그저 짜증나게 하거나 즐겁게 하는 데 성공했을 수 있다.

오스틴의 주된 목적은 의사소통에서의 '언어 용법'이라는 생각을 해명하는 것이었다. 따라서 그는 화자가—자신의 저서 제목처럼—말로 행하기 위해 발화수반 효력의 차원을 활용할 수 있다는 사실에 중점을 두었다. 그 결과, 화행을 분류하는 데 주로 관심을 기울였던 오스틴은 발화수반 효력의 언어적 차원과 화행 전반—특히 발화수반 행위—을 수행하기 위해 이 차원을 활용할 수 있는 화자의 능력 간에 존재하는 관계의 본질에 대해서는 할 말이 상대적으로 많지 않았다.

그러나 내가 보기에 이 관계에 대해 사고하는 올바른 방식은 오스틴이 항상 강조했듯이 일정한 발화수반 효력을 가지고 말하는 것은 보통 일정한 종류의 **행위**를 수행하는 것이고, 고의적·자발적 행동에 관여하는 것이라는 사실에 초점을 맞추는 것이다. 이것이 암시하듯이 언어의 발화수반적 차원과 발화수반 행위의 수행을 연결하는 데 기여하는 것은—모든 자발적 행위와 마찬가지로—관련 행위자의 의도여야 한다. 이 논점을 해명하는 방법으로 누군가에게 경고하는 화행을 다시 고려해보자. 이 특정한 행위를 수행하기 위해서는 경고의 형식과 효력을 지닌 특정한 발언을 발설해야 하는 것만으론 충분하지 않다. 동시에 우리는 발언을 경고로 여기거나 의도해야 하고, 그것이 바로 그런 의도적 행위의 실례로 인식되어 경고로 받아들여지도록 여겨야 한다. 오스틴이 몸에 밴 엄밀함으로 표현했듯이, 주어진 발언의 의도된 발화수반 효력을 복구하고, 따라서 행위자가 말한 바를 말함으로써 수행한 발화수반 행위의 성격을 복구하기 위해서는 주어진 발언이 주어진 경우에 '받아들여졌을' 방식을 이해할 필요가 있다.[10]

이 지점에서 오스틴이 머뭇거린 것은 사실이다. 처음 발화수반이라는 개념을 창안했을 때 그는 누군가가 행위, 예컨대 경고의 행위를 수행했는가라는 질문은 본질적으로 자신의 발언이 어떻게 이해되도록 의미했는지에 대한 질문이라고 말했다.[11] 그러나 (비트겐슈타인적인 맥락에서) 발화수반 행위의 '파악'은 매우 강한 언어적 관습의 존재를 요구한다고 가정했기에 나중에 그는 화자의 의도보다는 관습이 발화수반 행위에 결정적이라고 암시하는 듯 보였다.[12] 그럼에도 불구하고 나는 이후 P. F. 스트로슨[13]과 존 설[14]이, 그리고 나중엔 스티븐 시퍼Stephen Schiffer와 데이비드 홀드크로프트David Holdcroft[15]가 취한 방향으로 오스틴의 분석을 확장하는 것이 옳다고 여전히 생각한다. 내가 보기에 오스틴이 제공하지 못한 발화수반 행위의 정의를 제공하고 싶다면 우리는 행위로서의 그 지위를 진지하게 받아들여야 하고, 그것의 성공적인 수행에 필요한 의도의 종류에 대해 생각해봐야 한다.[16]

지금까지 내 설명이 해설적이었지만 이를 이른바 '화행이론'의 해설로만 본다면 그 중요성을 놓칠 위험이 다분하다고 반드시 덧붙이고 싶다. 언어에 대한 가설을 제시한다는 의미에서 하나의 이론을 제안한 것으로 비트겐슈타인이나 오스틴을 평하는 것은 대단히 잘못된 일로 보인다. 그들의 성취는 우리가 어떤 진지한 발언을 이해하고 싶을 때마다 확인해야 하고 모든 화자 및 작가가 언제나 활용하고 있는 차원, 즉 언어 자원을 기술해주고 따라서 환기시켜주는 방법을 찾은 것으로 더 잘 설명된다.

그들의 주장을 이런 식으로 표현하는 것은 단지 선호하는 상투어를 우기는 것만은 아니다. 오히려 화행 분석을 그저 좋게 들리지 않는다 해서 무시할 수 있는 또 하나의 철학적 은어로 여긴다면 그것이 지닌 관련성을 놓치게 될 것이라는 주장이다. 내가 설명해온 용어들은 언어에 관한 사실을 가리킨다.[17] 물론 그것이 과업을 제대로 수행한다는 점을 부정하고 싶을지도 모른다. 그러나 진지한 발언을 하는 사람은 누구나 항상 무언가를 말할 뿐만 아니라 무언가를 행하고 있고, 말해진 바를 말한 덕분에 그것을 행하게 될 것이라는 사실 자체를 부정할 수는 없다. 우리는 수많은 동사들을 활용한다. 동사의 정확한 기능은 말하는 바를 말하면서 우리 자신이 정확히 무엇을 행하고 있다고 여기는지, 오해를 피하기 위해, 명확히 할 수 있도록 해주는 것이다. 나는 당신에게 경고하고 있다, 나는 당신에게 명령하고 있다(또는, 나는 명령을 내리는 것이 아니라 당신에게 무언가를 단지 조언/제안/말해주는 것뿐이다) 등과 같은 언급을 우리는 추가로 덧붙이는 것이다.

해석 문제는 부분적으로 보통 문학비평가 및 지성사학자의 관심을 끄는 대단히 복잡한 의사소통 행위의 경우에는 말할 것도 없고, 일상적 경우조차 우리 자신이 정확히 무엇을 행하고 있다고 여기는지 명확히 하려고 일반적으로 굳이 애쓰지 않는다는 데에서 비롯한다. 예컨대 플라톤이 『국가』에서 행하고 있었던 일들의 극히 작은 일부분밖에는 복구하는 것이 사실 불가능할지도 모른다. 단지 나의 논점은 『국가』의 이해를 바랄 수 있는 정도는 그것들을 복구할 수 있는 정도에 부분적으로 의존한다는 것뿐이다.

의도와 발화수반 행위

다음으로 이 논제들이 텍스트 해석에 지니는 관련성을 점검하기 위해 의미와 화행에 관한 나 자신의 연구 일부를 살리고, 동시에 부연설명하고 싶다.[18] 하지만 그 전에 비평가들 다수가 내 주장에 제기한 심각한 반론 하나에 대응할 필요가 있다. 그들은 내가 언어행동 이론에서 찾았다고 주장하는 텍스트 해석의 가능성들을 그 이론으로부터 끌어낼 수 없다고 주장한다. 왜냐하면 이런 가능성들에 대한 내 설명이 이론 자체에 대한 오해를 담고 있다는 것이다.

비평가들은 화자의 의도와 발언의 효력 간 관련성에 대한 내 해설에서 두 가지 상반되는 실수를 발견한다고 주장한다. 키스 그레이엄이 언급했듯이, 발화수반적 의도는 그에 상응하는 발화수반 행위가 부재하는 경우에도 존재할 수 있다는 점을 내가 인식하지 못한다는 지적이 그 하나다. 예를 들어, 경고의 의도된 효력을 가지고 말하거나 쓰는 데 성공한다 하더라도 여전히 그에 상응하는 발화수반 행위—누군가 경고받았다는 사실을 이끌어내는 일—를 수행하지 못할 수 있다.[19]

이런 비판은 화행에 대한 오스틴의 원래 설명, 보다 분명하게는 스트로슨의 정교한 설명까지 거슬러 올라갈 수 있다. 일반적으로 인정하는 바와 같이 오스틴은 예컨대 경고 행위의 성공적인 수행에 핵심적인 것은 행위자가 경고 행위**로서** 행위의 '파악'을 확보하는 것이라고 생각했다.[20] 더구나 오스틴은 '파악'이라는 견해가 행동 개념의 서술적 요소에 대한 특정 분석에 의존한다는 점을 분명히 하고, 스트로슨은 이를 보다 명확히 한다. 그레이엄의 비평 역시 이러한 분석이 옳다고 상정한다. 문제가 되는 이 분석은 기원에 있어 아리스토텔레스적이다. 이것의 기본적인 생각은 모든 자발적 행동은 'p의 초래'라는 정식으로 재현될 수 있어야 한다는 것이다. 여기서 'p'에 할당된 가치는 행동의 결과로 초래되는 새로운 사태를 가리킬 수 있는 어떤 것이어야 한다.[21] 따라서 행동을 수행하는 것은 뚜렷이 새로운 결과 상태, 즉 행동의 성공적 수행의 귀결로서 나아가서 그 지표로서 재현될 수 있는 결과 상태를 창출하는 것이다. 오스틴 자신이 말했듯이, '청자가 내 말을 듣고 특정한 의미로 내 말을 받아들이지 않는다면 내가 청자에게 경고했다고 말할 수는 없다.'[22] 내 행위가 수행되기 위해서는 무언가 새로운 것이 내 청자에게도 해당되어야 한다. 청자의 의지에는 영향을 끼치지 못하더라도 적어도 청자의 이해 상태를 변화시키는 데에는 성공했어야 한다.

그러나 이 익숙한 분석이 내게는 결함 있어 보인다.[23] p(당신이 경고받았다는 것)를 초래하지 못한다면 내가 당신에게 경고했다고 말할 수 없는 것은 물론 사실이다. 하지만 이는 수동적 변형을 통해서만 서술을 제시하는 것뿐이다. 'p'에 가치를 할당하는 일이 아직 남아 있다. 그리고 여기서 (오스틴과 더불어 그레이엄에게는 실례*pace*이지만) 행동을 서술하는 발화들 중 많은 경우 내가 보기에 'p'—행동이 초래한 사태—에 할당할 수 있는 유일한 가치는 그것이 바로 행동이 초래한 사태라는 사실밖에는 없다. 도널드 데이비드슨처럼 논점을 좀 더 멋지게 표현하면, 많은 경우 'p'는 행위의 성공적 수행의 귀결로 재현될 수 있는 새로운 사태가 아니라 단지 하나의 사건을 지칭할 뿐이다.[24] 이는 분명 경고의 사례에 적용되는 것으로 보인다. 누군가에게 경고하는 것은 그들이 위험한 상태에 있다는 사실을 환기하는 것이다. 따라서 경고의 발화수반 행위를 수행하는 데 성공하는 것은 그 사실을 환기하는 데 성공하는 것이다.[25] 이는 또한 칭찬, 정보 제공 등과 같은 발화수반 행위의 전형적 사례들에도 해당된다. 누군가 칭찬받았다는 사실을 초래하는 것은 단지 적절한 찬양의 양식으로 그들에게 말하는 것이고, 그들이 정보를 제공받았다는 사실을 초래하는 것은 단지 적절한 종류의 가르침을 주는 것이다. 이들 사례 중 어느 경우에도 말이 전달된 사람에게 '새롭게 사실인' 결과 상태가 있어야 한다는 점이 발화수반 행위의 성공적 수행에 필수적인 것은 아니다. 이렇게 볼 때 오스틴이나 그레이엄처럼 경고의 의도된 발화수반 효력을 가지고 말하는 데에 성공하면서도 그에 상응하는 발화수반 행위, 즉 누군가 경고받았다는 사실을 초래하는 행위의 수행에 실패할 수 있다고 암시하는 것은 이치에 맞지 않는다. 왜냐하면 누군가 경고받았다는 사실을 초래하는 것은 그들이 위험한 상태에 있다는 사실을 단순히 환기하는 데에 성공하는 것이기 때문이다.

이제 의도와 발화수반 행위의 상관관계에 대한 나의 분석에서 그레이엄과 그 밖의 학자들[26]이 찾았다고 주장하는 정반대 실수로 넘어가보자. 상응하는 행위 없이도 발화수반 의도가 있을 수 있듯이 '적절한 의도의 부재 속에서도 발화수반 행위를 수행할 수 있다'고 그들은 주장했다.[27] 따라서 내가 간과한다고들 하는 것은 그레이엄이 '비의도적 발화수반 행위'라 칭한 부류이다.[28]

그러나 내가 이 부류를 간과한다는 것은 사실이 아니다. 그보다는, 나는 그것의 존재를 믿지 않는다. 하지만 이렇게 말하는 것이 의도하지 않은 채 누군가에게 경고하는 것은 불가능하다고 믿는—그레이엄이 상정하듯이—부조리에 빠지는 것은 결코 아니다. 의도하지 않은 채 누군가에게 경고한다면 이는 경고의 발화수반 행위를 수행했지만 의도하지 않은 채 그랬기 때문은 아니라고 주장하는 것뿐이다. 내가 앞에서 주장한 바처럼 경고의 발화수반 행위를 수행하는 것은 항상 경고의 형식과 의도된 효력을 가지고 말하는 것이다. 행위는 그 수행에 투입된 복잡한 의도들로 인해 경고의 행위로 구성된다. 그럼에도 불구하고 누군가에게 의도하지 않은 채 경고하는 것이 가능한 이유는 특정 발언을 하는 것이 위험을 환기하는 경우로 불가피하게 받아들여지는 상황이 있을 수 있기 때문이다. 그런 상황에서 행위자는 경고의 발화수반 효력을 가지고 말한 것으로 이해될 것이고, 실제로 그렇게 말했을 것이다. 행위자가 경고할 의도도 전혀 없이 말하고, 그 결과 상응하는 발화수반 행위를 수행하지 못했다 하더라도 이는 여전히 사실로 남을 것이다.

나를 비판하는 이들은 오스틴이 원래 발화수반 효력과 발화수반 행위를 구분했을 때 그것의 핵심으로 내가 여기는 바를 파악하지 못한다. 전자는 언어의 자원을, 후자는 의사소통에서 그것을 활용할 수 있는 행위자의 능력을 가리킨다. 우리가 수행하는 발화수반 행위는 모든 자발적 행위들처럼 의도에 의해 확인되지만, 발언으로 행해지는 발화수반 효력은 주로 그 의미와 맥락에 의해 결정된다. 발화수반 행위를 수행하는 데 있어 내 발언이 동시에 훨씬 광범위한 발화수반 효력을 내가 의도하지 않았음에도 수반하는 일이 쉽게 발생하는 것은 바로 이런 이유 때문이다.[29] (예를 들어, 경고하는 것만 의도했는데 공교롭게도 내 발언이 동시에 정보 제공의 발화수반 효력을 지니게 될 수도 있다.) 그러나 이것은 많은 아마도 대부분의 발언들이 자연언어의 풍요로움으로 말미암아 일정 정도의 의도하지 않은 발화수반 효력을 동반하게 된다고 말하는 것일 뿐이다.[30] 비의도적 발화수반 행위라는 부류는 조금도 가리키지 않는다.

이제 해명이 이루어졌으니 서두에서 제기한 질문으로 돌아가보자. 화행이론은 텍스트 해석에 관하여 무엇을 말해줄 수 있는가? 여기서 나는 부정적 논점을 최대한 강조하는 것으로 시작하고자 한다. 화자 및 작가의 의도가 텍스트나 다른 발언의 이해에 유일하거나 심지어 최고의 길라잡이가 된다고 이 이론은 말하지 **않으며**, 나도 그렇게 믿지 않는다.

해석의 근거를 작가의 의도성에 대한 설명에서 찾고자 했던 비평 학파가 물론 있었다. E. D. 허시Hirsch와 피터 줄Peter Juhl을 비롯한 여러 학자들은, 허시의 말을 빌린다면, '텍스트의 의미'를 이해하고 싶다면 '텍스트가 무엇을 말하는지' 이해해야 하고, 이는 다시 '저자의 말'의 복구를 요구한다고 주장한 바 있다.[31] 따라서 허시의 논제는 줄과 마찬가지로 텍스트의 '언어적 의미'는 저자의 '결정적 의지를 요구'하고, 목적이 텍스트의 의미를 바르게 이해하는 것이라면 해석자는 이

의지를 복구하려는 노력에 전념해야 한다는 것이다.[32]

　나를 비판하는 여러 학자들은 이것이 내가 지지하는 논제라고 주장한다.[33] 그러나 사실 나는 이런 주장에 관련된 적이 거의 없고,[34] 그런 적이 있는 경우에도 대체로 반의도주의적 입장을 지지해왔다. 저자가 말하려고 의도한 바와 다르게 텍스트가 말하는 경우, 그럼에도 이것이 텍스트가 **말하는** 바이며, 따라서 저자가 의도한 것과 다른 의미를 그것이 품고 있음을 인정해야 한다는 데에 나는 동의한다.[35] 이것이 요즘 유행처럼 상당한 열정을 가지고 주장할 만큼 대단히 미묘한 논점은 아마도 아닐 것이다. 하지만 이를 충분히 근시안적인 방식으로 **텍스트**의 이해에 관한 문제로 본다면 이 주장은 물론 유효하다. 독창적인 해석자가 텍스트에서 찾았다고 정당하게 주장할 수 있는 모든 의미, 암시, 함축, 반향이 다시 모든 지점에서 저자의 의도를 반영하는 것으로 보일 수 있다면 이는 분명 놀랄 만한 일일 것이다. 그리고 이렇게 분명히 의도되지 않은 요소와 마주친다면 **텍스트**의 의미에 관한 설명에서 그것을 배제해야 한다고 추론하는 것은 명백한 실수일 것이다.

　그러나 나는 이 문제에 관해서 저자의 의도성에 관한 두 번째 다른 질문과 이 쟁점을 구분할 수 있게 해주는 만큼만 말하고자 한다. 두 번째 질문은 저자가 발언으로써 (발언 자체의 의미가 무엇이든) 무엇을 의미하거나 의도했는가라는 것이다. 내가 사용해온 전문용어로 논점을 표현하면, 나의 주된 관심은 의미가 아닌 발화수반 행위의 수행에 있다.

　내가 이미 주장했듯이 화자나 작가가 무언가를 말함으로써 무엇을 의미했는가라는 질문은 진지한 발언의 경우에 모두 등장한다. 그러나 그것은 두 가지 유형의 사례에서 대단히 심각한 해석의 문제를 제기한다. 하나는 반어법irony처럼 숨겨진 수사적 규약과 만나는 경우이다. 이미 4장에서 암시했듯이, 이 경우 이해는 저자가 말한 바로써 무엇을 의도하거나 의미했는지 복구할 수 있는 우리의 능력에 달려 있다는 점은 논란의 여지가 없어 보인다. 하지만 이것이 어떻게 그렇게 되는지는 강조할 만한 가치가 있다. 왜냐하면 이 주장은 피터 줄 류의 학자들에 의해 잘못 진술된 것으로 보이기 때문이다. 그들은 내가 방금 고려한 뒤 제쳐놓은 저자의 의도성에 관한 논제를 뒷받침하고 싶어 했다.

줄을 비롯한 여러 학자들은 '작품의 의미', 즉 말해진 바의 의미를 이해하고자 한다면 저자의 의도를 복구해야 한다는 주장의 가장 명백한 증거를 반어법 현상이 제공한다고 주장했다.[36] 그러나 누군가 아이러니하게 말하거나 쓸 때, 말해진 바의 의미를 이해하는 데에는 전혀 어려움이 없는 것이 당연하다. 모든 것이 그 평범한 의미로 말해졌을 것이다. 그런 발언들을 이해하는 데 어려움이 있는 경우 이는 일반적으로 의미에 대한 의심 때문이 아니라 말해진 바를 화자가 정말 의미했는지에 관한 의심 때문에 일어난다.

달리 말해, 아이러니를 탐지하는 문제는 의미가 아닌 발화수반 행위에 관한 문제로 등장한다. 아이러니한 화자는 일정한 의미를 가지고 발언한다. 동시에 화자는 그런 발언이 관습적으로 수행하는 범위 내의 발화수반 행위를 수행하는 것으로 보인다. 4장에서 언급한 예를 진전시키면, 『비국교도를 없애는 지름길』에서 대니얼 디포가 주장한 바의 형식과 명백한 효력은 특정한 방향의 행동을 제안, 추천, 또는 요구하는 것이다. (종교적 반대자들은 억압되거나 더 바람직하게는 처형되어야 한다는 것.) 그러나 디포의 단순한 제안을 읽으면서 우리는 의도된 발화수반 효력을 해석하는 데 발언의 의미가 도움이 되는 표준적 방식이 이 특정한 사례에 적용되는지 의심하기 시작한다. 우리는—그 의미를 단순히 조사함으로써 발언에 할당하기 쉬운—의도된 효력으로 발언한다는 생각 자체에 대해 디포가 논평하고 있다는 것을 알게 된다. 이 발언은 추천, 심지어 요구의 의심할 바 없는 형식과 명백한 효력을 지닌다. 그러나 디포는 그에 상응하는 발화수반 행위를 수행하고 있지 않다. 반대로 그의 발화수반적 의도는 그것을 수행하는 데에 구현되어 있을 관용의 부재를 조롱하는 것이다.

그렇다면 이는 내가 보기에 의도의 복구가 저자의 발언을 이해하는 데 필수적인 한 가지 유형의 사례이다. 그러나 그 이유는, 줄에게는 실례*pace*이지만, 말해진 바의 의미를 다른 식으로는 이해하지 못하기 때문이 아니다. 디포가 말한 바의 의미는 어느 지점에서도 불분명하지 않다. 그가 말한 바는 종교적 반대가 중죄로 분류되어야 한다는 것이었다.[37] 이것이 의미하는 바는 종교적 반대가 중죄로 분류되어야 한다는 것이다. 디포의 의도를 복구해야 하는 이유는 오히려 그가 이 특정한 발언을 말하**면서** 무엇을 **행하고** 있었는지 다른 식으로는 이해하지 못할 것이기 때문이다. 우리가 복구해야 하는 의도는 당대의 종교적 관용의 부재를 조롱하고 의문시하는 그의 행위에 들어간 발화수반적 의도이다. (주어진 의미를 지닌) 자신의 발언이 이해되도록 그가 의미한 방식이 이러하다는 점을 제대로 인식하게 된다면 이것이 바로 우리가 복구했다고 말할 수 있는 의도이다.

이런 형태의 의도성을 복구하는 것이 특히 어려운, 대단히 광범위한 다른 사례들을 보자. 화자나 작가가 진지한 발언을 하지만 정확히 어떻게 발언이 받아들여지거나 이해되어야 하는지를 분명히 하지 못하는 경우이다. 이는 물론 (아이러니의 사례에서처럼) 발언의 의도된 효력을 완전히 명시적으로 밝히기 위한 보통의 표준적 동기가 화자에게 없기 때문에 발생할 것이다. 그러나 통상적 이유는 오히려 발언 자체의 의미가 그 발생 맥락과 함께 너무나 명백해서 의도된 발화수반행위를 '파악'할 수 있는 청자의 능력에 대해 화자가 아무런 의심을 하지 않기 때문일 것이다.

이런 확신은 일상적 의사소통의 경우 일반적으로 근거가 충분하다. 그래서 우리가 정확히 어떻게 발언이 받아들여지도록 의도하는지 분명히 하기 위해 오스틴의 용어로 명시적 수행 정식explicit performative formulae을 사용하는 것은 대개 지나친 강조로 여겨진다.[38] 그러나 여기에서도 우리는 종종 의도된 청자에게 재차 확인할 필요성을 느낄 수 있다. 이것이 '저쪽 얼음이 매우 얇다고 내가 얘기했을 때, 당신을 비판하는 것이 아니었고, 단지 경고를 하고 있을 뿐이었다'와 같은 말을 하게 되는 이유이다. 좀 더 복잡한 사례들, 특히 우리가 더 이상 의도된 청자가 아닌 역사적 발언들로 관심을 돌리는 순간 '파악'의 문제가 곧바로 첨예해진다. 이 경우 작가가 말한 바를 말하면서 무엇을 행하고 있었는지 복구하기는 불가능하리만큼 어려울 수 있다. 그러나 내가 언제나 주장해왔던 논점은 어떤 식으로든 복구 행위를 수행하지 않으면 우리는 전면적 차원의 이해로부터 유리된다는 것이다.

요약하자. 나는 텍스트의 의미와 이해에 대한 두 가지 질문을 구분했다. 하나는 텍스트가 무엇을 의미하는가라는 질문이고, 다른 하나는 저자가 무엇을 의미했는가라는 질문이다. 텍스트를 이해하고자 한다면 두 질문에 모두 대답해야 한다고 나는 주장해왔다. 그러나 이 질문들이 분리 가능하긴 하지만 결국은 분리되지 않는 것이 사실이다. 누군가 말한 바로 무엇을 의미했거나 의도했는지 이해하고자 한다면 먼저 그들이 말한 바의 의미가 그 자체로 의도되었다는 점을 확인해야 한다. 그렇지 않다면 그들이 의미한 것이 아무것도 없을 것이기 때문이다. 그러나 내가 주장했듯이 이는 텍스트의 의미가 저자의 의도와 동일시될 수 있다는 논제와는 반드시 구분되어야 한다. 모든 텍스트는 보통 의도된 의미를 포함할 것이고, 그 의미의 복구는 분명 저자가 의미한 바를 이해하는 데 필요한 전제조건이 될 것이다. 하지만 복잡성을 지닌 모든 텍스트는 항상 그 의미에 있어 심지어 가장 조심성 있고 상상력이 풍부한 저자가 그 안에 집어넣으려 의도한 것보다는 훨씬 더 많은 것을 포함할 것이다. 이와 관련하여 폴 리쾨르는 잉여의 의미에 대해 말한 적이 있고, 나는 이런 정식화에 전적으로 동의한다.[39] 따라서 내 입장은 텍스트의 의미가 저자의 의도와 동일시될 수 있다고 상정하는 것과는 거리가 멀다. 그런 의도와 동일시될 수 있는 것은 단지 저자가 그것으로 의미한 바뿐이다.

발언의 의미와 논쟁적 맥락

지금까지의 내 주장에 함축된 방법론적—따라서 실제적—의미들로 이제 넘어가자. 나는 (논점을 정식화하는 오스틴의 방식으로 되돌아가) 발언의 의도된 발화수반 효력을 이해하거나 '파악'하는 것이 항상 발언 자체의 이해에 필수적인 조건을 구성할 것이라고 주장해왔다. 하지만 문학비평가와 지성사학자들이 특히 관심 있는 대단히 복잡한 언어 행위들의 경우 실천적으로 어떻게 이런 '파악'의 과정이 성취될 수 있는가?[40]

이 단계에서 언어철학자들은 그리 큰 도움이 되지 않지만 '파악' 개념에서 대략 두 개의 주요 구성요소를 구분할 수 있는 것으로 보인다. 발언의 의도된 효력에 대한 가장 분명한 결정자는 분명 발언 자체의 의미이다. 의미는 문법적 법mood*에 영향받는다는 가장 명백한 사실만이라도 고려해보라. 경찰관이 '저쪽 얼음은 매우 얇다'라는 발언을 말할 때, 의도된 발화수반 효력이 예컨대 스케이트 타는 사람을 향한 질문의 효력일 리는 없다.[41] 이는 발화수반 효력이라는 개념이 단순히 발언 의미의 한 측면을 묘사한다고—조너선 코헨Jonathan Cohen과 스티븐 시퍼를 비롯한 여러 학자들처럼—말하는 것이 아니다.[42] 그것이 언어의 별개 차원을 가리킨다고 주장하는 것이 나의 전적인 목적이었다.[43] 그러나 발언의 의미가 발언이 가질 수 있는 발화수반 효력의 범위에 제한을 가하고, 그럼으로써 일정한 발화수반 행위가 수행되고 있을 가능성을 배제하는 데 기여한다는 점은 의심할 바 없다.

내가 강조해온 두 번째 결정자는 발언의 맥락과 상황이다.[44] 여기서 맥락이라는 관련 견해는 대단히 복잡한 것이지만[45] 그중에서 가장 중요한 요소를 쉽게 가려낼 수 있다. 내가 이미 4장에서 강조한 바 있지만, 그것은 모든 진지한 발언들이 특성상 의사소통 행위로 의도된다는 사실이다. 그래서 오스틴이 항상 주장했듯이, 발언은 특성상 관습적으로 인식 가능한 성격의 행위로 발생하거나 아니면 보다 넓게는 오스틴이 전적인 화행 상황이라 칭한 것에서 인식 가능한 개입의 형태로

---

* '법'은 언어학에서 화자의 심리적 태도가 일정한 활용형으로 실현되는 문법 범주를 가리키며, 직설법, 명령법, 가정법 등이 있다. 여기서는 발언 자체의 의미가 발언의 효력에 제한을 가하는 예로 법을 들고 있다. 가령 경찰관의 직설법 문장, '저쪽 얼음은 매우 얇다'가 스케이트 타는 사람에게 제기한 질문의 효력을 지닐 리는 없다는 것이다.

나타난다.[46] 이런 두 번째 논점은 나의 현재 관심과 일맥상통할 수 있게 확장될 수 있는데, 이는 내가 고려하고 있는 유형의 발언들을 단순히 일련의 명제들로만 볼 수 없고 항상 동시에 논쟁 속의 주장으로 봐야 한다고 강조함으로써 가능해진다. 하지만 주장한다는 것은 언제나 일정한 가설이나 관점, 행동 방침에 찬성하거나 반대한다는 것이다. 따라서 그런 발언을 이해하고 싶다면 발언 행위가 구성하는 개입의 정확한 성격을 확인할 수 있는 방도를 찾아야 한다. 누군가가 무언가를 말함으로써 무엇을 의미했는지 파악하려고 시도할 때 나는 이것이 우리가 취해야 할 가장 중요한 조치라고 생각한다.[47] 이에 실패한다면 데이비드 우턴David Wootton이 언급했듯이 우리는 마치 형사재판에서 다른 쪽 이야기를 듣지 못한 채 기소자나 변호인 어느 한쪽의 이야기만 듣는 사람과 같은 처지에 놓일 것이다. '사소한 구분이면서 부차적인 쟁점으로 보이는 것이 장황한 심문을 받는 경우가 있는가 하면 분명 전도유망한 노선의 주장이 왜 계속 추구되지 않았는지' 이해하기는 불가능할 것이다.[48] 논점을 달리 표현하면, 어떤 의미에서 우리는 명제 자체를 이해하기 위해서는 특정 명제가 왜 제시되었는지 이해해야만 하는 것이다.[49] 우리는 그것을 단순히 명제로서가 아니라 논쟁 속의 움직임으로 봐야 한다. 따라서 특정 움직임에 들어가 있는 전제와 목적을 회복함으로써 정확히 그 움직임이 왜 가치 있게 보였는지 파악할 필요가 있다.

여기서 나는 어떤 명제를 이해하려면 그 명제가 대답한다고 볼 수 있는 질문을 확인해야 한다는 취지의 R. G. 콜링우드의 금언을 일반화하고 있다.[50] 다시 말해, 모든 의사소통 행위는 항상 기존의 대화나 논쟁과 관련하여 어떤 명확한 입장의 선택에 해당할 것이라고 나는 주장하고 있다. 따라서 말해진 바를 이해하고 싶다면 정확히 어떤 입장이 취해졌는지 확인해야 할 것이다. 지금까지 나는 이런 주장을 오스틴의 주장, 즉 화자나 작가가 말한 바를 말하면서 무엇을 행하고 있었는지 이해할 수 있어야 한다는 주장과 관련하여 제시해왔다. 하지만 내가 보기에 콜링우드가 질문과 대답의 논리라 칭한 것의 예시로 이를 다시 볼 수 있다는 점은 오스틴 분석의 간과되었지만 매혹적인 특징이다.[51]

맥락으로의 개입이라는 생각에 관한 마지막 논평 하나. 관련 맥락이 직접적인 것이어야 한다고 암시하는 건 아니다.[52] J. G. A. 포콕Pocock이 특히 강조했듯이, 작가들이 대답한다고 스스로 여긴 문제들은 동떨어진 시기, 심지어 전혀 다른 문화에서 제기되었을 수도 있다.[53] 그런 작가들의 발언이 지닌 논점을 이해하기 위한 적절한 맥락은 항상 그 발언에 해당하는 개입의 성격을 제대로 알 수 있게 해주는 맥락이 될 것이다. 특정한 사례의 맥락을 복구하기 위해서는 지극히 광범위하면서도 상세한 역사 연구가 필요할 것이다.

이미 4장과 5장에서 이런 책무를 암시한 바 있지만 지금이 내 논점을 요약할 시점이다. 본질적으로 내 주장은 우리가 관심 있는 발언의 의미, 즉 주제를 해명하는 것으로 시작해야 하며, 그리고 나서 이것이 동일한 주제에 연루된 다른 발언과 정확히 어떻게 연결되거나 관계되는지 결정하기 위해 그 발생의 논쟁적 맥락에 주목해야 한다는 것이다. 이 맥락을 상당히 정확하게 확인하는 데 성공한다면 우리는 마침내 우리가 관심 있는 화자나 작가가 말한 바를 말하면서 무엇을 행하고 있었는지 읽어내길 바랄 수 있다.

예시를 위해 가장 간단한 유형의 사례인 단순 평서문을 고려해보

자. 예를 들어, 3장에서 논의한 진술 중 하나, 즉 용병은 언제나 자유를 훼손한다는 마키아벨리의 주장을 재고해보자. 발언 자체의 의미를 이해하는 데에는 거의 어려움이 없다. 그러나 우리는 여기에 더해 마키아벨리가 그것으로 무엇을 의미했는가를 이해하고 싶어 한다. 따라서 우리는 그것이 발생한 일반적 맥락에 주목한다. 발언이 표현하는 정서가 당대 정치 문헌에서 자주 표현되었다는 것을 우리가 알게 된다고 상정해보자. 그렇다면 용인된 태도나 관점을 마키아벨리가 반복하거나 지지하고, 또는 그것에 동의하고 있다고 말하는 것은 정당화된다. 그의 발언이 구성하는 개입을 좀 더 자세히 들여다보면 우리는 여기서 더 나아갈 수 있다고 느끼게 될 것이다. 우리는 그가 용인된 진실을 뒷받침하거나 확증하고, 또는 그것에 동의하고 있다고, 아니면 반대로 그것이 진실이라고 단지 마지못해 인정하거나 시인하고 또는 그것을 허용하고 있을 뿐이라고 덧붙이는 것이 정당하다고 느낄 수 있다. 반면 우리는 그가 한때 광범위하게 동의되었을 수도 있지만 더 이상 일반적으로 받아들여지지 않는 무언가를 말하고 있다는 것을 알게 될 수도 있다. 그렇다면 아마도 그가 행하고 있는 것은 자신이 말하고 있는 바의 진실을 다시 말하거나 긍정하고 또는 청자에게 상기시켜주는 것이고, 좀 더 구체적으로 그는 아마도 동시에 그 진실을 강조하거나 역설 또는 고집하고 있다. 이도 아니면, 그가 말하는 바는 일반적으로 전혀 받아들여지지 않았다는 것을 알게 될지도 모른다. 그렇다면 아마도 그가 행하고 있는 것은 일반적으로 용인된 믿음을 부정하고 거부하는 것이거나 아니면 아마도 교정하고 수정하는 것이다. 또한 그는 아직 탐구되지 않은 방식으로 그 잠재성을 끄집어냄으로써 확립된 주장을 확대하거나 발전시키고, 또는 그것에 보태고 있을지도 모른다.

동시에 그는 이 새로운 관점의 인식을 강요하거나 촉구하고, 아니면 그것을 채택할 필요성에 대해 청자에게 조언하거나 추천하고 심지어 경고하고 있을지도 모른다. 발언의 맥락에 최대한 면밀하게 주의를 기울임으로써 우리는 발언 자체가 구성하는 개입의 정확한 성격에 대해 우리의 지각을 점차 가다듬을 수 있다. 다시 말해 미묘한 차이에 대한 한층 고조된 감각으로 마키아벨리가 정확히 무엇을 의도하거나 의미했는지 다시 포착하기를 바랄 수 있는 것이다.

이런 접근방법의 결과는 텍스트와 맥락의 범주적 구분에 도전하는 것이라는 점은 아마도 강조할 만한 가치가 충분할 것이다.[54] 존 킨 John Keane 같은 비평가들은 내가 전통적인 '저자–주체' 접근법을 채택한다고 비난했다. 여기에 함축된 바는 롤랑 바르트와 미셸 푸코가 오래전에 선언한 저자의 죽음에 대해 내가 아직 들어보지 못했다는 것이다.[55] 그들의 선언이 항상 내게는 과장되게 느껴졌다는 것은 사실이다. 나는 우리가 의사소통하고자 할 때 이용 가능한 개념들에 의해 우리 모두 제한받는다는 점을 물론 인정한다. 그러나 언어가 제약으로 작동할 뿐만 아니라 자원을 구성한다—8장과 9장에서 탐구할 논점—는 점도 마찬가지로 사실이다.[56] 이것의 의미는 관습이 도전받거나 일상이 사실상 전복되는 순간을 정당하게 취급하고 싶다면 저자의 범주를 단순히 무시할 수는 없다는 것이다. 우리의 사회 세계가 개념에 의해 구성되는 만큼 개념 사용의 성공적인 변화는 동시에 사회 세계의 변화를 구성할 것이라는 점을 고려한다면 이 논점은 부가적 의미를 획득한다. 제임스 털리 James Tully가 말한 대로 펜은 강력한 칼일 수 있다.[57]

그럼에도 불구하고 내가 간단히 설명하고 있는 접근법에서 전통적인 저자상이 지극히 빈약한 상태에 놓인다는 것은 명백하다. 일반적으로 그렇듯이 평범한 통찰을 되풀이하고 지지하고 옹호하는 개별 저자는 바르트와 푸코가 원래 강조한 것처럼 쉽사리 맥락의 침전물로만 보일 수 있다. 개별 작가가 아니라 당대의 좀 더 일반적인 담론에 주로 주목해야 한다는 점은 분명 내 접근법이 암시하는 바이다.[58] 내가 묘사하는 역사가의 유형은 주로 J. G. A. 포콕이 논쟁의 '언어들'이라 부른 것을 연구하고, 단지 부차적으로만 그 언어들에 대한 개별적 기여와 전체 담론 사이의 관계를 연구하는 사람이다.[59]

나를 비판하는 학자들 다수—그중에서도 마틴 홀리스와 제임스 털리가 두드러지는데—는 내가 설명하는 방법이 개별 작가가 무엇을 의도하거나 의미했는지 확립하는 데에는 여전히 못 미친다고 이의를 제기했다. 우리는 기존의 담론에 대한 기여가 한 입장에 대한 공격, 다른 입장에 대한 옹호, 제3의 입장에 대한 수정 등을 구성한다고 말할 수 있을 것이다. 즉 저자가 무엇을 하고 있었는지 확립할 수 있을 것이다. 하지만 홀리스가 언급했듯이 이는 단지 모자가 맞는다는 것을 보여줄 뿐 저자가 그것을 쓰고 있었는지 보여주는 것은 아니다.[60] 이 반대 의견을 내가 사용해온 관용구로 표현하면, 이런 수단으로 발화수반 효력은 몰라도 발화수반 행위까지 확인할 수 있는 것은 아니다.

두 가지 반론이 가능하지 않을까 싶다. 좀 더 급진적인 것은 반대 의견을 거꾸로 돌려 개별 저자의 정신상태에 관심을 기울일 필요가 조금이라도 있는가라고 묻는 것이다. 우리는 텍스트에 대해 말하고 있고, 내가 관심 있는 수행은 텍스트 본래의 특질로 정당하게 취급될 수 있다. 우리는 텍스트가 하나의 입장에 대한 공격, 다른 입장에 대한 옹호, 제3의 입장에 대한 수정 등을 구성한다는 진술에 전적으로 만족할 수 있다. 그런 주장의 옹호 가능성에 대한 논의에, 그리고 그것을 풍요롭고 세련되게 해줄 수 있는 역사 연구의 추구에만 관심을 한정할 수 있는 것이다. 이로써 우리의 연구를 전적으로 텍스트와 그 특징 및 행태에 한정하고, 저자에 대해서는 완전히 잊을 수 있다.

우리의 관심을 푸코가 담론의 정권discursive regimes으로 특징지은 것을 연구하는 데에, 따라서 발언의 순수 고고학에 한정해야 한다는 이 제안을 옹호하는 데에는 큰 어려움이 없다. 그러나 대안적 대답은 텍스트가 결국 저자를 지니고 있고, 저자는 그것을 쓸 때 의도를 지닌다고 인정하는 것이다. 텍스트가 무언가를 하고 있다는 주장과 저자가 그것을 하고 있다는 주장 간의 간극을 메우려는 노력이 아마도 적절한 포부일 것이다. 홀리스와 털리에 답변하는 형식으로 논점을 표현하면, 예컨대 발언이 기존 노선의 주장에 대한 반박을 구성했다는 주장으로부터 또 다른 주장, 즉 저자가 단지 그런 반박을 구성하도록 발언을 의도했다는 사실로 이를 설명할 수 있다는 주장으로 넘어가는 것은 종종 크게 어려운 일이 아닌 것으로 보인다.

예증을 위해 용병에 관한 마키아벨리의 견해에 대해 내가 제시해온 예를 재고해보자. 우리는 이미 그가 말한 바를 말하면서 틀림없이 행하고 있었던 일련의 일들을 알고 있다. 하지만 그가 의도된 의사소통 행위에 연루되어 있다면 말한 바를 말하면서 의도적으로 행하고 있었던 무언가가 틀림없이 있었다는 것 또한 알고 있다. 아마도 채택할 수 있는 최선의 가설은 그가 무엇을 행하고 있었든지 그는 그것을 의도적으로 행하고 있었고, 따라서 우리는 발언의 생산에 수반하는 의도된 발화수반 효력의 범위를 실제로 확인했다는 것이다.

일단 이 단계에 이르면 다양한 방식으로 우리의 가설을 시험함으로써 간극을 더욱 줄이길 바랄 수 있다. 의도는 믿음에 의존하므로 우리는 마키아벨리가 그런 의도의 형성에 적합한 믿음을 지녔는지 확인함으로써 한 가지 분명한 시험을 수행할 수 있다. 우리는 행동에 수반하는 의도가 항상 동기와 긴밀히 연결되어 있다는 사실을 이용함으로써 또 하나의 시험을 수행할 수 있다. 이는 일정한 발언이 특정한 발화수반 효력을 지니도록 화자나 작가가 의도했다는 취지의 가설을 확증하는 데에 긴요한 수단을 제공한다. 왜냐하면 누군가 일정한 행동을 수행했을 것이라는 혐의는 항상 (탐정소설의 독자라면 누구나 알고 있듯이) 그것을 수행할 만한 동기가 있었다는 발견으로 훨씬 짙어질 것이기 때문이다. 마지막으로 의도성의 귀속은 화자나 작가가 지닌 믿음의 일관성을 점검함으로써 더욱 확증될 수 있다. 마키아벨리가 발언하면서 논쟁에서의 어느 한 입장을 지지하고 다른 것을 거부하며 행동방침 하나를 비난하고 다른 것을 추천하는 등등의 일을 했다고 상정해 보자. 그가 최소한의 일관된 믿음을 가졌다고 추정할 때, 우리는 그가 또한 다수의 유사한 태도를 취할 것이라고 안전하게 추정할 수 있고, 어떤 의미에선 예측할 수 있다. 그가 입장 (a)를 지지한다면 우리는 그가 (a)의 부정을 거부할 것이라 예상할 수 있고, 그가 대안 (x)를 추천한다면 그가 (x)의 반대를 비판할 것이라 예상할 수 있다. 더 많은 조사를 통해 이런 기대가 좌절된다면 우리는 당황하기 시작할 것이다. 그러나 바로 그러한 태도의 네트워크를 복구하는 데 성공한다면 우리의 처음 가설, 즉 일정한 입장을 지지하고 추천하는 효력으로 발언할 때 발언이 정확히 그 효력을 지니도록 의도했을 것이라는 가설은 점점 정당화된다고 느낄 것이다.

이 작업의 비트겐슈타인적인 성격을 강조함으로써 논의를 끝내야겠다. 내가 말하는 어떤 것도 신빙성을 상실한 해석학적 포부, 즉 다른 사람들의 입장 속으로 감정이입하여 들어가서 (R. G. 콜링우드의 부적절한 표현으로) 그들을 따라 그들의 사유를 생각하려는 포부를 전제하지 않는다. 그런 요술이 필요하지 않은 이유는 비트겐슈타인이 개인언어라는 개념을 비판하면서 오래전에 입증했듯이 성공적인 의사소통 행위의 수행에 수반하는 의도는 이 가설에 따라 공적으로 읽힐 수 있어야 하기 때문이다. 내가 5장에서 제시한 상상적 예, 즉 황소의 임박한 돌진을 내게 경고하기 위해 자신의 팔을 흔드는 사람에 대해 다시 고려해보자.[61] 그가 내게 경고하고 있음을 인식하는 것은 행위에 수반하는 의도를 이해하는 것이다. 그러나 내가 말한 대로 이런 의도를 복구하는 것은 그가 처음 팔을 흔들기 시작한 순간 그의 머릿속에 있던 관념을 확인하는 문제가 아니다. 그것은 팔을 흔드는 행위가 경고로 간주될 수 있으며 이것이 분명 이 특정한 상황에서 활용되고 있는 관습이라는 점을 파악하는 문제이다. 이 삽화의 의미는 공적이며 상호주관적이기에 '감정이입'식의 어떤 것도 요구되지 않는다.[62] 결국 내가 주장한 대로 행위에 수반하는 의도는 행위 자체의 관습적 의미를 이해함으로써 추론할 수 있다.

텍스트는 행위이며 따라서 그것을 이해하는 과정은 모든 자발적 행위와 마찬가지로 그 수행에 구현된 의도의 복구를 요구한다고 나는 주장해왔다. 하지만 이는 구식의 해석학이 믿도록 유도한 것처럼 신비한 감정이입의 과정이 아니다. 왜냐하면 행위는 다시 텍스트이며 우리가 읽어낼 수 있는 상호주관적 의미를 구현하기 때문이다.[63]

이런 노선의 주장은 의도성이 결국 복구 불가능함을 사실은 시인하는 거라고 반론을 제기하는 것이 최근 유행이다. 이는 내가 이미 5

장에서 언급한 예, 즉 니체의 문서에서 발견된 '나는 우산을 잊어버렸다'라는 단편적 문장에 대해 고려하면서 자크 데리다가 끌어낸 교훈이다.[64] 데리다는 이 경우에 문장의 의미를 이해하는 데에는 아무런 어려움이 없음을 인정한다. "'나는 우산을 잊어버렸다'가 무엇을 의미하는지 누구나 안다.'[65] 그의 반론은 니체가 무엇을 의도하거나 의미했는지 복구할 수 있는 '무오류의 방법'이 우리에겐 여전히 없다는 점이다.[66] '우리는 니체가 이 단어들을 적어 두면서 무엇을 하거나 말하고 싶어 했는지 결코 **확실히** 알지 못할 것이다.'[67] 이 반론을 화행이론(데리다도 이것을 넌지시 지칭하는 것으로 보이는데)의 전문용어로 표현하면 니체가 무엇을 하고 있었는지 인식할 수 있는 어떤 수단도, 어떤 화행을 수행하고자 의도했는지 복구할 수 있는 어떤 수단도 우리에겐 없다. 그는 우산을 잊었다고 누군가에게 단지 알려주고 있었는가? 아니면 혹시 그들에게 경고하거나 그들을 안심시키고 있었는가? 아니면 그는 대신 무언가를 설명하거나 사과하거나 자신을 비판하거나 아니면 단순히 기억의 쇠퇴를 한탄하고 있었는가? 데리다가 암시하듯이 그는 아마 별 뜻이 없었을 것이다. 데리다의 요지는 우리는 결코 알아내지 못할 것이라는 점이다.

내게 이 명백한 진실을 논박하고픈 생각이 전혀 없음은 지금쯤 분명할 것이다. 몇몇 발언은 그 의도를 추론할 수 있는 맥락을 완전히 결여하고 있다. 그런 경우 우리는 문제의 발언이 어떻게 이해되어야 하는가에 관하여 개연성 있는 가설에 이르는 것조차 결코 바랄 수 없다고 인정하지 않을 수 없을 것이다. 우산의 예는 정말 바로 그런 사례로 보인다. 대개 그렇듯이 데리다의 예는 자신의 논점을 제시하기 위해 탁월하게 선택되었다.

여기에 어떤 발언이 고도로 결정적인 맥락에 연결될 수 있을 때조차도 무엇이 의미되었는지 '확실히' 또는 '오류 없이' 알기를 결코 바랄 수 없다는 데리다의 주장은 여전히 옳다고 덧붙여야 한다. 해석학적 기획의 결과는 텍스트나 그 밖의 발언에 대한 자명하거나 의심할 바 없는 궁극적 진실의 획득에 결코 근접할 수 없다는 데에 나는 전적으로 동의한다. 심지어 우리가 가장 자신하는 의도성의 파악도 이용 가능한 최고의 증거로부터 추론한 것에 불과하며 언제라도 무효화될 수 있다.

그러나 그렇다고 해서 발언의 의도에 대해 개연성 있는 가설을 세우고 확증하는 것을 결코 바랄 수 없는 것은 아니다. 내가 이 장에서 제시하려 시도한 방식으로 우리는 종종 그렇게 할 수 있는 것이다. 원한다면 물론 그 결과가 확실성에는 훨씬 미치지 못할 것이기에 타당한 해석이 아닐 수 있다고 단서를 달 수 있다. 데리다처럼 무언가가 사실임을 확립하는 것과 그것을 '확실히' 증명할 수 있는 것 간에 등식이 성립해야 한다고 고집한다면 텍스트가 쓰여진 의도, 따라서 저자가 의미한 바의 확립을 결코 희망할 수 없다고 인정해야 할 것이다. 하지만 마찬가지로 삶이 꿈이 아님을 확립하는 것도 결코 바랄 수 없을 것이다. 그러나 이것의 교훈은 삶이 꿈이 아니라고 믿을 만한 이유가 없다는 것이 아니다. 오히려 교훈은 우리의 믿음에 대한 이유를 밝히는 것이 무엇을 의미하는가에 관하여 회의주의자는 너무 엄격한 잣대를 고집한다는 것이다. 데카르트의 유령에 홀린 듯한 데리다는 의도성의 이론가가 방어할 필요가 없는 입장을 공격하는 데 집중해왔다.

'발화수반 행위'가 지닌 텍스트 해석의 가능성

내게 가장 우호적인 비평가들은 내가 지금까지 제시하려 시도한 일반적 계통의 주장에 어떤 반론도 제기하지 않았다. 그들은 단지 그것이 그리 중요한지 의아해했다. 그들은 텍스트와 그 밖의 발언이 지닌 의도된 효력의 복구를 분명 바랄 수 있다고 인정한다. 그러나 휴가 말하듯이 그 결과는 관련 저작에 대한 '그저 진부한 이야기'밖에는 제공해 줄 것이 거의 없을 것이라고 그들은 주장한다.[68]

이런 의구심을 해소하는 최선의 방법은 구체적인 예를 고려하는 것일 터이다. 가령 세르반테스Cervantes의 『돈키호테』*Don Quixote*에 나타난 풍자의 성격을 고려해보자. 한 가지 전통적 해석은 돈Don의 포부가 부정을 바로잡고 억압받는 사람들을 구원하려는 열망을 포함하기에 그의 가치 자체가 아니라 애처롭게도 시대에 뒤쳐진 방식으로 인생에 접근하는 점만을 풍자하는 것으로 생각해야 한다고 항상 주장되어왔다. 다시 말해, 돈키호테를 '고상한 반쪽과 우스운 반쪽'을 지닌 인물로 생각해야 한다는 것이다.[69] 그러나 수많은 학자들이 논평했듯이, 일단 세르반테스의 희극을 당시 무척 유행하던 기사 로망스chivalric romances 장르와 관련하여 점검하기 시작하고, 이로써 세르반테스가 그것을 지속적으로 암시하면서 무엇을 하고 있었는지 이해하기 시작하면 그런 독해는 입증하기 더욱 어려워진다.[70] 특히 클로스Close가 주장한 대로 돈키호테의 가치와 포부는 그의 실제 행동과 마찬가지로 '기사 로망스 주인공들의 전형적 행동에 대한 글자 그대로의 광적인 모방'을 구성한다는 것을 우리는 깨닫기 시작한다.[71] 달리 말해 세르반테스가 행하고 있는 바는 기사적 삶의 가능성뿐만 아니라 그 삶과 연관된 가치의 신뢰 약화를 추구한다는 것을 깨닫기 시작한다. 하지만 이만큼 깨닫는 것은 세르반테스의 걸작에 대한 그저 그런 형상화를 훨씬 넘어서는 것이다. 그것은 주인공의 성격을 어떻게 평가할 것인가에 대한 새로운 인식, 풍자의 범위와 방향에 대한 새로운 관점, 따라서 작품 기저의 교훈에 대한 다른 이해에 이르는 것이다. 이는 결코 그저 그런 결과가 아니다.

내가 간략히 설명해온 접근방법이 이런 종류의 일반적 형상화에만 한정된 것은 아니다. 아마도 나는 의도된 발화수반 효력의 복구에 관하여 문법적 단수로 종종 말함으로써 이런 오해를 불러일으켰던 것 같다.[72] 그러나 광범위한 발화수반 행위가 내가 논의해온 유형의 텍스트 속에 보통 내재하고, 심지어 그런 텍스트의 개별적 최소 단편마저도 의도된 발화수반 효력의 무거운 짐을 지닐 것이라는 점은 분명 명백하다.

이 주장의 예증으로 E. M. 포스터Forster의 소설 『인도로 가는 길』 *A Passage to India*의 결말을 고려해보자. 소설은 '웨이브리지Weybridge, 1924'라는 말로 끝난다.[73] 의미는 아주 분명하다. 포스터는 1924년 런던 교외에 머물면서 책을 완성했다고 진술하고 있다. 동시에 그는 책을 저술한 상황에 대해 독자에게 알려주는, 지금보다는 당시에 좀 더 일반적이었던 관습을 따르고 있다. 더 이상 말할 것이 아무것도 없는 것으로 보일지도 모른다. 실제로 내가 관심 있는 유형의 질문—하지만 포스터는 그런 사실을 진술하면서 무엇을 **행하고** 있는가?—을 제기하는 것은 거의 부조리하게 보일 것이다. 확실히 그는 그것을 그저 진술하고 있을 뿐이다.

그러나 과연 이것은 명백한가? 우리는 이런 식으로 서명하여 소설을 끝내는 관습이 종종 저자의 낭만적 방랑 생활에 주의를 끌기 위해 사용되었음을 숙고하게 될지도 모른다. 예를 들어 겨우 2년 전에 발간된 제임스 조이스James Joyce의『율리시스』*Ulysses*는 '트리에스테-취리히-파리'Trieste-Zurich-Paris로 서명되어 있다.[74] 포스터는 자신을 확고하게 웨이브리지―산문적인 영국 교외의 고전적 예―에 자리매김함으로써 조롱 및 자조의 들릴 듯한 소리를 창출한다. 동시에 우리는 추가적으로 문학 노동이 상당히 오래 걸리는 작업일 수 있다는 사실을 강조하기 위해 이런 식의 서명 관습이 종종 사용되었음을 숙고하게 될지도 모른다. 예를 들어『율리시스』끝에 적힌 연도는 '1914∼1921'이다. 자신을 한 해에 한정함으로써 포스터는 창작의 고뇌를 강조하고 싶어 하는 다른 작가에 대해서 약간의 거만, 심지어 일말의 경멸을 드러낸다. 일단 이 정도를 알게 되면 포스터가 이런 관습이 낳은 가식적인 태도를 암시함으로써 문학작품에 서명하는 전체 관습을 풍자하고 있지 않나 의심하기 시작할 것이다.

내가 이런 예로 끝맺는 이유는 발화수반 행위라는 차원에 대해 내가 제시해온 제안이 많은 비평가들이 주장했듯이 결실이 없거나 범위에 있어 아주 제한적인 것이 아니라는 사실을 강조하기 위함이다. 이런 차원의 복구는 특정하게 제한된 장르의 텍스트를 제외하면 그리 흥밋거리가 되지 못할 것이라고 상정하는 것은 분명 실수이다. 이 차원은 운문이건 산문이건, 철학이든 문학이든 진지한 발언 모두에 존재한다.[75] 이런 차원의 복구가 관련 작품에 대한 일반적 형상화만 제공할 뿐이라고 상정하는 것은 또 하나의 실수이다. 복잡성을 띤 텍스트는 무엇이나 무수한 발화수반 행위를 내포하고, 그런 텍스트의 개별 구절은―내가 방금 보여준 대로―단어보다 더 많은 행위를 내포할 수도 있다. 이는 해석에 관한 논쟁이 결코 끝날 수 없는 가장 명백한 이유 중 하나이다. 내가 제안했듯이, 그 이유는 말할 만한 결정적인 것이 아무것도 없기 때문이 아니다. 오히려 그것은 복잡성을 띤 작품의 경우―오스틴의 표현으로 마무리하면―작품이 정확히 어떻게 받아들여지도록 의미되었는가에 관해 정당하고 생산적이지만 잠재적으로 무한한 논쟁의 여지가 상존할 것이기 때문이다.

텍스트를 역사적·문화적 맥락으로 되돌리는 일

지금까지 방법론을 설명했는데 여기에 깔린 주된 포부는 사상사에서 개별 텍스트의 역사적 정체성을 복구할 수 있게 해주는 것이다. 목적은 텍스트를 특정 담론에 대한 기여로 보고, 그럼으로써 텍스트가 담론 자체의 관습적 조건을 따르거나 도전하거나 전복하는 방식을 인식하는 것이다. 좀 더 일반적인 목적은 우리가 연구하는 특정 텍스트를 그것이 원래 형성된 정확한 문화적 맥락으로 되돌리는 것이다.

비평가들은 이것이 사상사 연구를 교훈적인 묘지 견학에 불과한 것으로 축소시킬 것이라 거듭 불평해왔다.[76] 그러나 이런 반론은 낯선 유형의 사상에 대한 진지한 연구를 통해 배울 수 있는 바를 제대로 인식하지 못하는 지극히 속물적인 실패를 구현하는 것으로 보인다. 4장 말미에서 이미 제안했듯이 이 연구의 '관련성'은 우리 자신의 가정과 믿음 체계로부터 물러나서 대단히 다른 형태의 삶과 연관하여 우리가 설 수 있게 해주는 능력에 있다. 한스-게오르그 가다머와 리처드 로티가 최근에 행한 방식으로 논점을 제시하면, 이런 탐구는 '단지 역사적인' 관심사와 '진정으로 철학적인' 관심사를 강하게 구분하는 것의 적절성을 의문시할 수 있게 해준다. 왜냐하면 그것은 우리 자신의 서술과 개념화가 특별한 특권을 지닌 것이 결코 아니라는 점을 인식할 수 있게 해주기 때문이다.[77]

그러나 이런 식으로 우리 자신을 여러 종족 중 하나로 보는 일의 가치는 무엇인가라는 의문이 종종 제기된다. 설교 투로 들리는 것을 피하기는 어렵겠지만 설득력 있는 대답이 많이 있다. 우리는 경쟁적인 사상 체계를 평가하는 데 있어 일정 종류의 객관성을 획득할 수 있다. 우리는 더 많이 이해할 수 있고, 그로써 문화 다양성의 요소들에 대한 더 큰 관용에 이를 수 있다. 무엇보다 우리 자신의 삶의 형태를 좀 더 자기비판적인 방식으로 볼 수 있는 관점을 획득함으로써 편협한 선입관을 강화하는 대신 현재의 지평을 확장할 수 있다.[78]

이런 식으로 학식을 높여줄 학술 저작의 긴 목록을 한번에 언급할 수 있다면 좋을 것이다. 하지만 당연히 많은 것을 바랄 수는 없다. 하지만 이 모든 약속을 이행하려는 뛰어난 시도로 예컨대 제임스 털리의 최근 저작, 특히 제국주의 단계의 근대 유럽 역사가 급격히 도래함에 따라 주변으로 밀려난 이전 전통의 관점에서 근대 입헌주의에 가한 그의 비판을 드는 것은 분명 가능하다.[79] 그가 발굴한 숨겨진 보물은 지금 여기의 정치적 논쟁을 풍요롭게 할 만한 힘을 지닌다.

우리가 물려받은 믿음에 대한 애착에 있어 덜 편협하게 해줄 간접적 수단으로서만 역사학과 민족지학이 도움을 줄 수 있다는 제언에 나 자신을 한정하고 싶진 않다. 우리는 또한 이런 발굴에 착수한 결과 예컨대 우리의 도덕적 또는 정치적 제도에 관하여 현재 믿고 있는 것 중 일부가 직접적으로 의심스러워지는 것을 발견하게 될지도 모른다. 예를 들어 우리는 개인적 책임이라는 개념이 만족할 만한 도덕적 규약에 필수불가결하다고 생각하기 쉽다. 하지만 고대 그리스의 가치에 대한 A. W. H. 애드킨스Adkins의 분석은 그런 신념에 상당한 의문을 제기한다.[80] 우리는 집중된 권력체계 없이 국가 개념이 있을 수 없다고 생각하기 쉽다. 하지만 고대 발리Bali에 대한 클리퍼드 기어츠의 연구는 어느 하나가 다른 것의 부재 속에서도 어떻게 융성할 수 있는지 보여준다.[81] 우리는 권리이론 없이 개인적 자유이론이 있을 수 없다고 생각하기 쉽다. 하지만 본서 2권*에서 내가 제시하려 시도하듯이, 정치철학의 전근대사를 탐구하는 일의 한 가지 가치는 양자 간에 필연적인 연관성이 있을 필요가 없다는 점을 보여주는 것이다. 우리가 찾아내는 믿음의 이질적 성격이 그것의 '관련성'을 구성한다. 이런 대안적 가능성들에 대한 고찰은 현재의 도덕적, 정치적 이론이 무비판적으로 수용되는 이데올로기로 너무 쉽게 타락하는 것을 막을 수 있는 최선의 수단 하나를 제공한다.[82] 동시에 우리는 우리가 획득하는 가능성의 확대된 의미에 비추어 우리 자신의 믿음을 비판적으로 바라볼 수 있는 새로운 수단을 갖게 된다.

우리의 시대는 반동적인 시대이다. 내가 여기서 정리하고 있는 주장이 모든 가치의 상대성을 선포하고, 따라서 가치 자체의 상실만 남기는 또 다른 방식일 뿐이라고 알려주고 싶어 하는 요란한 권위자들로 가득하다.[83] 이는 진실과는 거리가 아주 멀어 보인다. 내가 서술하는 종류의 연구는 우리가 믿는 바에 대해 숙고할 수 있고, 따라서 우리의 현재 믿음을 대안적 가능성에 견줌으로써 그것을 강화할 수 있으며,

* 『르네상스의 덕목』을 말함.

또는 대안이 가능한 동시에 바람직하다고 인식하게 된다면 그것을 개선할 수 있는 추가적인 수단을 제공해준다. 이런 종류의 고찰에 기꺼이 착수하려는 태도가 모든 합리적 행위자들의 남다른 특징으로 보인다. 이런 연구를 비난하는 것은 이성의 옹호가 아니라 열린 사회 자체에 대한 공격이다.

7장

'사회적 의미'와
사회적 행동에 대한 설명
'Social meaning' and the explanation of social action

이 장은 원래 *Philosophy, Politics and Society*, 4th series, ed. Peter Laslett, W. G. Runciman and Quentin Skinner(Oxford, 1972), pp.136~157에 동일한 제목으로 실린 논문을 줄이고, 크게 수정한 것이다.

사회적 행동을 설명하는 두 이론 전통

사회적 행동은 그것을 수행하는 행위자에게 의미를 지닌다고 말할 수 있다. 사회적 행동이 인과적 설명이라는 평범한 과정으로 충분히 설명될 수 있다는 취지의 자연주의적 논제[1]를 단언하는 철학자와 이를 부정하는 철학자 간에는 지속적인 논쟁이 있었는데, 약간 막연한 위 주장의 수용은 이들 사이의 한 가지 주요한 합의점을 보여준다. 행동이 '의미'를 지닌다는 사실의 중요성은 사회과학적 관념에 대한 반자연주의적 반론의 세 가지 주요 전통 모두에서 강조되어왔다. 빌헬름 딜타이Wilhelm Dilthey를 따르는 사람들과 이해Verstehen*의 중요성에 관심 있는 보다 광범위한 전통의 추종자들은 '인간학'human studies의 각별한 특징은 '관련 행위자에게 의미를 지닌 세계에 대한' 관심이라고 강조한다.[2] 현상학자들도 비슷하게 사회과학의 목적은 '사회적 행위가 행위자에게 지니는 의미에 대한 통찰'을 얻는 것이어야 한다고 강조한다.[3] 그리고 비트겐슈타인의 추종자들은 사회과학에서 연구하는 '활동 형태'는 특징적으로 '의미를 지닌다고 우리가 분명히 말할 수 있는' 종류라고 주장한다.[4]

　이런 강조는 다양한 유파의 다른 사유에서도 마찬가지로 나타나는데, 이들은 인간 행동에 대해 인과적이고 예측 가능한 과학을 확립할 수 있는 이론적 가능성에 동의한다. 이 접근방법을 입증하려 노력

---

* 이하 〈이해〉로 표기. '생을 생 그 자체로부터 이해한다'는 딜타이의 생철학이 담긴 핵심 개념이다.

해온 이들은 '사람들의 움직임의 의미'를 설명할 필요성에 대해 지속적으로 인식한다.[5] 이와 유사하게, 행위자가 품은 이유마저도 행동의 원인일 수 있다고 주장하는 이들은 행위자가 특징적으로 자신의 행동에서 '효용이나 의미'를 볼 것이라는 사실을 여전히 고려한다.[6] 심지어 실증주의의 가장 엄격한 논제—행동은 그 움직임을 관장하는, 알려진 실증적 법칙으로부터 그 발생을 연역함으로써 항상 설명되어야 한다—를 지지하는 이들조차도 '단순한 신체적 움직임을 행동과 구별해주는 것은' '움직임의 **의미**'라고 지속적으로 인정해왔다.[7]

내가 곧 보여주겠지만, 행동하는 개인들이 (막스 베버Max Weber가 말한 대로) 보통 자신의 사회적 행동에 '주관적 의미'를 부여한다는 사실을 공통적으로 강조하면서 양 진영이 끌어낸 이질적인 결론들과 관련하여 사회과학적 자연주의자들과 반대파 간의 전체 논쟁을 바라보는 것은 사실 가능하다.[8]

반자연주의자들은 사회적 행동의 의미와 그것을 수행하는 행위자의 동기 간의 논리적 연관을 추적한다. 이에 따라 그들은 행위자의 동기의 복구를 사회적 규칙의 맥락 속에 행동을 배치하는 문제로 간주한다. 사회적 의미에 대한 이런 견해는 사회적 행동의 설명에 관한 두 가지 일반 결론을 낳았다. 하나는 행동의 의미를 해독하는 것은 그것의 수행에 대한 동기-설명을 제공하는 것에 상응한다는 견해다(논제 A). 다른 하나는 행위자의 동기의 복구는 원인보다는 규칙의 맥락 속에 행동을 배치하는 문제라는 사실 속에 내포된 것으로 여겨진다. 따라서 행동의 의미와 동기를 언급하는 것은 동일한 행동의 인과적 설명과 대조되는—그리고 사실 양립 불가능한—방식의 설명을 제공하는 것이라고 말한다(논제 B).

이런 반자연주의적 결론들은 비트겐슈타인의 후기 철학이 최근의 철학적 심리학에 끼친 강력한 영향에서 부분적으로 비롯됐고, 또 상당한 설득력을 획득했다. 이는 아마도 A. I. 멜든Melden의 『자유행동』 *Free Action* 같은 저서에서 가장 분명히 나타난다. 멜든은 행동의 '이해'라는 관념에 주로 강조점을 두고, 이는 본질적으로 행위자가 행동한 '배경'을 이해하기 위해 동기를 복구하는 문제라고 주장한다. 그의 주된 결론은 이 과정으로 말미암아 인과적 설명이 사회적 행동의 '이해에 전적으로 무관하게' 된다는 것이다.[9]

반자연주의적 실천 뒤에는 더 오래된 분석 전통이 있다. 역사철학에서 그것은 R. G. 콜링우드에게서, 그리고 그가 『역사라는 관념』*Idea of History*에서 요약한 설명에 가장 잘 나타난다. 행동을 설명하는 것은 항상 그것을 수행한 행위자의 '생각을 알아내려는' 시도의 문제라고 콜링우드는 주장한다. 이는 다시 역사가가 개인적 동기의 문제에 집중할 것을 요구하며, 대신 '원인이나 법칙을 찾으면서 과학자에 필적하고자' 하는 역사가는 한마디로 '더 이상 역사가가 아님'을 의미한다.[10] 동기와 관련하여 행동을 이해하는 것과 원인과 관련하여 사건을 설명하는 것 간의 동일한 대조는 빌헬름 딜타이뿐만 아니라 베네데토 크로체Benedetto Croce까지 거슬러 올라가고,[11] 그들의 주장을 진전시킨 윌리엄 드레이William Dray와 앨런 도너건Alan Donagan 등의 학자들까지 내려온다.[12]

사회과학적 철학에서는 유사한 실천이 베버적 전통의 분석에 항상 충만했다. 막스 베버 자신은 〈이해〉 개념과 인과적 설명이 양립 불가능하다고 암시한 적은 없다. 그러나 그는 『경제와 사회』*Wirtschaft und Gesellschaft*를 동기-설명에 대한 논의로 시작하는데, 이 지점에서

'동기 부여의 이해'를 '의미의 좀 더 포괄적이고 이해 가능한 맥락 속에 행위를 놓는' 일과 동일시한다.[13] 이후 베버의 영향을 인정한 최소한 두 학파가 더욱 강고한 반자연주의적 논거를 개발했다. (알프레트 슈츠Alfred Schutz 같은, 적어도 일정한 경향의) 현상학자들은 '사회 현상이 우리에게 지닌 의미'를 이해하는 것은 '전형적 행위자의 전형적 동기'를 복구하는 일이며, 이는 '사회적 사안 특유의' 이해 방식이라고 주장했다.[14] 피터 윈치 같은 비트겐슈타인의 제자들도 마찬가지였다. 그들은 '의미 있는 행동이라는 견해는 **동기** 및 **이성**과 같은 견해와 밀접하게 연결되어 있다'라고 주장했다. 그리고 그들은 행위자의 동기를 사회적 규칙의 맥락과 관련짓는 방식으로 행동을 설명하는 것은 '자연과학이 제공하는 종류의 설명과 논리적으로 양립 불가능한 개념 체계'를 요구한다고 추론했다.[15]

자연주의자들은 대조적으로 사회적 의미에 대한 설명을 제공했고, 이로부터 그들은 내가 방금 제시한 것과 강하게 반대되는 두 가지 결론을 도출했다. 그들은 우선 사회적 행동이 지닌 의미의 해독은 그것을 단지 다시 서술하는 방식을 제공할 뿐이라고 주장한다. 그러나 재기술은 그 자체로 설명적일 수는 없으므로 사회적 행동을 그 맥락 속에 놓는 것이, 또는 그것이 지닌 사회적 의미의 해독이 관련 행동에 대한 설명으로 기능할 수 있다고 상정하는 것은 실수이다(논제 C). 두 번째 자연주의적 논제는 행동의 의미 해독이라는 관념이 크게 확장되어 행위자의 동기를 복구하는 일에 상응하게 된다면 사회적 의미와 인과율 간에는 양립 불가능성이 없다는 것이다. 동기나 심지어 의도를 인용하는 방식으로 설명을 제공하는 것은 그 자체로 인과적 설명의 한 형태이기 때문이다. 따라서 자연주의자들은 사회적 행동이 의미를 지닌다거나 (인과적 설명이라는 정상적 과정으로 그런 삽화들이 전적으로 설명될 수는 없다는 명제를 도출시키는) 규칙의 준수로 이루어진다고 말할 수 있다는 사실에는 특별할 것이 전혀 없다고 결론짓는다 (논제 D).

이들 자연주의적 결론들은 반대파의 그것과 마찬가지로 철학적 심리학의 최근 동향에서 부분적으로 비롯했다. 이는 동기와 의도가 원인으로 작용할 수 없다는 비트겐슈타인적인 가정에 대한 반작용의 형태를 띠었다. 이 입장의 비판은 (도널드 데이비드슨이 탁월하게 진술한)[16] 강력한 주장들에 의해 지탱되었고, 몇몇 철학자들(특히 알래스데어 매킨타이어로 하여금 행동의 설명에 대한 초기 반자연주의적 견해들을 철회하도록 이끌었다. 이 비판의 함축적 의미들은 A. J. 에이어Ayer의 논문 「과학의 대상으로서의 인간」Man as a Subject for Science에 특히 명쾌하게 드러났다. 한편으로 에이어는 현상을 다시 서술하는 것은 '어떤 식으로든 그것을 설명하는 것'일 수 없다고 단언한다. 다른 한편 행동을 설명하기 위해 우리가 '보통' 그러듯이 동기나 의도를 인용하는 것은 궁극적으로 인과적 형식의 '법칙 같은 연관성'을 가리키는 것이어야 한다고 주장한다. 우리가 '행동을 규칙의 준수와 관련하여 평가할' 수 있더라도, 그리고 그런 행동을 '사회적 맥락과 관련하여' 이해할 필요가 있더라도 이 요인들은 '동기 부여의 일부'로서만 행위자에게 영향을 끼친다고 에이어는 결론짓는다. 그것들은 행동이 '인과적 법칙으로' 충분히 설명될 수 있다는 점을 의심할 만한 어떤 근거도 제공하지 않는다. 그래서 '인간 행동에는 그것이 다른 어떤 종류의 자연 과정보다 어떤 식으로든 덜 법칙적이라고 선험적으로 결론짓게 할 만한 것이 아무것도 없다.'[17]

반자연주의자들과 마찬가지로 이런 노선의 사유 뒤에는 상당한 분석 전통이 자리한다. 역사철학에서 딜타이 및 콜링우드와 연관된 관념론은 과학철학에서 유래한 실증주의 전통과 항상 부딪쳤다. 후자의 견해는 칼 헴펠Carl Hempel의 고전적 논문 「역사에서의 일반 법칙의 기능」The Function of General Laws in History에 아마 가장 잘 요약되어 있다. 헴펠은 여기서 '그들이 행동한 상황과 그 행동에 영향을 끼친 동기'와 관련하여 역사적 개인들의 행동을 특별한 방식으로 설명하려는 시도는 '그 자체로 설명을 구성하지' 못한다고 주장한다. 역사가들이 동기와 행동뿐만 아니라 '주어진 역사적 사건의 **"의미"**'에 관심을 가질 수 있다는 사실은 역사 현상의 만족스러운 설명이 '그것을 실증적 일반 법칙에 포섭하는 것'으로 구성되어야 한다는 주장을 결코 손상시키지 못한다.[18]

사회과학 철학에 관심을 돌리면 여기서도 유사한 관점과 마주하게 된다. 막스 베버의 추종자들은 에밀 뒤르켐Emile Durkheim 및 그의 제자들과 연관된 더욱 강고한 자연주의적 접근과 항상 부딪쳤다. 자신의 실천에 대한 뒤르켐의 가장 강한 진술은 그의 『사회학적 방법의 규준』Rules of Sociological Method에서 찾을 수 있다. 여기서 그는 사회 현상을 설명하려는 노력에 있어 개인적 의도와 동기의 연구 필요성을 일축한다. 뒤르켐은 '사회적 사실―여기에 그는 사회적 행동을 포함하는데―의 결정적 원인'을 '그것에 선행하는 사회적 사실에서 찾아야지 개인의 의식 상태에서 찾아서는 안 된다'고 항상 주장한다.[19]

이 글의 목적은 세 가지를 추구함으로써 이들 상반된 이론 전통 둘을 재고하는 일이 될 것이다. 나는 우선 행동의 '의미'에 관해 이야기하는 것에 무엇이 관련되어 있는지 새롭게 분석하고자 한다(두 번째 절 '언어적·비언어적 행동의 사회적 의미와 의도'). 그리고 나서 이 분석이 견실하다면 지금까지 제시한 네 가지 논제 각각에 의심할 만한 근거가 있음을 보여주려 시도할 것이다(세 번째 절 '자연주의, 반자연주의 논제에 대한 비판'). 마지막으로 나는 역사가들과 사회과학자들이 행동의 설명에 적어도 관심이 있는 한 그들에게 중요한 내 주장의 방법론적 의미들을 제시할 것이다(네 번째 절 '텍스트 이해의 지평을 확장시킬 방법론적 준칙').

언어적·비언어적 행동의 사회적 의미와 의도

특히 반자연주의자들 사이에는 사회적 의미의 개념을 지나치게 확대된 방식으로 적용하는 경향이 있다. (이는 아마도 이미 제시된 인용절 몇몇을 보면 분명할 것이다.) 따라서 나는 일군의 사회적 행동 논의에서 이 개념이 사용된 방식을 고려하는 데 한정하여 시작하고자 한다. 이후 이 분석의 적용 확대를 시험적으로 시도할 것이다. 그러나 무언가를 하면서 또는 함으로써 무언가를 의미한다는 관념이 가장 분명하고 명백하게 적용될 수 있는 부류, 즉 언어적 행동에 우선 집중할 것이다.

나는 이미 6장에서 언어적 행동이라는 개념에 관하여, 그리고 J. L. 오스틴이 『말과 행위』에서 행한 그 개념에 대한 고전적인 해명에 관하여 말한 바 있다. 진지한 발언을 하는 사람은 누구나 무언가를 말할 뿐만 아니라 무언가를 항상 행하고 있을 것이며, 말해진 바의 결과로서만이 아니라 말하는 바를 말하**면서** 무언가를 행하고 있을 것이라는 취지로 오스틴이 제시한 중심적인 주장을 상기하는 것만으로도 여기서는 충분하다. 우리가 살펴본 대로, 오스틴은 진지한 발언을 하는 것은 항상 일정한 의미만이 아니라 자신이 일정한 발화수반 효력이라 부른 것을 지닌 채 말하는 것이라 주장함으로써 이런 결론에 이르렀다. 발화의 일상적 의미에 대응하는 발화수반 효력이라는 요소를 이해하는 것은 화자가 발언하**면서** 무엇을 **행하고** 있었는가를 이해하는 것과 같다는 것이 오스틴의 중추적인 주장이었다.

6장에서 나는 이런 분석을 상세히 설명하면서 진지한 발언의 발설이 사회적 행동의 수행을 구성한다고 어떤 의미에서 말할 수 있는지 해명하기 위해 간단한 예를 제공한 바 있다. 경찰관이 연못에서 스케이트 타는 사람을 보고 '그쪽의 얼음은 매우 얇습니다'라고 외친다.[20] 경찰관은 무언가를 말하고 단어들은 무언가를 의미한다. 그러나 오스틴의 논점은 이 발언이 또한 일정한 의도된 발화수반 효력을 지닌다는 것인데, 이는 경찰관이 발언하면서 또한 무언가를 행하고 있었을 것이라는 사실에 상응한다. 예컨대 그는 **스케이트 타는 사람에게 경고하는** 발화수반 행위를 수행하고 있었을 것이다.

이제 나는 언어적 행동에 대한 이런 설명이 우리가 사회적 행동의 의미를 점검할 때 관심을 가지는 '의미'의 어의에 관하여 두 가지 핵심 논점을 확립하는 데 활용될 수 있다고 제안하고자 한다. 첫 번째는 행동의 의미를 해독하는 것은 언어적 행동의 경우 화자가 수행한 발화수반 행위의 성격을 이해하는 것에 상응하는 것으로 보인다는 점이다. 예를 들어 경찰관이 경고 행위를 수행하고 있음을 이해하는 것은 발언하는 행위의 의미를 이해하는 일에 상응하는 것으로 보인다. H. P. 그라이스의 요긴한 정식을 원용하면 그것은 경찰관이 이런 식으로 행동

함으로써 (비자연적으로) 의미한 바를 이해하는 것이다.[21]

그라이스가 비자연적 의미라는 개념을 창안한 것은 기호의 자연적 의미와 구분하기 위해, 즉 '저 반점들은 홍역을 의미한다' 같이 말할 때 작용하고 있는 것으로 보이는 대조적인 '의미'와 구분하기 위해서였다.[22] 두 번째 논점은 의미의 비자연적 어의에 대해 묻는 것이 적어도 언어적 행동의 경우 행위자가 행동을 수행할 때의 의도에 관해 묻는 것에 상응한다는 것이다. 아마 좀 더 엄밀해질 필요가 있겠는데, 이 질문을 제기하는 것은 **근원적인** 의도에 대해 묻는 것이라는 점을 강조할 필요가 있다. 자신의 이론을 진술하는 오스틴의 방식이 모든 행동의 기저에는 단일한 의도가 있어야 한다는 믿음을 조장했다는 말은 논쟁의 여지가 있다. 하지만 우리는 단일한 행동을 수행할 때 종종 여러 가지의 다른 의도들을 지닌다. 우리가 행하고 있는 바를 특징짓는 관점에서 볼 때 몇몇이 다른 것들보다 덜 중요할지는 모르지만, 그럼에도 그 모두는 행위에 실현된 복합적인 의도들의 일부를 형성할 것이다. 그러나 다음은 여전히 사실이다. 경찰관이 발언하면서 행하려 의미했던 바가 **스케이트 타는 사람에게 경고하는 것**이었다는 점을 이해하는 것은 경찰관이 행동할 때 지녔던 근원적 의도를 이해하는 것에 상응한다.

'사회적 의미'의 이런 분석이 비언어적 사례로 유용하게 확장될 수 있는지 의심할 수도 있다. 이에 대한 내 대답은 권위자―더 정확히 말하자면 일련의 관련 권위자들―를 참조하자는 것이다. 일정한 발화수반 행위는 늘 비언어적으로 수행된다는 오스틴 자신의 주장―이는 내게 의심할 바 없어 보이는데―을 인정한다고 상정해보자.[23] 그렇다면 오스틴이 주로 관심을 기울였던 '제의적·예식적' 행위의 의미 해독에 내 분석이 적어도 활용될 수 있다고 상정할 만한 이유는 충분하다. 여기에 더해, 오스틴이 발화수반 효력의 관습에 대해 제시한 설명이 그 범위가 과도하게 협소하다는 P. F. 스트로슨의 주장—이에 대해 그는 설득력 있는 논증을 제공했는데[24]—을 우리가 받아들인다고 치자. 그렇다면 이 분석이 비언어적 행동뿐만 아니라 비제의적 행위 전체의 의미를 해독하는 데에도 활용될 수 있다고 믿을 만한 이유 역시 충분하다. 마지막으로, H. P. 그라이스가 비자연적 의미를 원래 논의할 때 주목적은 '언어적 의도를 판단하는 기준이 비언어적 의도를 판단하는 기준과 매우 유사'하고, 따라서 '언어적 의도는 비언어적 의도와 매우 유사하다는 점'을 보여주는 것이었는데, 이를 상기하는 것도 여기서 적절하다 하겠다.[25]

이 제안들은 비언어적 행동의 몇몇 사례들을 고려함으로써 확증될 수 있을 것이다. 먼저 제의적이지만 비언어적인 행동의 사례를 고려해보자. (마틴 홀리스는 다음의 예를 대중화했다.) 어떤 요루바Yoruba 부족민들은 '특별한 경의를 가지고 자패紫貝 껍데기를 다루는데, 그들은 이 껍데기로 덮인 상자들을 지니고 다닌다.'[26] 나의 관심은 행동의 의미에, 그리고 그것을 해독하기 위해 대답해야 할 질문들에 있다. 핵심 질문은 분명 부족민들이 이 행동을 수행하**면서** 무엇을 **행하고** 있는가에 관한 것으로 보인다. 이에 대한 대답은 (홀리스가 말해준다) 부족민들이 '상자가 그들의 머리 또는 영혼이라고' 믿으며, 경외감을 가지고 상자를 다루면서 그들이 행하는 바는 마법으로부터 영혼을 보호하는 일이라는 것이다. 이는 다시 다음을 암시한다. 부족민의 행동이 지닌 발화수반 효력에 관하여 이런 질문을 제기하고 이에 답하는 것은 내가 제안한 대로 이런 식의 행동에 담긴 의도에 관하여 질문하는 것에 상응한다. 특별한 경의를 가지고 상자를 다루도록 유도한 (아마도 그 원인이 된) 동기에 대해, 미지의 세력이 지닌 힘에 대한 존경이나 공포였을 가능성이 크다고 현재 짐작할 수는 있겠지만, 우리가 알아내지는 못한다는 점에 유의하자. 우리가 알게 되는 것은 행동에 담긴 그들의 근원적 의도, 즉 영혼을 보호하려는 의도다.

다음으로 비제의적, 비언어적 행동의 사례를 고려해보자. (나의 예는 『제정신, 광기 그리고 가족』*Sanity, Madness and the Family*에서 R. D. 레잉Laing과 A. 에스터슨Esterson이 보고한 사례사들case-histories 중 하나에서 비롯한다.)[27] 사춘기 소녀가 겉보기에 강박적인 독자가 되어 '스스로를 책 속에 파묻고', 멈추거나 방해받기를 거부한다. 이 사례에 대한 레잉과 에스터슨의 관심은 이 행동을 질병의 증상이라기보다는 일종의 전략, 고의적인 행동으로 볼 수 있다는 그들의 제안에 주로 있다. 이와 관련한 나의 관심은 행동의 의미에, 그리고 그것이 의미를 지니고 있는지, 그렇다면 그것을 어떻게 해독해야 하는지 결정하기 위해 물어야 할 적절한 질문에 있다. 다시 핵심적인 질문은 소녀가 이 행동을 수행하**면서** 무엇을 **행하고** 있는가에 관한 것으로 보인다. 레잉과 에스터슨의 대답은 그녀가 '도피하고' 있으며, 요구가 지나친 가족의 침해라 여긴 것을 예방하고 있다는 것이다. 더구나 앞에서처럼, 이 행동이 지닌 발화수반 효력에 관하여 질문을 제기하고 이에 답하는 것은 이런 식의 행동에 담긴 소녀의 의도에 관하여 질문하는 것에 상응한다. 이것이 소녀의 행동을 유도한 (아마도 그 원인이 된) 동기에 대해 말해주지 않는다는 점에 다시 한번 유의하자. 레잉과 에스터슨은 그녀의 동기가 그들이 '자율성'이라 부르는 것에 대한 욕망이었을 것이라고 암시하지만 또 다른 동기들—어쩌면 일종의 금지, 어쩌면 분노—을 추론할 수도 있을 것이다. 우리가 알게 되는 것은 행동에 담긴 소녀의 근원적 의도, 즉 요구가 지나친 상황에 대해 저항하고 그로부터 자신을 보호하려는 의도이다.

그러나 비언어적 행동을 포함하도록 논의를 확장하는 것이 오스틴과 그라이스의 이론을 부당하게 적용하는 것으로 여전히 보일지 모른다. 그러므로 마지막으로 역사적 중요성을 지닌 (비제의적) 언어적 행동의 사례 하나를 더 고려해보자. 니콜로 마키아벨리는 『군주론』 15장에서 '군주는 어떻게 하면 선하지 않을 수 있는가를 배워야 한다'라는 규칙을 선언한다.[28] 수많은 논평자들은 그가 이렇게 조언함으로써 정확히 무엇을 의미했는가를 질문했다. 여기서 제기해야 할 핵심 질문은 이런 식으로 통치자들에게 권고하**면서** 마키아벨리가 무엇을 **행하고** 있었는가라는 것은 내가 보기에 의심할 바 없다. 널리 받아들여지는 대답 하나(원래 필릭스 길버트Felix Gilbert가 제시했는데)는 마키아벨리가 군주를 위한 조언서라는 고도로 관습화된 장르 안에서 '그의 선배들을 의식적으로 논박하고' 있었다는 것이었다.[29] 마키아벨리의 발언이 지닌 발화수반 효력에 관해 이런 질문을 제기하고 이에 답하는 것이 그의 말 속에 담긴 의도에 관해 묻는 일에 상응한다는 것은 역시 의심의 여지가 없어 보인다. 이것이 그가 조언하도록 유도한 (아마도 그 원인이 된) 동기에 대해 말해주지 않는다는 점에 다시 한번 유의하자. 가장 그럴듯한 동기는 당시 풍미하던 '이상주의적 정치 해석'에 대한 좌절, 충격을 주고픈 단순한 욕망, 진정으로 유용한 무언가를 말하는 일이 중요하다는 믿음 등의 혼합이었을 것이라고 길버트는 제안한다.[30] 다시 한번 핵심은 우리가 알게 되는 것이 저술에 담긴 마키아벨리의 근원적 의도라는 것이다. 물론 나는 우리가 알게 되는 것이 방금 인용한 특정한 문장의 의도라고 여기서 암시하고 싶지는 않다. 또한 마키아벨리가 바로 그 문장을 쓸 당시 고립 가능한 의도를 지녔을 필요가 있다고 암시하고 싶지도 않다. 내 주장은 단순히 저작의 이 단계에서 마키아벨리의 논증에 깔린 의도, 즉 용인된 상투적 도덕에 도전하고 그것을 거부하려는 의도를 우리가 알게 된다는 것이다.

자연주의, 반자연주의 논제에 대한 비판

이제 내 주장의 철학적 중요성을 드러내고자 한다. 이미 암시한 대로 이는 다음 제안에 있다. 내가 지금까지 제시한 논증은 반자연주의자들의 논제들(A와 B)뿐만 아니라 자연주의자들의 논제들(C와 D)이 잘못됐다는 말에 근거를 제공한다. 먼저 자연주의적 논제 둘을 고려해보자. 논제 C는 행동을 다시 서술하는 것이 결코 그것을 설명하는 것이 아니라고 진술한다. 그러나 나는 적어도 몇몇 행동의 경우 행위자의 의도된 발화수반 행위를 복구함으로써 그 행동의 적어도 일정한 특징들을 설명할 수 있는 독특한 형태의 재기술이 있을 수 있음을 지금까지 보여주려 노력해왔다. 이 결론은 '그쪽의 얼음은 매우 얇습니다'라고 말하는 경찰관의 예로 되돌아감으로써 확증될 수 있다. 경찰관의 근원적 의도를 파악하지 못해 당혹한 구경꾼이 이 삽화를 목격했다고 하자. 설명에 대한 요구는 '그는 왜 저렇게 말했는가?'라고 묻는 형태를 띨 수 있다. '그는 스케이트 타는 사람에게 경고하기 위해 그렇게 말했'가 한 가지 대답이 될 수 있을 것이다. 더구나 이런 발화수반적 재기술이 설명으로 기능하는 방식에 대해서는 의심의 여지가 없어 보인다. 구경꾼이 경찰관의 발언이 무엇을 의미하는지 이해하여 그가 말한 바를 설명할 수 있는 것과 그런 의미로 발언하는 경찰관의 행위 자체가 주어진 상황에서 무엇을 의미하도록 의도되었는지 이해하여 경찰관이 말한 바를 왜 말했는지 설명할 수 있는 것은 전혀 별개의 사안이다. 일상적인 말로 표현하면, 발화수반적 재기술이 사회적 행동에 관하여 특징적으로 설명하는 바가 바로 그것의 **골자**일 것이라고 말할 수 있다.

재기술은 경찰관이 왜 그렇게 행하고 있었는가에 관해서가 아니라 그가 무엇을 행하고 있었는가에 관하여 추가적인 정보를 제공할 뿐이라고 비평가들은 반박했다.[31] 재기술이 설명에 기여하는 바가 행동의 발생이 아니라 발언의 성격이라는 것은 사실이다.[32] 그럼에도 행동의 설명에 관한 나의 논제는 유지된다. 상상의 구경꾼으로 다시 돌아가보자. 내가 논한 대로 그의 당혹감은 경찰관이 말한 발언의 골자를 파악하지 못해 발생한 것일 수 있다. 그것이 경고로 의미되었다고 알려준다면 당혹감은 사라질 것이다. 하지만 사태에 관한 당혹감이 사라졌다고 말하는 것은 설명이 제공되었다고 말하는 것이다.

다음으로 논제 D를 고려해보자. 이 논제는 행동이 의미를 지닌다는 사실(이는 인과적 설명이라는 정상적 과정으로 행동이 전적으로 설명될 수는 없다는 명제를 도출시키는데)에는 특별할 것이 전혀 없다고 진술한다. 나는 행동을 설명하기 위해 그 의미를 복구하는 것이 광범위한 사례에서 긴요할 수 있으며, 재기술적 형태의 설명을 제공하는 것이 인과적 설명과는 다른 무엇을 제공하는 것이라고 앞에서 제안한 바 있다. 이 또한 스케이트 타는 사람에게 경고하는 경찰관의 예를 상기함으로써 확증될 수 있다. 행동의 설명은 경찰관이 의미한 바를 복구함으로써, 즉 단순히 경찰관의 발언이 무엇을 의미했는지가 아니라 발언하는 행위가 그 상황에서 무엇을 의미했는지를 비자연적 어의로 이해함으로서 제공된다. 이는 발언에 동반하는 발화수반 효력의 지배 관습을 해독함으로써 제공된다. 그러나 이것이 인과적 설명을 제공하는 것일 수는 없다. 왜냐하면 이것은 인과적 설명이 요구하는 식의 독립적으로 구체화할 수 있는 조건이 아니라 경찰관의 행동이 지닌 특징 하나에 초점을 맞추는 것이기 때문이다.

다음으로 반자연주의적 논제 둘을 고려해보자. 논제 A는 사회적 의미라는 개념이 설명적일 수 있는 이유는 그것이 행위자의 행동 동기를 알려주기 때문이라고 말한다. 그러나 5장에서의 내 논증에 기대면, 나는 우선 선명한 구분선이 행동의 동기와 의도 사이에 그어져야 한다는 점, 그리고 두 번째로 사회적 행동의 의미를 해독하기 위해 복구해야 하는 것은 동기가 아니라 의도라는 점을 보여주고자 했다.

내가 인용한 어떤 철학자도 이런 구분의 필요성을 인정하지 않은 것으로 보인다. (멜든, 릭먼Rickman, 윈치 등의)[33] 반자연주의자들과 함께 (에이어, 데이비드슨, 매킨타이어 등의)[34] 자연주의자들도 마치 이 용어들이 사실상 호환 가능하다고 믿는 것처럼 동기와 의도에 관하여—그리고 종종 이유와 목적에 관해서도—이런 식으로 연결하여 기술한다. 이는 그 자체로 실수인 것으로 보이지만, 또한 사회적 행동을 설명하고자 할 때 중요한 결과를 야기하는 것으로 보인다. 왜냐하면 그것이 설명 과정의 필요한 단계로 내가 여기는 것의 생략을 조장하기 때문이다. 문제의 단계는 누군가의 동기나 그 행동의 더 깊은 원인을 묻기 전에 행동 자체의 수행이 (비자연적) 의미나 (발화수반) 효력의 관습적 요소를 지니는지 묻는 것이 적절할 수 있는 단계이다.

이 별도의 단계를 분리하는 일의 중요성은 에이어의 논문 「과학의 대상으로서의 인간」에 제시된 사회적 행동의 주요 사례를 점검함으로써 예증될 수 있다. 에이어는 와인 한 잔을 마시는 사람을 예로 드는데, 이 행동은 그 맥락에 따라 '①자기탐닉 행위, ②우아함의 표현, ③알코올 중독의 증거, ④충성심의 발현, ⑤절망의 몸짓, ⑥자살 시도, ⑦사회적 의식의 수행, ⑧종교적 의사소통, ⑨용기를 내려는 시도, ⑩타인을 유혹하거나 더럽히려는 시도, ⑪거래의 성사, ⑫전문성의 과시, ⑬태만, ⑭속죄 행위, ⑮도전에 대한 응답' 등의 하나로 설명될 수 있다고 주장한다.[35]

사실 에이어의 복잡하고 별난 목록과 관련하여 내 주장을 입증하는 것이 전적으로 쉬운 일은 아니다. ③과 ⑬의 경우 설명항explicans이 자발적 행동이라 부를 만한 것의 설명을 산출하는지는 불분명하다. ⑥, ⑩, ⑫의 경우 설명항이 어떻게 이해되어야 하는지조차 불분명하다. 다시 말해 어떻게 이들 대답이 단순히 와인 한 잔을 마시는 행동에 대해 가능한 설명으로 제시될 수 있는지 알기 어렵다. 더구나 ①, ⑤, ⑨, ⑭의 경우 행동의 의미에 관하여 제기해야 할 별개의 질문이 있는지 불분명하다. 그러나 ②, ④, ⑦, ⑧, ⑪의 사례와 아마도 ⑮의 사례가 여전히 남는다. 에이어가 의도와 동기를 혼동했다고 암시하는 것은 미안한 일이지만, 이들 사례의 설명은 주로 행위자의 동기가 아니라 와인을 마시는 의도에 대해 알려주는 재기술의 형태를 취하는 것으로 보인다. 여기서는 행위자의 동기를 밝히려 시도하기에 앞서 그 이전 설명 단계를 고려하기 시작하는 것이 필요해 보인다. 문제의 단계는 행위자의 행동 수행이 비자연적으로 무언가 의미하고 있음을 보여줄 수 있는, 독특한 발화수반적 재기술을 찾아내려 시도하는 단계다. 가령

④의 경우 와인을 마시며 행위자가 행하는 바는 충성의 유대를 확인하는 것이라고, 또는 ⑪의 경우 그들이 행하는 바는 거래를 마무리짓는 것이라고 말할 수 있다. 그러므로 반자연주의자들이 사회적 의미의 복구와 동기의 해명을 동일시할 때 그들은 잘못 판단한 것으로 보인다.

마지막으로 논제 B를 고려해보자. 이는 행동의 의미와 행위자의 동기를 인용함으로써 행동을 설명하는 것이 인과율과는 양립 불가능한 형태의 설명을 제공하는 것이라고 진술한다. 내가 행동의 비인과적 설명 가능성을 입증하려고 시도한 방식은 이 논제를 뒷받침하기보다는 그것과 상충한다. 나는 행동의 수행에 담긴 행위자의 의도와 관련하여 행동을 설명하는 것이 일정한 범위의 사회적 행동을 설명하는 한 단계를 구성한다고만 주장하려 했을 뿐이다. 나는 그런 비인과적 설명의 제공이 동일한 행동에 대해 또 하나의, 이론의 여지는 있지만, 인과적인 설명을 연이어 제공하는 것과 양립 불가능하다고 제안한 적이 없다. 그런 또 다른 단계 중 하나는 동기와 관련한 설명일 것이다. 그 이상의 단계는 행위자가 바로 그런 동기를 가지게 된 근거와 관련하여 설명하는 것일 터이다. 이들 단계로 나아가는 것은 보통 조금이라도 완전한 설명을 제공하기 위해 긴요하다. 그리고 이런 부가적인 설명의 제공이 관련 행동의 수행에 인과적 설명을 제공하는 것이라는 점은 첫 단계의 경우 논증 가능성이 크고 두 번째의 경우엔 의심할 바 없다고 주장하고 싶다.

텍스트 이해의 지평을 확장시킬 방법론적 준칙

마지막으로 내가 옹호한 논제의 실질적 함축을 고려해보자. 적어도 두 가지 이유에서 이를 강조하는 것이 특히 흥미로워 보인다. 하나는 설명의 논리에 관한 견해가 방법론적 권고사항들을 수반한다는 점을 부정하는 경향이 사회과학 철학자들 사이에 있다는 것이다.[36] 다른 하나는 특정 철학적 관점의 수용이 학문 분과의 실천에 영향을 끼친다는 점을 부정하는 보다 넓은 경향이 사회과학자들과 더불어 역사가들 사이에도 있다는 것이다. 내가 제시한 개념적 도식이 건실하다면 그것은 적어도 세 개의 방법론적 권고사항을 수반한다고 이제 제안하고 싶다. 이들 모두는 현재 역사학과 사회과학 분야 저술의 상당 부분에서 무시되거나 심지어 거부되는 경향이 있다. 나의 선험적 주장에서 부정적인 방법론적 준칙밖에는 끌어내지 못하는 문제를 나는 물론 인정한다. 그럼에도 이 절에서 나는 인과적, 합리적 설명에 대한 논쟁이 사회과학의 실천과 조금이라도 관련이 있다는 점을 인정하지 않는 이들에게 대답의 단초를 보여주는 것이 가능할 수 있길 바란다.

먼저 오스틴이 '제의적·예식적' 행동이라 부른 부류들(언어적 부류와 더불어 비언어적 부류)을 고려해보자. 적어도 이들 사례의 경우 두 개의 방법론적 준칙이 내가 개진한 주장으로부터 파생한다. 첫째 그런 행동을 설명하기 위해서는 제의적 신념에 관하여 질문해야 한다. 대다수의 인류학자들은 이 제안을 거부했으며,[37] 마치 제의적 행동을 그 효과나 사회구조에서의 위상과 관련하여 충분히 설명할 수 있다고 믿는 듯이 작업해온 학자들은 이 제안을 확실히 간과한다.[38] 그러나 사람들에게 귀속할 만한 의도의 범위와 그들이 지닌 믿음의 성격 간에 연결고리가 있다는 것은 분명하다. 따라서 행위자의 의도를 복구하는 방식으로 제의적 행동을 설명하기 위해서는 제의적 행동의 의도 뒤에 자리한 제의적 신념들을 검토하고 언급할 준비가 되어 있어야 한다.

두 번째 권고사항은 우리가 그런 신념의 복구 필요성을 인식하는 순간 그것의 합리성에 관하여 질문해야 한다는 것이다. 이 논점을 전개할 때는 분명 어느 정도의 주의가 요구된다. 합리적 신념을 지니는 일이 '그것을 뒷받침하는 충분한 증거'가 있는지, 그것이 '타당한 증거에 기초'하는지 등을 고려할 수 있는 적절한 태도의 문제라고 간단히 말할 수 있다는 가정에는 개념적 제국주의의 명백한 위험이 잠복해 있다.[39] 무엇이 타당한 또는 충분한 증거로 여겨지는가라는 문제는 결코 문화적 기준으로부터 자유로울 수 없다는 사실에 우리는 직면해야 한다.

이런 반론은 근래 특히 피터 윈치 같은 비트겐슈타인 추종자들에 의해, 그리고 최근에는 리처드 로티를 비롯한 여러 학자들에 의해 점점 더 많이 개진되어왔다.[40] 그들은 만약 우리가 우리의 신념을 비판하는 데 합리성 개념을 사용한다면 합리성에 대한 우리 자신의 편협한 기준으로 사회적 설명들을 오염시킬 뿐이라고 주장했다. 이 반론은 다음과 같이 진전되었다. 우리는 쉽게 이질적인 신념 체계를 상상할 수 있다. 여기서는 체계를 한데 엮는 데 사용되는 패러다임이 아주 달라서, 우리가 특정한 신념을 포기하게 할 만한 증거라고 여기는 것들도 결정적인 증거로 여겨지지 않을 수 있다. 우리는 또한 체계 안에서 활동하는 누군가를 상상할 수 있다. 그는 이 패러다임과 증거의 규범을 수용하고, 체계 안에서 합리적이라고 받아들여지는 움직임만 인식하고 따르며, 체계 자체의 합리성에는 전혀 도전하지 않을 수 있다. 우리는 그 사람들이 합리적 방식으로 믿음을 지닌다고 인정하지 않을 수 없다. 그러나 이 경우 신념의 비판을 위한 도구로 합리성 개념을 사용한다는 견해는 그 예리함을 잃어버릴 것이다.

이 주장은 불합리한 추론을 체현한 것으로 보인다. 이미 3장에서 이런 결론에 대한 이유를 제시한 바 있지만 내 기본 논점을 다시 반복하는 것도 가치 있을 것이다. 누군가가 합리적 신념을 지닌다는 것이 의미하는 바는 단지 문제의 신념이 그가 처한 상황에서 진실로 여겨지기에 적절할 뿐이라는 사실을 우리는 받아들일 수 있다. 하지만 우리는 여전히 그 행위자의 신념을 비판하는 데 합리성 개념을 적용할 수 있다. 왜냐하면 신념의 형성과 시험에 적절하다고 지역적으로 수용되는 기준에 거스르기보다는 그에 비추어 그들이 신념을 지니고 있는지 여부를 묻는 일은 아직 남아 있기 때문이다.

이 대답은 내 주장에 왜 중요한가? 왜냐하면 합리적 신념과 비합리적 신념은 각각 다른 행동을 낳기 때문이다. 첫 번째의 경우 연구자는 행위자가 실제로 자신의 신념을 합리적으로 지니고 있는지 확정할 수 있는 수단을 확보해야 한다. 특히 그 신념이 연구자에게 명백한 오류로 느껴진다면 더더욱 그러하다. 두 번째의 경우엔 행위자의 행동이 설명되어야 한다면 또 다른 유형의 연구가 요구될 것이다. 연구자는 행위자가 왜 신념을 개선할 수 있는 수단이 있는 상황에서도 부적합한 신념에 계속 천착하는지 찾아야 한다. 연구자가 이런 질문들을 제기할 준비가 되어 있지 않다면 행위자의 신념에 대해서, 그리고 그것에 비추어 취해진 행동에 대해서 무엇이 설명되어야 하는지 확인하는 것은 불가능할 것이다.

마지막으로 나는 행동의 수행에 담긴 행위자의 (발화수반적) 의도를 해독함으로써 부분적으로 설명할 수 있다고 제안한 바 있는 보다 광범위한 부류의 사회적 행동을 고려하고자 한다. 이 경우 또 하나의 준칙이 나의 일반적 주장에서 파생한다고 제안하고 싶다. 그 준칙은 전체적으로 생각하라는 것이고, 따라서 설명 대상인 개별 행동이 아니라 오히려 관련 사회적 맥락에서 행동의 수행을 둘러싼 관습에 초점을 맞춤으로써 논의를 시작하라는 것이다.[41] 무엇이 관습적인가를 파악하는 것의 의미는 자의식적으로 준수된 관습에 따라 행동이 수행되었다고 우리가 이해하는 사례에 한정되지 않는다. 관련 의미는 특정 문화의 확립된 가설과 기대를 이해한다는 더 광범위한 견해를 포함한다. 우리는 사회적 규칙의 맥락을 연구하여 행위자의 동기를 복구하는 것이 아니라 오히려 가치 및 실천의 더 넓은 구조 안에 행동을 배치하여 의도의 해독을 시도함으로써 논의를 시작해야 한다.

이 준칙은 심지어 내가 언급한—정신분열증에 관한 레잉과 에스터슨의 작업의 예처럼—비정상적 행동 유형의 사례에서도 타당한 것으로 보인다. 이른바 정신분열증적인 젊은이의 가시적인 자폐증이 의도적이고 의미 있는 행동의 사례는 아닌지 알아내려 시도할 때, 문제는 어떤 접근법을 따라야 하는가이다. 암시된 대답은 특정 사례와 그것의 가능한 병인에 대해 집중적으로 연구함으로써 시작하지 말아야 한다는 것이다. 오히려 이 특정 사례를 사춘기적 은둔의 다른 실례에 연결하는 것을 시도해야 한다. 그 목적은 외관상의 자폐증이 직접적인 인과적 설명을 기다리는 일군의 병리적 증상보다는 저항의 관습적 형식과 단계를 나타내는 정도를 평가하는 것이다.

동일한 준칙은 내가 언급한 언어적 행동 유형에 더욱 분명히 적용된다. 마키아벨리의『군주론』에서 내가 인용한 구절을 재고해보자. 여기에는 마키아벨리의 발언을 견주어 판단할 수 있게 해주는 고도로 관습화된 저술 장르만 있는 것이 아니다. 또한 마키아벨리가 이 장르에 대해서, 그리고 그것을 지배하는 관습에 대해서 인지하고 있었다는 분명한 가정도 있는 것이다. 이 경우 그가 의미한 바의 복구를 시도하면서 따라야 할 적절한 방도는 텍스트 자체의 집중적 연구가 아니라 오히려 그것이 기존의 담론 관습과 어떤 관계를 맺는지 알아내려 힘쓰는 것이라는 점은 의심의 여지가 없어 보인다.

단순히 저작을 '반복해서' 읽음으로써 충분한 이해에 이를 수 있어야 한다고 주장한 역사가들이 이 준칙을 명시적으로 거부했다는 것은 사실이다.[42] 그러나 (계속 마키아벨리를 예로 들면)『군주론』이 인문주의적 군주 조언서에 구현된 도덕을 공격하기 위해 부분적으로 의도되었다는 사실이 마키아벨리의 텍스트에 주목함으로써 발견될 수 없다는 점은 명백하다. 왜냐하면 이는 텍스트 안에 포함된 사실이 아니기 때문이다. 이런 핵심적인 사실을 이해하지 못하는 한 아무도 마키아벨리의 텍스트를 완전히 이해한다고 말할 수 없다는 점도 역시 명백하다. 이 사실을 파악하지 못하는 것은 마키아벨리의 저서 중심 장章들에 나타난 주장의 요점을 파악하지 못하는 것이다. 그렇다면 텍스트를 '반복해서' 읽는 것 말고도 다른 형태의 연구가 텍스트의 이해에 긴요한 것으로 보인다. 그리고 이는 장르의 일반적 관습과 가설 연구를 추가하는 형태를 취해야 할 것으로 보인다. 이를 통해 특정 기여자의 의도가—추론과 학식의 결합으로—해독될 수 있을 것이다.

사회적 행동에 대한 설명

나의 논제가 행동의 설명에 관한 최근의 철학 논쟁에서 내가 믿기에 일반적으로 간과되어온 중간 지점을 차지한다는 것은 지금쯤 분명할 것이다. 내가 주해exegesis에 특별히 관심 있었던 것은 아니지만 내 입장은 『경제와 사회』에서 막스 베버가―다른 경로를 통해서이긴 하지만―취한 입장과 유사하다고 믿는다. 행동의 설명에 있어 의도와 관습의 중요성을 강조한 (이것이 올바른 입장이라 믿는다) 학자들은 이의 당연한 결과로 마치 행동을 인과적으로 설명하려는 시도는 혼란, 심지어 '유해한 혼란'을 의미하고, 어쨌든 그것은 '전적으로 무관하며', 따라서 인과율의 전체 어휘는 사회적 행동의 설명에 관한 논의에서 '제거되어야' 하는 듯이 대개 기술했다.[43] 역으로 이런 실천의 비합리성을 역설한 (이 역시 올바른 입장이라 믿는다) 학자들은 이것의 당연한 결과로 마치 의도와 관습 자체가 행동의 인과적 조건으로 취급되어야 하는 듯이 대개 기술했다.[44] 내가 주장하려 한 바는 이렇게 추정된 함축들 어느 것도 당연히 뒤따르지 않으며 양자 모두 잘못된 것으로 보인다는 점이다.

이런 결론들이 자발적 인간 행동과 관련하여 결정론의 문제와 어떤 관계를 맺는지 마지막으로 물을 수 있다. 내가 검토한 자연주의 논제들의 여러 옹호자들이 이 결론들은 결정론 논제를 즉각적으로 강화한다고 제안하지 않았다면, 이 질문은 심지어 꺼내기조차 어지러운 질문이 될 것이다. 이런 믿음은 예를 들어 A. J. 에이어의 논문 「과학의 대상으로서의 인간」 끝에 등장한다. 에이어는 우선 우리가 행위자의 동기 및 의도, 그리고 행동의 사회적 맥락을 인용함으로써 인간 행동을 보통 설명한다는 점을 상기한다. 그러고 나서 그는 이 모든 조건들이 행동을 결과로 이끄는 원인으로 해석되어야 한다고 주장한다. 이로부터 그는 우리가 행동을 설명할 때 '법칙의 지배가 와해될 이유는 없다'고 결론짓는다. 이것이 '결정론자들의 강점'이다.[45]

그러나 나는 자발적 인간 행동에 대한 성공적인 인과적 설명이 틀림없이 있을 수 있겠지만 또한 그런 행동에 대한 비인과적이며 인과적 형식에 환원할 수도 없는 성공적인 설명이 있을 수 있음을 주장해왔다. 이 주장이 견실하다면 결정론 논제 자체의 의미라는 말썽 많은 문제에 연루될 필요 없이 내가 검토한 자연주의 논제들과 행동의 사회적 결정주의라는 생각 간의 관계에 대하여 두 가지 결론을 제안하는 것이 가능해 보인다. 첫 번째는 행위자의 모든 정신상태가 행동의 원인으로 해석되어야 하는 것이 사회적 결정론 논제의 옹호에 필수적이라면, 논제 자체에 본질적으로 의심스러운 바가 있을 수 있다는 것이다. 하지만 내가 보기에 좀 더 확신을 가지고 표현할 수 있는 주요 결론은 사회적 결정론 논제에 우호적인 현재의 주장들이 논제 C와 논제 D의 진실 여부에 의존하는 한 사회적 결정론 논제는 전혀 강화되지 않았다는 것이다.

8장

내가 보기에 이것의 야
된다는 것이다

도덕 원칙과 사회적 변화
Moral principles and
social change

소하는 정치인과 그 밖의 공인들에 대해 특히 의심스러워할
완고한 학자들의 견해다. 그들에 따르면 이렇게 공언된 이상들은 사
않은 성격의 행동은 일반적으로 대단히 이질적이고 종종 용납할 수 없는 종류
주장하는 것이 안전하다. 최근 역사가들 중 아마도 루이스 네이미어 경Sir Lewis Nami-
의 정치 이해에 대한 가장 영향력 있는 제안일 것이다. 하지만 그의 입장을 옹호하는 주장들이
경멸한다고 항상 공언했던 마르크스주의 역사가들의 주장과 대단히 흡사하게 종종 들린다는 점은 아이

사실의 세계에 가해지는 공격은 꽤 오래전에 7
가 직접적으로 인식되고 논쟁의 여지
뒤흔들리는 사람들에 의해
잃었다고 해도 무
지식의

진심어린 애착이 행동의 표준적 동기를 구성한다는 일반화를 옹호
대자들이 현실주의와 일상 경험에 단순히 호소하는 형식으로 철저하게 네이미
도록 이끌었다. 그들은 도덕적·정치적 이상은 네이미어의 제자 한 사람이 선언한 것처럼
행동의 결정자가 아니[라는 (대개 훨씬 더 그럴듯하다고 여겨지는) 대안적인 경험주의적 주장에
스로의 입장을 찾았다. 따라서 이상은 그것이 동기인 경우에만 영향을 준다는 데 의견이 일치하기에, 그리

이 장은 사실 새로운 저작물이지만 그 단초는 내 논문 「정치사상과 행동의 분석에서 나타나는 몇 가지 문제들」Some Problems in the Analysis of Political Thought and Action, *Political Theory* 2 (1974), pp.277~303에서 찾을 수 있다.

원칙과 행동의 관계

자신의 행동을 설명하기 위해 고매한 도덕 원칙에 호소하는 정치인과 그 밖의 공인들에 대해 특히 의심스러워할 필요가 있다. 이는 적어도 역사가들 중 가장 완고한 학자들의 견해다. 그들에 따르면 이렇게 공언된 이상들은 사후의 합리화이며, 이렇듯 미덥지 않은 성격의 행동은 일반적으로 대단히 이질적이고 종종 용납할 수 없는 종류의 동기로 이루어진다고 추정하는 것이 안전하다. 최근 역사가들 중 아마도 루이스 네이미어 경Sir Lewis Namier은 이런 관점의 정치 이해에 대한 가장 영향력 있는 제안자일 것이다. 하지만 그의 입장을 옹호하는 주장들이 자신이 경멸한다고 항상 공언했던 마르크스주의 역사가들의 주장과 대단히 흡사하게 종종 들린다는 점은 아이러니하다. 많은 마르크스주의자들처럼 네이미어는 공적 생활에서의 원칙과 실천의 상호작용에 관하여 두 가지 서로 연관된 주장에 헌신했다. 첫 번째는 정치인들이 공언하는 이상들은 네이미어가 도덕과 합리성의 거짓 풍채라 칭하고 싶어 했던 것을 자신들의 행동에 부여하려는 시도라고 무시하는 게 진정 정당하다는 것이다.[1] 두 번째는 이에 따라 그런 원칙들은 행동을 초래하는 데 어떤 인과적 역할도 하지 않으며, 그러므로 행동의 설명에 등장할 필요가 없다는 것이다. 네이미어가 요약하듯이 '정당 이름과 표어'는 단지 부수현상일 뿐이며, 사회적·정치적 생활의 실제 동기와 숨은 현실에 대한 길라잡이가 전혀 되지 못한다.[2]

이들보다 덜 완고한 역사가들은 허버트 버터필드Herbert Butterfield의 표현대로, 많은 공인들은 자신들이 따른다고 주장하는 '이상들에 진심으로 애착을 갖는다'라고 역설하며 네이미어와 그 추종자들의 냉소주의를 공격했다.[3] 이런 신조를 지닌 역사가들에 따르면 정치인들의 행동을 설명하기 위해 그들이 공언한 원칙을 참조하는 것은 대개 필수불가결할 것이다. 행동을 설명하는 것은 행동의 수행이 목적 달성에 이바지할 것이라는 믿음과 함께—행동의 동기에 상응하는—행위자가 초래하고자 하는 목적을 보통 인용하는 것이다. 누군가가 도덕 원칙을 위해 행동한다고 공언하고 그 원칙이 진정으로 행동의 동기라면 원칙이 행동에 영향을 준다는 것, 그리고 행동을 설명하려는 시도에 인용되어야 할 것이라는 점은 명백하다.

내가 보기에 이것의 약점 하나는 이런 식으로 주장한 학자들[4]이 반대 진영의 기본 전제를 뜻하지 않게 인정하게 된다는 것이다. 즉 원칙과 실천 간의 관계에 대한 질문은 사람들이 공언한 이상이 행동의 결정적 동기로 기능하는가라는 질문에 상응한다고 자진해서 인정한다. 이로써 그들은 공표된 원칙에 대한 공인들의 진심어린 애착이 행동의 표준적 동기를 구성한다는 일반화를 옹호하는 데 헌신해왔다. 이는 다시 반대자들이 현실주의와 일상 경험에 단순히 호소하는 형식으로 철저하게 네이미어적인 이야기를 제시하도록 이끌었다. 그들은 도덕적·정치적 이상은 네이미어의 제자 한 사람이 선언한 것처럼 '그 자체로 인간 행동의 결정자가 아니'라는 (대개 훨씬 더 그럴듯하다고 여겨지는) 대안적인 경험주의적 주장에서 스스로의 입장을 찾았다.[5] 따라서 이상은 그것이 동기인 경우에만 영향을 준다는 데 의견이 일치하기에, 그리고 그것이 동기가 아니라는 것은 직관적으로 분명하기에 우리가 행동을 설명할 때 사람들이 공언한 원칙을 대개 참조할 필요가 없다는 것은 명백하다고 그들은 추론했다.

그러나 이렇게 공유된 가정은 의문시할 만한 가치가 있어 보인다.[6] 원칙이 동기로 거의 작용하지 않는다는 점을 인정한다 하더라도 그럼에도 행위자가 공언한 이상이 행동에 영향을 주는 적어도 한 가지 유형의 상황이 여전히 남는다. 행위자가 (내가 말하다시피) 어떤 점에 있어서는 의심스러운 행동 과정에 연루되어 있고, 동시에 (베버적인 표현으로) 그것을 정당화하려는 강한 동기를 지닌 상황이다.[7]

예를 들어 막스 베버 자신이 주로 관심 있었던 사례, 즉 초기 근대 유럽에서 대규모 상업적 사업에 헌신했던 사람들의 사례를 고려해보자.[8] 이 사업가들이 기대한 예상 수익은 모험적 사업을 마음껏 추구하고픈 분명한 동기를 그들에게 제공했다. 그러나 당시의 사회적·종교적 규범에 비추어볼 때 그들의 행위는 도덕적으로, 그리고 심지어 법적으로 의심스러워 보이기 십상이었다.[9] 보수적 도덕주의자들은 이자놀이를 하는 '도시 욕심쟁이들'의 '사악하고 비기독교적인 거래'에 언제라도 독설을 퍼부을 준비가 되어 있었다.[10] 그 결과 상업의 옹호자들은, 루이스 로버츠Lewes Roberts가 1641년에 자신의 『교역의 풍요』 Treasure of Traffic에서 불평했듯이, 자신들이 받는 것보다 훨씬 더 많은 영광과 경의를 상인들이 받을 만하다고 대꾸해야 할 처지에 몰렸다.[11] 이렇게 적대적인 분위기에서 탐욕스럽고 부정직하게 행동하고 있다는 광범위하게 퍼진 비난을 반박하거나 적어도 무시하는 방식으로 자신들의 행동을 묘사할 수 있는 것이 사업가들에겐 분명 바람직했고, 아마도 심지어 필수적이기조차 했다. 생활의 도덕성에 관하여 포괄적 의혹을 표현하는 자들에게 그들이 행하는 바를 정당화하는 것은 이데올로기적인 긴급성을 띤 사안으로 꼭 필요했다.

다음으로 나는 17세기 영국의 상업사회 옹호자들이 어떻게 그들의 행위를 정당화하는 과업에 착수했는지 고려하고 싶다. 나의 궁극적인 목적은 다음을 제안하는 것이다. 이 역사적 사례의 세부를 점검하면 사람들이 따른다고 공언하는 원칙과 사회적 또는 정치적 행동의 실제 과정 사이에 존재하는 인과적 연결의 또 다른 유형을 발견할 수 있을 것이다.

그러나 이 조사에 착수하기 전에 내가 탐구할 상황에 대해 부자연스러울 정도로 단순하게 그 특성을 기술했다는 점을 인정할 필요가 있다. 의심스러운 행동의 정당화를 제공하는 유일한 이유는 그것을 타인들에게 추천하는 것이라고 나는 암시했다. 이로써 나는 우리가 그런 묘사를 자신의 이익을 위해 제공하거나 심지어 그 묘사를 조금이라도 믿는다고 상정할 이유가 전혀 없다고 암시했다. 그러나 내가 이 접근법을 채택한 것은 나의 일반적 주장에 전혀 영향을 끼치지 않는 몇몇 복잡한 경험적 질문들을 피하기 위해서일 뿐이다. 내가 묘사하는 유형의 상황에서 누군가의 동기는 대개 복잡하게 뒤얽혀 있을 것이라는 점은 명백하다. 또한 적절한 자기 이미지를 유지할 필요성이 가장 중요할 수 있다는 것도 논할 만하다. 그러나 단순성을 유지하기 위해 나는 다음에서 내가 보기에 가장 명확한 사례, 즉 공언한 원칙 어느 것도 믿지 않으며, 원칙이 결과적으로 행동의 동기로 전혀 작용하지 않는 사람의 예에 한정할 것이다. 내 목적은 행동을 설명하는 데 공언한 원칙을 참조할 필요가 없다는 주장이 심지어 이런 유형의 사례에서조차도 뒷받침되지 않는다는 점을 보여주는 것이다.

사회적 행동의 정당화와 평가적-기술적 용어

베버식 예가 명확히 하듯이 내가 관심 있는 사회적 행위자들은 내가 (베버를 따라) 혁신적 이념가라 칭할 사람들이다. 이미 지적한 대로 나는 그들의 결정적 과업이 일반적으로 의심스럽다고 합의되는 형태의 사회적 행동을 정당화하는 것이라고 본다. 이 과업은 어떻게 성공적으로 수행될 수 있는가? 이 질문을 다루기에 앞서 하나의 예비단계로 우리의 언어에서 기술적descriptive 기능뿐만 아니라 평가적evaluative 기능을 수행하는 일군의 단어들에 주의를 집중하는 것이 도움이 될 것이다. 다시 말해, 그것들은 개별 행동을 기술하는 데,[12] 그리고 행동이 수행되는 동기를 특징짓는 데 사용된다. 그러나 행동을 기술하는 데 사용될 때마다 그것들은 동시에 행동을 평가하는 효과를 지닌다. 그러므로 이들 용어 전체의 특수한 특징은—언어철학자들의 전문용어를 빌리면—그것들이 두 가지 대조적인 범위의 화행 중 하나를 수행하는 표준 용법을 지닌다는 것이다. 즉, 그것들은 어떤 행동을 기술하는 데 사용된다 하더라도 그 행동을 찬미하고 승인하는—아니면 비난하고 비판하는—행위를 수행하는 데 사용될 수 있다. (지금부터 나는 운치가 없긴 하지만 그것들을 '평가적-기술적 용어'로 부르겠다.)

이들 단어 무리에 초점을 맞추는 것은 도덕철학에서 이른바 정의 情意주의자들emotivists이 전개한 통찰을 이어받는 것이다. 그들은 윤리적 용어의 '정의적'emotive 성분을 '기술적'descriptive 성분과 대조시켰다.[13] 그러나 J. O. 엄슨Urmson이 지적한 대로 정의주의자들은 그들의 주장을 분명히 하기 위해 J. L. 오스틴의 화행이론을 활용했는데, 오스틴이 평가적-기술적 용어들을 사용함으로써 수행할 수 있는, 서로 대조적인 '발화수반' 행위와 '발화결과' 행위에 대해 말할 때 그가 구분한 차이를 그들은 사실상 간과했다. 나는 이미 6장에서 이들 신조어를 통해 오스틴이 제시한 구분을 상세히 설명한 바 있다. 여기서는 다만 다음과 같이 되풀이하는 것만으로도 충분할 것이다. 발화수반이 무언가를 말하**면서** 수행된 행위로 규정되는 반면 발화결과는 효과로, 따라서 무언가를 말하는 것의 결과로 수행된 행위로 기술된다.[14] 핵심 논점은 (이것을 나중에 다시 설명하겠지만) 일정한 방식으로 단순히 말하**거나 쓰면서** 일정한 행위를 수행하는 것이 가능하다는 점이다.

이런 예비단계를 거쳤기에 이제 나는 혁신적 이념가라는 인물로 되돌아갈 준비가 되어 있다. 이 인물들이 보통 성취하려는 발화결과적 영향은 새로운 관점을 채택하도록 그들의 청자나 독자를 부추기거나 설득하거나 또는 그들에게 납득시키는 효과일 것이다. 하지만 그들이 그런 희망을 달성하는 데 성공하는가라는 질문은 주로 언어적인 사안이 아니고 단지 역사적 탐구의 문제이다. 반대로 그들이 달성하길 바랄 수 있는 발화수반 효과는 그들이 기술하는 행동의 승인이나 불승인을 명시하거나 표현하거나 또는 간청하는 것과 같은 효과일 것이다. 그들이 이런 종류의 의도를 달성하는 데 성공하는가라는 질문은 본질적으로 언어적 사안, 즉 문제의 용어들이 어떻게 적용되는가를 알아내는 문제이다. 이것이 바로 평가적-기술적 용어들에 압도적인 이데올로기적 중요성을 부여하는 것이다.

사회가 도덕적 정체성을 확립하거나 지지하거나 의문시하거나 또는 변경하는 데 성공하는 것은 대체로 이 용어들을 수사적으로 조작함으로써 이루어진다. 일정한 행동 과정을 (예컨대) 정직하거나 우호적이거나 용감하다고 기술하고 이를 통해 추천하는 반면, 다른 것들을 반역적이거나 공격적이거나 비겁하다고 기술하고 이를 통해 비난함으로써 우리는 격려하거나 부인하고자 하는 사회적 행동에 대해 우리의 관점을 유지한다. 그렇다면 모든 혁신적 이념가들은 어렵지만 명백한 수사적 과업에 직면한다고 말할 수 있다. 그들의 목적은 의심스러운 형태의 사회적 행동을 정당화하는 것이다. 따라서 그들의 목표는 호의적인 용어 다수가 겉보기에 의심스러운 행동들에 적용될 수 있음을 보여주는 것이어야 한다. 그들이 이런 수사적 기교를 훌륭히 해낼 수 있다면 그들은 자신들의 행동에 적용되기 쉬운 당대의 기술이 무효화되거나 파기될 수 있다고 주장하길 바랄 수 있다.

이 지점에서 두 가지 소견이 덧붙여질 필요가 있다. 하나는 강조적인 것이고, 다른 하나는 양보적인 것이다. 아마 강조할 필요가 있는 논점은 이념가들이 아무리 혁명적이라 하더라도 일단 자신들의 행동을 정당화해야 할 필요성을 받아들이면 **기존의** 호의적인 용어들이 자신들의 행동에 대한 적합한 기술로 적용될 수 있다는 점을 보여주는 데 헌신할 것이라는 사실이다. 모든 혁명가들은 전투에서 이 정도 후퇴할 수밖에 없다.[15] 행동을 정당화하기 위해 그들은 현재 그것을 승인하지 않는 이들이 불승인을 결국 보류해야 한다고 깨닫게 하는 방식으로 그것이 기술될 수 있음을 보여주는 데 헌신한다. 이 목적을 성취하기 위해서는 이념적 적수들이 찬탄하는 바를 기술하기 위해 사용하는 용어들 중 적어도 몇몇은 겉보기에 의심스러운 그들 자신의 행동도 포괄하고, 따라서 그것을 정당화하는 데 적용될 수 있음을 보여주는 것 외에는 선택의 여지가 없다.

양보적인 논점은 현실 세계의 상황은 적어도 한 가지 중요한 측면에서 내 모형이 제안하는 것보다 더 복잡하다는 점이다. 혁신적 이념가들이 자신들의 행동을 정당화하는 데 실제로 가장 잘 변용되는 평가적 어휘라면 무엇이든 그들의 행동에 반드시 적용할 것이라고 추정할 수는 없다. 오히려 그들은 그 목적에 가장 잘 맞는다고 우연히 믿게 된 어휘를 적용할 것이다. 하지만 물론 그들은 목표를 획득하는 최선의 수단을 평가하면서 실수나 비합리적 선택을 할 수 있다.

그러나 우리는 그들의 합리성을 추정하는 것으로 시작해야 한다. 나는 이미 3장에서 내가 보기에 이것이 왜 올바른 진행방식인지 설명한 바 있다. 하지만 아마도 나의 중심 논점을 상기하는 것은 가치 있는 일일 터이다. 이렇게 추정하는 것으로 시작하여 그것이 입증된다고 상정해보자. 이는 이미 그들의 행동에 대한 설명을 제공할 것이다. 다른 한편 면밀한 조사 끝에 그들이 합리적으로 행동하고 있지 않았다는 것을 알게 된다고 상정해보자. 이는 우리가 그들의 행동을 설명해야 한다면 몇 가지 다른 질문들에 답할 필요가 있다는 점을 인식하게 해줄 것이다. (그들이 합리적으로 행동하고 있지 않았다는 것을 깨닫지 못하게 한 것은 무엇이었는가라는 질문이 가장 명백할 것이다.) 합리성을 추정하는 것으로 시작하는 경우에만 우리는 무엇이 설명될 필요가 있는지 확인하기를 기대할 수 있다.

이제 나는 막스 베버로 돌아가 그가 『프로테스탄티즘의 윤리와 자본주의 정신』The Protestant Ethic and the Spirit of Capitalism에서 논의하는 혁신적 이념가들을 다루겠다. 초기 자본가들에 초점을 맞추면서 베버는 어떻게 그들이 소명에의 헌신과 신중하고 근면한 삶을 강조함으로써 종교적 생활의 이상을 찬미하는 데 보통 사용되던 개념들과 관련하여 자신들의 행동을 재현했는지 보여준다.[16] 그가 지적하듯이 이것은 의심할 바 없이 그들의 합리적 선택이었다. 그들이 이 개념들을 자신들의 행동에 적용할 수 있다면 강력한 정당화 장치를 가지게 된다는 것만 바로 알고 있었던 것은 아니다. 그들은 그런 시도에 개연성이 있다는 것도 바로 알고 있었다. 개신교적 소명 개념은 그들 자신의 세속적 금욕주의와 공명했고, 신에 대한 개인적 봉사와 헌신이라는 각별히 개신교적인 이상과 일에 대한 의무와 봉사, 헌신의 중요성이라는 상업적 믿음 간에는 유사성이 많았다.[17]

　초기 자본가들은 어떻게 이 유사성을 활용해냈는가? 베버는 그들을 대변하는 이들의 수사 전략을 탐구하지 않았다. 하지만 의심스러운 생활방식을 정당화하는 데 지배적인 도덕적 어휘를 적용하려는 혁신적 이념가에게는 두 가지 주요 수단이 이용 가능한 것으로 보인다. 첫째는 일정한 평가적 용어들의 화행 가능성을 조작하는 것으로 이루어진다고 말할 수 있다. 그 목표는 당신이 일반적으로 불승인을 표현하는 데 사용되는 어휘를 채택하고 있지만 그것을 승인 또는 적어도 중립성을 표현하는 데 사용하고 있음을 이념적 적수들에게 분명히 하는 방식으로 행동을 기술하는 것이다. 이 전략의 핵심은 적수들이 관련 용어들을 사용할 때 보통 표현하는 불승인의 감정을 재고하도록 촉구하는 것이다.

　이 첫 번째 전략을 성취하려 시도하는 이에겐 두 가지 개괄적 전술이 이용 가능하다. 우선 새롭고 호의적인 용어들을 언어에 도입하는 것을 시도할 수 있다. 여기에는 다시 두 가지 가능성이 있다. 하나는 이른바 새로운 원칙의 기술로서 단순히 새 용어들을 창안하고, 다시 그것들을 찬미하고자 하는 의심스러운 행동의 기술에 적용하는 것이다. 이는 대부분의 논평자들이 사회적·정치적 논쟁에서 '변경된 의미와 새로운 단어'라는 현상을 논의할 때 염두에 두어왔던 전술로 보인다.[18] 그러나 이는 분명 과도하게 조야한 장치이고, 이데올로기 논쟁에서 그것의 채택을 발견하는 것은 드문 일이다. 하지만 베버가 관심 있던 이데올로기의 경우 중요한 실례가 하나 있다. '검소'frugality라는 단어는 그 승인이 널리 추구되기 시작하던 동기와 행태를 기술하기 위해 16세기 말 즈음 처음으로 광범위하게 사용된 평가적 용어의 한 예를 제공한다.

이 전술의 또 다른 더 일반적인 형태에 주목해보자. 이는 중립적인 용어를 호의적인 용어로 (대개 은유적 확장을 통해서) 변형하고, 확장된 의미를 이용하여 찬미하고자 하는 행동 과정을 기술하는 데 적용하는 것으로 이루어진다. 초기 근대 상업적 생활을 옹호하며 저술한 이들 사이에는 이런 변형의 실례들이 많다. 예를 들어 '식별력 있는' discerning과 '꿰뚫는'penetrating과 같은 단어들의 은유적 (따라서 평가적) 용법은 많은 사람들이 찬미하고자 하는 특별한 이유를 가지게 된 일군의 재능을 기술하기 위해 관련 시대의 언어에 처음 나타난다.

다른 하나의 개괄적인 전술은 보다 대담하게 기존의 비호의적인 용어들로 대개 수행되던 화행의 범위에 변화를 가하는 것으로 구성된다. 다시 여기에는 두 가지 가능성이 있다. 좀 더 일반적인 것은 불승인을 표현하는 데 보통 사용되는 용어를 중립화하는 방식으로 적용하는 것이다. 내가 검토하고 있는 이데올로기의 경우 이 전술의 한 가지 분명하고 궁극적으로 성공적인 실례는 '야심'ambition이라는 단어가 제공한다. 이 단어가 현재의 중립적인 용법을 획득하기 시작한 것은 단지 초기 근대 시기 동안이었다. 이전에는 그것이 기술하는 행동 과정이 무엇이든 강한 불승인을 표현하는 데 거의 배타적으로 적용되었다.

다른 하나의 더 극적인 가능성은 기존의 비호의적인 용어의 화행 가능성을 역전하는 것이다. 내가 검토하고 있는 이데올로기의 경우 이 전술의 분명하고 성공적인 예는 '치밀한'shrewd과 '치밀함'shrewdness 이라는 단어의 역사가 제공한다. 17세기 초 이전에 이 용어들은 불승 인, 심지어 경멸을 표현하는 데 거의 언제나 사용되었다. 그러나 이후 세대에서는 그것들의 가치 평가적 효력은 역전되기 시작했고, 마침내 칭찬, 특히 상업적 양식을 칭찬하는 용어로서 그것들이 계속해서 수행 하는 표준 용법이 남게 되었다.

이 두 전술의 거울 이미지를 채택하는 것도 가능하다. 우선 용인 된 행동 규범에 도전하기 위해 비호의적인 새 용어를 만들려고 시도할 수 있다. 이는 내가 고려하고 있는 이데올로기의 경우 '낭비하는'being a spendthrift과 '재산을 탕진하는'squandering one's substance이라는 서 로 연관된 생각에서 일어났다. 이 두 구절은 과시적 소비의 귀족적 이 상에 대한 새로운 혐오, 그리고 리처드 이번Richard Eburne이 식민지에 관한 1624년 논문에서 '신성한 절약'godly parsimony이라 부르게 된 것 의 새로운 승인을 표현하기 위해 16세기 말경에 광범위하게 사용되기 시작했다.[19] 또한 용법의 은유적 확장을 통해 중립적 용어를 비호의적 인 용어로 바꾸려고 시도할 수 있다. '넘치게'exorbitantly 행동한다는 견해는 동일 시기의 긴밀히 연관된 예를 제공해준다. 이 단어는 '신성 한 절약'의 명백한 실패를 비난하는 수단으로 17세기 초에 은유적 (따 라서 평가적) 용도를 처음 획득했다. 마지막으로 기존의 찬미적 용어 들에 담긴 화행 잠재력을 역전시키려 노력할 수 있다. 이는 같은 시기 '고분고분한'obsequious과 '자기를 낮추는'condescending 같은 단어들 에서 일어났다. 이 단어들 그리고 이와 연관된 기술은 16세기 내내 승인을 표현하는 데 널리 사용되었지만 결국 귀족적 위계 사회에 깔린 이상이 널리 도전받기 시작하자 불승인의 용어로 변이되었다.

훨씬 단순하면서도 대단히 큰 중요성을 지닌 두 번째 전략을 보자. 이는 기존의 찬미적 용어 무리의 적용 기준을 조작하는 것으로 구성된다. 이 경우 목표는 상반되는 겉모습에도 불구하고 호의적 용어 다수가 겉보기에 의심스러운 행동에 대해 적합한 기술로 적용될 수 있다고 최대의 개연성을 불러일으켜 주장하는 것이다. 목표는 지배적인 평가 어휘의 사용이 사회적으로 둔감한 것은 아닌지 재고하도록 이념적 적수들에게 촉구하는 것이다. 일정 범위의 호의적인 기술을 적용하는 보통 기준이 의심스럽게 여겨지는 행동 자체에 존재함을 그들이 인식하지 못하고 있다고 인정하도록 사실상 그들에게 재촉한다.

이러한 특정 수사적 전략은 거의 연구된 바 없지만 내가 보기에 이념적 주장의 가장 광범위하고 중요한 형태 중 하나를 이룬다. 분명 내가 검토하고 있는 이데올로기의 경우에는 널리 채택되었다. 개신교의 원칙을 초기 근대 상업생활의 실천에 연결하려는 시도가 이루어진 것은 본질적으로 이 수단을 통해서였다.[20] 예를 들어 당대 종교적 어휘에서 가장 중요한 단어 둘, 즉 '섭리'providence라는 단어와 '종교적' religious이라는 단어 자체를 고려해보자. 16세기 후반 동안 금전 문제에 있어 주의care와 선견foresight의 성공적인 실행을 찬미하고자 한 이들은 겉보기에 인색한 이 행실이 대신 섭리의 찬미할 만한 작용으로, 따라서 '섭리적'provident 형태의 행동으로 간주되어야 한다고 제안하기 시작했다. 동시에 이런 가치들을 선전하고 싶어 한 이들은 꼼꼼함과 정확성에 대한 그들의 특징적인 관심이 과도하게 엄하고 호되다고 비난받아서는 안 되며, 대신 진정 '종교적' 형태의 헌신으로 인식되고 찬미되어야 한다고 제안하기 시작했다.

　이념적 동기가 이들 새로운 유형의 사회적 기술에서 작동중이라는 최선의 증거는 이 단어들의 의미가 곧 확대 해석되고 혼란스러워졌다는 것이다. '섭리'라는 용어는 단순히 실용적인 사안에 대해 선견을 가지고 행동하는 것을 지칭하는 데 적용되기 시작했다. 예를 들어, 존 휠러John Wheeler가 1601년 자신의 『통상론』Treatise of Commerce에서 상인 모험가들Merchant Adventurers을 옹호하며 저술했을 때 그는 '탁월한 섭리와 정해진 형평성으로 회사의 이익과 상품을 가능한 한 많이 회사의 모든 구성원들에게' 나누어주는 데 깃든 그들의 선견을 칭송했다.[21] 이와 유사하게 윌리엄 알렉산더William Alexander가 1624년의 『식민지에 보내는 격려』Encouragement to Colonies에서 버지니아Virginia 정착민들을 옹호하며 저술했을 때 그 또한 그들의 '섭리적 적극성'을 '훌륭한 성공'의 원인으로 꼽았고, 뉴플리머스New Plymouth에 최근 정착한 사람들도 '대단히 교양 있고 섭리적인 방식에 따라 자치'하는 것을 배우는 데 마찬가지로 성공적이었음을 증명하고 있다고 부언했다.[22] 우리는 얼마 뒤 루이스 로버츠가 1641년 자신의 『교역의 풍요』에서 비슷한 말투로 말하고 있음을 본다. 그는 해외무역을 장려하는 통치자들의 '주의와 근면한 신중'을 칭송하고, 그들의 '섭리적 포고'에 선견이 반영되어 있음을 주목하며, 동시에 '이러한 주의와 섭리적 선견의 결핍 때문에 많은 군주들이 왕국의 교역을 상실했다'고 상기시켜준다.[23]

　한편 '종교적으로'religiously 행동하기라는 이상은 단순히 부지런하고 꼼꼼한 행실의 실례들을 가리키는 데 활용되기 시작했다. 우리는 이 용법을 일찍이 존 휠러의 『통상론』에서 발견한다. 여기서 그는 저지대 지역Low Countries에서 영국인들에게 원래 허용된 무역의 자유를 칭송한다. 그의 언급에 따르면, 이러한 '제국의 오래된 자유와 특권'은 '제국의 우방과 동맹에게처럼 모든 신민들에게도 자유롭게 양도되었으며, 아주 오랫동안 종교적으로 잘 유지되고 보호'되었다.[24] 우리는 토머스 먼Thomas Mun의 1621년 『무역의 담론』Discourse of Trade에서 새 용법의 더 선명한 실례와 만난다. 먼은 장황한 글에서 자기 나라 사람들에게 '노력과 기술의 증진으로 왕국의 자연 상품들에 기여하기 위해 우리의 지성과 근면을 불러일으키자'고 촉구한다. 나아가서 이런 사려 깊음을 행사하는 한 가지 방법은 '그것의 더 나은 촉진을 취해 우리는 음식과 의복의 일반적 과잉을 종교적으로 피해야 함'을 상기하는 것이라고 제안한다.[25] 루이스 로버츠와 그의 1641년 『교역의 풍요』에 이르면 새 용법이 완전히 안착함을 보게 된다. 자신의 논문을 의회 양원에 헌정하면서 로버츠는 그들의 '심각한 현 상황'을 언급하고 '당신들의 손으로 우리 왕국의 키를 잡고 조정'하는 '종교적 선장들'이라 그들을 부른다.[26]

내가 예증하고 있는 것은 휠러, 먼, 로버츠 등의 선전가들이 자신들의 행동을 경건한 영적 가치의 진정한 구현으로, 따라서 종교적 행동의 진정한 실례로 제시하는 데 실패한 것이라고 반론을 제기할 수도 있다. 분명 이 수사의 효과는 때때로 그들이 자신들 기획의 독실한 성격을 성공적으로 입증했다는 느낌이 아니라 단지 그들이 핵심 종교적 용어 다수를 기이한 방식으로 채택했다는 느낌을 독자에게 주는 것이다. 그러나 그들이 단순히 도를 넘어섰는지는 결코 분명하지 않다. '종교적'이라는 용어가 17세기 후반과 그 이후에 사용되게 된 방식의 다양성을 고려한다면, 우리는 그들이 대담한 성공을 이룬 정도를 제대로 인식하기 시작할 것이다. 사람들은 순전히 부지런하고 꼼꼼한 행동을 종교적이라 점점 더 말하기 시작한 것만이 아니다. 그들이 이렇게 하기 시작한 것은 종교적 행동으로 여겨질 수 있는 것의 더 넓은 의미를 명백히 받아들이게 된 데 일부 이유가 있었다. 오래된 표어 laborare et orare(일하고 기도해야 한다는 뜻)는 laborare est orare(일하는 것이 기도하는 것이라는 뜻)라는 좀 더 편안한 제안에 자리를 내주었다. 이 단계에 이르면 진정으로 종교적 생활을 추구한다는 것의 의미는 이미 변형되었다. 내가 고려해온 작가들의 수사는 그들의 후예들에게 새롭고 더 안락한 세계를 세우는 데 도움이 되었다.

도덕 원칙은 사회적 행동에 어떻게 영향을 미치는가

나의 베버식 예가 실증한다고 생각하는 일반적 주장에 주목해보자. 루이스 네이미어 경 같은 역사가들이 대중화한 방식으로 도덕 원칙과 사회적 행동 간의 관계에 관하여 논한 학자들은 내가 보기에 독자들에게 불합리한 추론을 제시했다. 그들이 믿는 것처럼 누군가가 공언한 원칙이 사후의 합리화일 수 있다는 사실은 그 원칙이 그들의 행동을 설명하는 데 어떤 역할도 하지 않는다는 것을 의미하지는 않는다. 내가 논증한 대로 이는 의심스러워 보이기 쉬운 행동을 정당화하려는 강한 동기를 사람들이 일반적으로 지닌다는 사실에 함축된 의미들을 무시하는 일이다. 여기에 함축된 의미 하나는 다음과 같다. 일반적으로 그들은 용인된 원칙이 자신들의 행동의 동기가 되었다고 주장하는 것이 필요하다는 점을 안다. 또 하나의 함축된 의미는 설사 그 원칙이 동기를 부여하지 않았다 하더라도 공언된 원칙이 진정한 동기라는 주장과 그들의 행동이 **양립 가능**하도록 행동하는 데 그들이 헌신하게 될 것이라는 점이다. 이들 함축된 의미를 인식하는 것은 행위자들이 일정 정도의 개연성으로 공언하길 바랄 수 있는 기존 원칙들의 범위가 그들에게 열린 행동 과정을 부분적으로 결정할 것이라는 점을 수용하는 일이다.

　여기서 일반적 결론과 더 구체적인 결론을 끌어낼 수 있다. 일반적 결론은 행동 과정은 그것이 정당화될 수 없는 한 억제될 것이라는 사실에서 비롯한다. 어떤 행동 과정을 정당화하는 데 도움이 된 원칙은 결국 그 발생을 가능하게 하는 조건 중 하나가 될 것이다. 더 구체적인 결론은 혁신적 이념가들이 그들의 행동을 정당화하는 데 적용하길 바랄 수 있는 용어의 범위는 결코 그들 자신에 의해 정해질 수 없다는 사실에서 비롯한다. 이 용어들의 이용 가능성은 그들 사회의 지배적 도덕의 문제이며, 그 적용 가능성은 관련 용어들의 의미와 용법, 그리고 이것들이 얼마나 멀리 그럴듯하게 확장될 수 있는지에 관한 문제이다. 이 요인들은 어떤 노선의 행실이 그들의 의심스러운 행동을 용인된 원칙에 맞게 할 수 있고 이로써 그들의 행위를 정당화하는 동시에 원하는 바를 얻을 수 있는 최선의 수단을 제공하는지 고려하는 사람들에게 다소 특수한 제약과 지침으로 기능한다. 그들이 기존 용어의 용도를 무제한으로 확장하길 바랄 수는 없기에 그들은 이에 준하여 제한된 범위의 행동을 정당화하고 따라서 수행하기만을 바랄 수 있을 뿐이다. 그러므로 그들이 호소하는 원칙을 연구하는 것은 그들 행동의 핵심 결정자 중 하나를 연구하는 것이다.

　이 결론들이 무난해 보인다 하더라도 내가 막스 베버의 예를 재론함으로써 불리한 방식의 예증을 선택했다고 여전히 느낄지도 모르겠다. 개신교적 기독교 원칙이 자본주의 실천의 발전에 원인 역할을 했다는 어떤 제안도 거부해야 한다고 주장하는 일은 다반사가 되었다. 휴 트레버-로퍼Hugh Trevor-Roper가 부정적으로 언급했듯이 그런 이론은 '대규모 산업 생산'이 개신교 종교개혁 이전에 이미 존재했었다는 '단순한 사실에 의해 논파된다.'[27] 기존의 개신교 윤리가 자본주의 발생의 필요조건을 구성한다고 베버가 상정했다면 그의 이론은 자본주의의 등장이 개신교 발생보다 앞섰다는 사실을 보여줌으로써 틀림없이 논박될 것이라는 점은 사실이다. 그러나 베버는 그런 연관성에 크게 관심이 없었지만,[28] R. H. 토니R. H. Tawney가 『종교와 자본주의의 발생』Religion and the Rise of Capitalism에서 베버의 논제를 수정한 것은 이런 식의 공격에 더 취약하다고 인정해야 할 것이다.[29] 하지만 토니가 개신교 종교개혁을 자본주의 발전의 원인적 조건으로 봤을지도 모르는 반면, 베버는 내가 보기에 개신교 윤리가 자본주의의 발생을 **정당화하는** 데 특별히 잘 맞았고 이런 식으로 그것은 상업사회가 발전하고 번성하는 데 도움을 주었다고 주장하는 것으로 해석하는 것이 보다 타당하다.

그러므로 나 자신의 주장은 내가 유명한 일련의 논문들에 깔린 베버의 목적 중 하나였다고 여기는 바를 재해석하려는 시도로 읽힐 수 있다. 그러나 나는 여기서 해석의 요점을 강요하고 싶지는 않다. 설사 트레버-로퍼의 비난이 베버 주장의 약점을 가리키는 것으로 증명될 수 있다 하더라도 나 자신이 개진하려 시도한 주장의 약점을 가리키는 것으로 증명될 수는 없다고 단지 강조하고 싶을 뿐이다. 개신교가 자본주의 발생을 정당화하는 (따라서 촉진하는) 데 일정한 역할을 했다는 나의 제안은 자본주의가 개신교 전에 나타났다는 것을 부정하는 것이 아니라 상정하는 것에 기초한다. 내가 보여주려는 바는 이 사실의 논리적 결과로—트레버-로퍼가 믿듯이—개신교가 자본주의 발전에 어떤 원인적 역할도 하지 않았다는 점이 따르지 않는다는 것이다. 이는 초기 자본가들이 살던 도덕적 풍토에서는 그들에게 정당성이 없었다는 사실을 무시하는 일이다. 그러므로 그들은 번성의 조건으로 자신들의 행동을 정당화할 수 있는 수단을 찾을 필요가 있었다. 내가 보여준 대로 그들이 찾은 수단 중 하나는 개신교의 평가적 어휘를 전유하는 것이었다. 이는 종교인들에게는 대단히 소름끼치는 일로서, 이들은 자신들을 책략의 희생자로 보았다.

그러나 그것이 책략이었다면 그것은 분명 잘 작동했다. 개신교의 각별한 도덕적 어휘는 자본주의의 용납 가능성을 높이는 데 일조했을 뿐만 아니라 이론의 여지는 있겠으나 그것의 진화를 특정한 방향으로, 특히 근면의 윤리를 향해 전개시키는 데 도움을 주었다. 이 새로운 사회적 행동 양식의 상대적인 용납 가능성은 다시 기저의 경제 체제가 발전하고 번성하는 것을 확실히 하는 데 일조했다. 바로 이런 이유로 설사 초기 자본가들이 공언한 종교적 원칙들이 그들의 진정한 동기였던 적이 없을지라도 자본주의 체제가 어떻게 그리고 왜 진화했는지 설명하고자 한다면 그런 원칙들을 참고하는 것은 필수적이다.

9장

먼저 단어나 표현이 ㅍㄹ
어 '용감한
한다

문화적 어휘라는 관념
The idea of a cultural lexicon

핵심 어휘key words를 연구함으로써 사회적 혁신과 정당화
것이 이 장에서 내가 대면하는 질문이다. 이 질문은 분명 광대하고 다
든 언어적 변화와 사회적 변화 사이의 연결고리에 초점을 맞춘 대단히 영향력
집중하고자 한다. 내가 염두에 두고 있는 저작 —다음에서 나는 이를 하나의 구실로 활용
레이먼드 윌리엄스Raymond Williams의 『키워드』Keywords이다.' 의미의 변이와 혼란의 연구
역사적, 동시대적 속성'을 띤 사안에 대한 우리의 이해를 증진하는 데 일조할 수 있다는 것이 윌리엄스의 중

훌륭한 대답은 그 단어를 유사하고 대조적인 ㅎ
별한 역할을 그것에 부여하는 다양한
포함해야 할 것이다. 그 단
야 하며, 그들은 ㄱ
것의 ㄱ

조할 수 있다는 것이 윌리엄스의 중심 주장이다.' 특정 단어들을 그
를 파악하고 '역사적 시간 안에서의, 그리고 그것을 관통하는' 의미의 발전 구
우리는 현재의 사회적·정치적 논쟁에 '일정 종류의 인식을 제공하고', 특히 '더 침예한
줄 수 있을 것이다.' 그러나 핵심 어휘의 역사를 연구함으로써 어떤 종류의 인식을 얻을 수 있는
그리고 더 침예한 의식의 적절한 획득을 확보하기 위해 어떻게 연구를 실행해야 하는가? 이런 질문들을 나

이 장은 원래 *Essays in Criticism* 29 (1979), pp.205~224에 동일한 제목으로 실린 논문을 수정한 것이다.

핵심 어휘의 연구는 어떤 인식을 가져다주는가

사회 세계 자체를 구성하고 평가하는 데 사용되는 핵심 어휘key words를 연구함으로써 사회적 혁신과 정당화 과정에 관하여 무엇을 배울 수 있는가? 이것이 이 장에서 내가 대면하는 질문이다. 이 질문은 분명 광대하고 다루기 어렵다. 이를 다루기 위해 나는 언어적 변화와 사회적 변화 사이의 연결고리에 초점을 맞춘 대단히 영향력 있는 최근 연구 하나에 집중하고자 한다. 내가 염두에 두고 있는 저작—다음에서 나는 이를 하나의 구실로 활용할 텐데—은 레이먼드 윌리엄스Raymond Williams의 『키워드』*Keywords*이다.[1] '의미의 변이와 혼란'의 연구는 '역사적, 동시대적 속성'을 띤 사안에 대한 우리의 이해를 증진하는 데 일조할 수 있다는 것이 윌리엄스의 중심 주장이다.[2] '특정 단어들을 그것들이 일반적으로 사용된 수준에서' 파악하고 '역사적 시간 안에서의, 그리고 그것을 관통하는' 의미의 발전 구조들을 면밀히 조사하면 우리는 현재의 사회적·정치적 논쟁에 '일정 종류의 인식을 제공하고', 특히 '더 첨예한 의식'을 가져다줄 수 있을 것이다.[3] 그러나 핵심 어휘의 역사를 연구함으로써 어떤 종류의 인식을 얻을 수 있는가? 그리고 더 첨예한 의식의 적절한 획득을 확보하기 위해 어떻게 연구를 실행해야 하는가? 이런 질문들을 나는 다소 상세히 검토하고자 한다.

단어와 개념의 관계

논의를 진행하기 전에 가능하다면 한 가지 깊은 회의를 중화할 필요가 있다. '공유된 단어 무리'를 추려내는 경우 우리가 완전히 잘못된 분석 단위에 초점을 맞추고 있는 것이라고 반론이 제기될 수 있다.[4] 윌리엄 스는 자신의 목표가 '우리의 중심적 경험 다수를 논의하는 방식뿐만 아니라 다른 수준에서 그것들을 보는 방식'도 밝히는 것이라고 말한 다.[5] 그러나 누군가가 어떻게 세계를 보는지—그들이 어떤 구분을 하고, 어떤 분류를 받아들이는지—파악하고자 한다면 우리가 알아야 하는 것은 그들이 어떤 단어를 사용하는가가 아니라 오히려 어떤 개념을 지니고 있는가이다.

이런 반론이 순전히 언어적인 것으로 보이리라는 점은 사실이다. 왜냐하면 개념을 소유한다는 것은 등가적으로 단어의 의미를 아는 문제라고—이런 주장은 종종 이루어졌는데—대답할 수 있기 때문이다. 이는 분명 윌리엄스 자신의 견해로 보인다. 왜냐하면 '자연'nature이라는 용어를 논의하면서 그는 '단어와 개념'을 동일시하고, '민주주의' democracy를 말하면서 '개념'이 어떻게 단어 속에 '구현되어' 있는지 설명하기 때문이다.[6]

그러나 이런 등가성을 논하는 것은 의심할 바 없는 실수이다. 우선 개념에 상응하는 용어의 올바른 용도를 이해할 필요가 있다는 것이 개념 소유의 필요조건일 수는 없다. 예를 들어 내가 존 밀턴John Milton 의 사유를 연구하고 있는데 시인이 고도의 독창성을 드러내는 것이 중요하다고 밀턴이 생각했는지 알고 싶다고 치자. 답은 그것이 가장 중요하다고 그가 느꼈다는 것일 터이다. 그가 『실낙원』*Paradise Lost* 도입부에서 자신의 포부에 대해 말했을 때 특별히 강조한 것은 '산문이나 운문에서 아직 시도된 바 없는 일들'을 다루겠다는 결정이었다. 하지만 밀턴의 '독창성'originality이라는 단어의 사용을 검토함으로써 이런 결론에 이를 수는 결코 없었을 것이다. 왜냐하면 이 개념이 그의 사유에 중심적이지만 단어는 그의 사후 100년 또는 그 이상이 지나기까지 언어에 나타나지 않았기 때문이다. 단어 '독창성'과 그 다양한 용법의 역사가 틀림없이 기술될 수는 있겠지만, 그런 개관은 독창성 개념의 역사와 결코 같지는 않을 것이다. 이런 식의 고려는 관념사학자들의 실천에서 종종 무시되었다.

더구나 개념에 상응하는 용어의 올바른 용도를 이해하는 것이 개념 소유의 충분조건일 수도 없다. 내가 어떤 개념을 소유하고 있다고 믿지만 이 믿음이 잘못된 것일 수 있는 (칸트 그리고 더 최근에는 비트겐슈타인이 탐구한) 가능성이 남는 것이다. 예를 들어 '존재'being나 '무한'infinity 같은 고도로 일반적인 용어들이 제기하는 어려움을 고려해보자. 전체 언어 사용자 공동체가 이 용어들을 완전히 일관되게 적용하고 있을 수 있다. 하지만 그것들의 일치된 용법에 부합하는 개념이 없음을 보여주는 것이 여전히 가능할 수 있다.

그렇다면 개념과 단어 사이의 관계는 무엇인가? 한 가지 공식으로 답하기를 바랄 수는 없겠지만 적어도 다음과 같이 말할 수는 있겠다. 어떤 집단이나 사회가 새로운 개념의 자의식적 소유에 들어갔다는 가장 분명한 신호는 상응하는 어휘가 개발되고, 이 어휘가 문제의 개념을 일관되게 골라내고 논의하는 데 사용될 수 있다는 것이다. 이는 단어의 사용으로부터 개념의 이해로, 그리고 다시 역으로 추론할 때 분명 윌리엄스보다는 더 많이 조심해야겠지만 그럼에도 탐구할 개념과 단어 사이에는 체계적인 관계가 있다는 점을 시사한다. 개념을 소유하는 것은, 그에 상응하는 용어의 의미를 적어도 표준적으로 이해하는 것(따라서 사례가 부재할 때 개념에 대해 생각할 수 있고, 사례가 현존할 때는 그것을 인식할 수 있는 것)이다. 여기서 '표준적으로'standardly가 '필연적으로'나 '충분히'보다 덜한 것을 의미함을 잊지 않는한, 이제 정당하게 다시 진행할 수 있다고 생각한다.

평가적 용어 이해의 요소

우리의 목적이 언어적 불일치를 연구함으로써 이데올로기 논쟁을 조명하는 것이라면[7] 제기해야 할 첫 질문은—윌리엄스가 인정하는 대로—분명 다음과 같다. 어떤 단어가 특정 행동이나 사태의 기술로 적용되어야 하는지에 대해 논쟁할 때 우리는 단어에 관하여 정확히 무엇을 논쟁하고 있는가?

　불행하게도 윌리엄스의 대답은 혼란스러울 정도로 막연하다. '이런 충돌에서 실제 일어나는 일'은 '의미가 제공'되고 다시 '확인, 단언, 한정, 수정'되는 과정이라고 그는 주장한다.[8] 그러므로 이 모든 논쟁은 '의미'에 관한 것으로, 그리고 관련 용어들의 '현재 의미들'로 귀결된 '역사적 기원과 전개'에 관한 것으로 여겨진다.[9]

　내가 보기에 '의미의 변화들'에 관하여 더 나간 설명 없이 말하는 논점 회피의 경향은 윌리엄스가 어느 지점에서도 주로 관심 있는 용어 집합을 고립시켜 분석하려 시도하지 않는다는 사실에서 기인한다. 문제의 집합은 '강한' 그리고 '설득력 있는' 단어들, '사상과 가치와 관련'된 단어들을 포함하는 것으로 그가 기술하는 종류이다.[10] 일정한 단어들이 어떻게 '가치와 관련되게' 되었는지에 관하여 어떤 일관된 설명도 제시되지 않는다. 그러나 이데올로기 논쟁에서의 의미 변화 현상을 논의하면서 그 이상의 진전이 이루어져야 한다면, 그런 분석의 제공이 중대한 예비단계로 취급되어야 한다는 것은 분명해 보인다. 마침이는 우리가 두려워하는 만큼 대단히 어려운 일도 아니다. 도덕철학자들과 더불어 언어이론가들은 정확히 이 용어들을 고립하고 그것들에 대해 논평하는 데 상당한 주의를 기울였다.[11] 그들의 설명에 의지하면, 내 생각에 이 '설득력 있는' 용어들이 이해되고 바르게 적용되기 위해서 세 가지 주요 요구사항이 충족되어야 한다고 말할 수 있을 것이다.

먼저 단어나 표현이 표준적으로 적용되는 기준의 성격과 범위를 아는 것이 필요하다. 예를 들어 내가 평가적 용어 '용감한'courageous 의 의미를 몰라서 단어를 어떻게 적절하게 사용해야 하는지 누군가에게 설명해달라 부탁한다고 치자. 훌륭한 대답은 그 단어를 유사하고 대조적인 형용사들과 구별해주고, 그래서 사회적 기술과 평가 언어에서의 각별한 역할을 그것에 부여하는 다양한 기준들을 분명 언급할 것이다. 이 기준들을 열거할 때 분명 적어도 다음을 포함해야 할 것이다. 그 단어는 자발적 행동의 맥락에서만 사용될 수 있고, 관련 행위자는 어떤 위험에 직면했어야 하며, 그들은 그것의 성격에 관해 어느 정도 의식하고 직면했어야 한다. 그리고 그들은 관련 행동을 수행하는 것의 가능한 결과를 어느 정도 인식하고 조심스럽게 직면했어야 한다. (단지 외관상의 동어반복으로) 이 기준들을 요약하면 '용감한'이라는 용어가 적용될 수 있는 조건은 관련 행동이 용감한 것이었어야 하는 조건이라고 말할 수 있다.

다음으로 평가적 용어를 바르게 적용하기 위해서는 또한 그것의 지시 범위를 알아야 한다. 다시 말해 특정 행동이나 사태를 가리키는 데 단어가 적절히 사용될 수 있는 상황의 성격에 대해 감을 가져야 한다. 지시 개념은 종종 단어 의미의 양상이나 특징으로 여겨지곤 했다. 하지만 단어가 지시하는 바의 이해를 그것의 올바른 적용 기준을 이해한 결과로 취급하는 것이 아마 좀 더 도움이 될 것이다. 이 기준들을 파악하는 것은 단어의 의미와 언어에서의 역할, 따라서 그것의 올바른 용법을 이해하는 일이다. 일단 이에 대한 이해를 획득하면 나는 단어를 세계에 연결하는 그 이상의 보다 신비한 기량을 발휘할 수 있을 것이다. 예를 들어 나는 용감하다고 적절히 불릴 만한 행동들만 골라낼 수 있고, 그 특정한 기술을 적용할 만한, 또는 다른 것이 아닌 꼭 그것을 적용해야 하는지 궁금할 만한 상황의 종류를 논의할 수 있을 것이다. 예컨대 내가 고통스러운 죽음을 유쾌하게 직면한다면 누군가 그것을 용감하다고 말할지 모른다. 그러나 엄격히 말해서 그 상황에 어떤 위험도 관련되어 있지 않고, 따라서 용기가 아닌 오히려 의연함에 대해 말해야 한다고 반론이 제기될 수 있다. 아니면 다시 내가 서커스 관중석에서 나와 사자 조련사를 대신하겠다고 한다면 누군가 그것을 용감하다고 말할지 모른다. 그러나 이는 무척이나 부주의한 행동이기에 용기가 아니라 오히려 더없는 무모함으로 봐야 한다고 반박할 수 있다. 두 논쟁 모두 단어 '용감한'의 (의미가 아닌) 지시에 관한 것이다. 양자 모두 주어진 일군의 상황들이 주어진 평가적 용어의 용도에 대해 합의된 기준을 채울 만한 정도인가라는 질문에 관련된다.

단어를 세계에 적용하기 위해서는 그 어의와 지시 모두를 분명히 파악할 필요가 있다. 하지만 평가적 용어의 경우 이해의 또 다른 요소가 요구된다. 추가적으로 용어가 어떤 범위의 태도들을 표현하는 데 표준적으로 사용될 수 있는지 알 필요가 있다. 예를 들어 그것이 묘사하는 데 사용되는 행동을 찬양하고, 그에 대한 승인을 표현하며, 특히 감탄을 표현하는 (그리고 권유하는) 등의 표준적 용법을 모른다면 아무도 형용사 '용감한'의 올바른 용도를 파악했다고 말할 수 없다. 어떤 행동을 용감하다고 말하는 것은 단지 그것을 기술하는 것만이 아니라 특수한 도덕적 맥락 속에 놓는 것이다. 어떤 행동을 용감하다고 말함으로써 칭찬하거나 축하할 수는 있지만 그것을 이런 식으로 기술하여 비난하거나 비웃을 수는 없다.

이것들이 일군의 평가적 용어들을 분리하고 바르게 적용하기 위해 알아야 하는 세 가지 주요 사안이라면 우리는 이제 본절 서두에서 내가 제기한 질문으로 돌아갈 수 있다. 내가 제기한 것은 핵심 단어가 특정한 경우에 적용되어야 하는지 묻게 된다면, 그 핵심어에 대해 우리가 무엇을 논쟁하고 있는가라는 질문이다. 우리가 확인한 대로 윌리엄스는 이 논쟁이 관련 단어의 뜻이나 의미에 관한 것이라고 답한다. 그러나 내가 보여주려 시도한 대로 우리는 적어도 세 가지 다른 사안 중 하나에 관하여 의견이 다를 수 있다. 셋 모두가 자명하게 의미에 관한 불일치는 아니다. 즉 이는 단어를 적용하는 기준에 관한 것이거나, 합의된 기준이 주어진 일군의 상황에 현존하는지에 관한 것이거나, 아니면 어떤 범위의 화행을 수행하는 데 단어가 사용될 수 있는지에 관한 것이다.

평가적 용어의 적용 기준

지금까지 나는 평가적 어휘를 사회 세계에 적용하는 것을 놓고 일어나는 주요 논쟁을 분리해내려 시도했다. 이제 내가 결정적 질문으로 여기는 것에 주목하자. 이러한 언어적 불일치는 어떤 의미에서 또한 사회 세계 자체에 관한 불일치인가?

평가적 용어에 관한 한 가지 유형의 논쟁은 그것을 적용하는 기준에 집중된다고 이미 제안한 바 있다. 이는 분명 언어적 논쟁일 뿐만 아니라 실질적인 사회적 논쟁이다. 왜냐하면 마찬가지로 그것을 경쟁적 사회이론 둘 간의, 그리고 그에 따르는 사회적 현실의 분류 방법들 간의 논쟁으로 충분히 특징지을 수 있기 때문이다.

이 논쟁을 예증하는 사례로 마르셀 뒤샹Marcel Duchamp이 친숙한 특정 사물들(코트걸이, 변기)을 예술작품이라 칭하고, 그럼으로써 그것들이 틀에 넣어져 미술관 벽에 걸리도록 한 방식을 기억해보자. 어떤 비평가들은 이것들이 일상 사물에 대한 우리의 의식을 날카롭게 하고 이해를 확장하는 데 도움을 준다는 것을 근거로 그것들이 정말 중요한 예술작품이라는 점을 받아들였다. 하지만 다른 이들은 예술작품은 의도적으로 창조되어야 하기에 단순히 아무것이나 예술작품이라 **부를** 수는 없다는 점을 근거로 그것들이 결코 예술작품일 수 없다고 역설했다.

이런 불일치는 언어적 수준에서 일어난다. 그것은 일정한 기준(기량의 발휘)이 특정한 평가적 용어(**예술작품**)의 적용에 필수적 조건으로 여겨져야 하는지 아닌지에 집중된다. 그러나 이는 또한 분명 사회적 논쟁이기도 하다. 논쟁점은 일정 범위의 사물들이 다소 고양된 지위와 중요성을 지니는 것으로 다루어져야 하는가이다. 그리고 많은 것들이 이 질문에 어떻게 답하는가에 달려 있다는 점은 명백하다.

『키워드』에 담긴 주장 다수는 주로 이런 성격을 띤다. 예를 들어 '문학'literature과 '과학'science에 관한 소고들은 대체로 이 분석에 맞는다. '무의식'the unconscious에 대한 유용한 논의도 마찬가지인데, 이를 논의하는 과정에서 윌리엄스는 실제로 '서로 다른 이론들'이 용어의 '서로 다른 어의들 사이의 혼란'을 낳았다고 지적한다.[12] 더구나 이 경우에 논쟁은 실로 관련 단어의 뜻이나 의미에 관한 것이라고 윌리엄스는 분명 올바르게 주장한다. 주어진 주제(예를 들어, 무엇이 예술작품을 구성하는가?)와 관련하여 새로운 이론이 소개되면 이는 불가피하게 구성적 용어의 의미상 변화를 일으킬 것이라는 주장에 반대하여 몇몇 강력한 이견들—그중에서도 힐러리 퍼트넘—이 최근 제기된 것은 사실이다.[13] 퍼트넘은 파울 파이어아벤트Paul Feyerabend와 그 밖의 탈경험주의 철학자들이 과도한 열의로 이 가설을 채택하는 경향이 있다고 반박하는데 이는 분명 올바른 지적이다. 단지 명사와 형용사의 의미가 예컨대 접속사보다 훨씬 더 쉽게 변동하기 때문에 그렇다 하더라도, 분명 이론의 변화가 자동적으로 관련 단어 모두의 의미상 변화를 이끈다고 말할 수는 없다. 더구나 단어가 관례상 지시하도록 사용된 대상이 무엇이든 그에 대한 우리의 믿음이 단순히 바뀐다고 해서 단어의 의미도 변화했음에 틀림없다고 주장하는 것은 과도하게 무정부주의적이다.[14] 그러나 이런 경고를 받아들이면서도 나는 여전히 누군가가 용어의 적용 기준에 대해 잘못 안다면 그들이 그것의 현재 의미를 알고 있다고 말할 수는 없다고 단언하고 싶다. 그리고 뒤샹의 코트걸이가 예술작품인가라는 질문이 (어느 수준에서는) **예술작품**이라는 용어의 적용 기준에 관한 논쟁이라고 내가 주장한 바 있기에, 나는 핵심 단어에 관한 이런 유형의 논쟁에서 불일치가 실제로 관련 단어의 의미에 관한 것이라는 윌리엄스의 의견에 동의한다.

그러나 이 논쟁들에 대한 윌리엄스의 설명에 빠진 것은 거의 마비될 정도로 급진적인 논쟁의 성격이다. 그는 '의미'에 관한 모든 논의에서 '특별히 문제적인 종류의 일정 단어들을 골라내고' '그것들 자체의 내적인 전개와 성질'만 고려할 수 있다고 상정하는 것에 만족한다.[15] 여기서 그는 **예술** 같은 용어가 전체 개념 구도에서 차지하는 위치로부터 의미를 획득한다는 사실의 잠재적 가능성들을 인식하지 못한다. 그것의 적용 기준이 바뀐다는 것은 따라서 그 밖의 많은 것들이 바뀐다는 것이다. 전통적으로 예술 개념은 기량의 이상과 연결되었고, '단순히 쓸모 있는' 것과 대조되었으며, '자연'nature의 반의어로 채택되었다. 오브제 트루베*objet trouvé**나 제조된 물품이 예술작품으로 여겨질 수 있다는 제안을 인정한다면 우리는 즉시 이 모든 그리고 다른 많은 개념적 연결고리들을 끊게 된다. 그러므로 잠재적으로 **예술**이라는 용어의 적용에 관한 논쟁은 문화적 경험의 광활한 대지에 접근하고 그것을 나누는 두 가지 (서로 비교할 수 없는 것은 아니지만)[16] 상반된 방식에 대한 논쟁과 다름없다. 요컨대 윌리엄스는 단어의 의미가 변화할 때 그것은 전체 어휘와의 관계도 변화시킨다는 사실의 대단히 전체론적인 암시들을 간과한 것으로 보인다.[17] 이것이 그런 변화들에 대해 말해주는 바는, 우리가 특정 단어들의 '보통 구조'가 아니라 오히려 전체 사회철학들을 지탱하는 데 그것들이 차지하는 역할에 초점을 맞출 준

---

* 자연 그대로의 미술품.

비가 되어 있어야 한다는 것이다.

평가적 용어의 지시 범위

우리가 평가적 용어의 적용 기준에 동의한다 하더라도 그 용법을 놓고 두 번째 유형의 논쟁이 일어날 수 있다고 제안한 바 있다. 우리는 주어진 일군의 상황이 용어가 정상적으로 채택되는 기준을 제시한다고 주장할 수 있는지에 관해 논쟁하게 될 수 있다. 다시 이런 불일치의 성격은 분명 사회적인 것이고 그저 언어적인 것만은 아닐 것이다. 왜냐하면 실제로 다투어지는 바는 일정한 상황에서 용어의 적용을 거부하는 일이 사회적으로 무감각한 행위이거나 사회적 의식의 실패일 수 있다는 것이기 때문이다.

두 번째 유형의 논쟁을 예증하기 위해 현재의 보통 중산층 가정주부들이 '착취'exploitation를 겪고 있는 것으로, 즉 착취되는 계급으로 정당하게 기술될 수 있다는 주장을 고려해보자. 이런 언어적 움직임에 깔린 사회적 주장은 어느 정도 다음과 같이 설명될 수 있을 것이다. 현대 가정생활의 상황은 이토록 강한 비난조의 용어가 실상 (당신이 그것에 대해 숙고한다면) 이 사례의 사실들에 부합할 정도라는 것은 선의를 지닌 만인에게 명백하다. 역으로 '착취'라는 용어의 적용이—합의된 기준에 비추어—실로 상황에 적절하다는 것을 인정하지 못한다면 당신은 근대 가족제도가 지닌 해로운 실상의 인지를 고의적으로 거부하는 것이다.

이는 내가 추려낸 첫 번째 유형의 논쟁과 완전히 성격이 다른 논쟁이다. 그럼에도 양자를 혼동하는 지속적 경향이 도덕·정치철학자들 사이에 있어왔다. 예를 들어 마르크스주의자와 자유주의자 간의 상상적 논쟁에 대하여 스튜어트 햄프셔Stuart Hampshire가 『사상과 행동』 *Thought and Action*에서 제공한 분석을 고려해보자. 햄프셔의 설명에 따르면 자유주의자는 '자신이 생각하는 "정치적"이라는 뜻으로 정치적 중요성을 부여할 수 있다고 생각해본 적이 전혀 없는 자신의 행동에' 상대방 마르크스주의자가 '정치적 중요성을 부여한다는 것을 알고 깜짝 놀라기' 십상일 것이다.[18]

위의 인용이 이미 암시하듯이 햄프셔는 이런 유형의 불일치를 단어 '정치적'의 '어의'에 관한 것으로, 용어의 '적용 기준에 관한 불일치'로 분류한다.[19] 그러나 이것이 진정한 논쟁이라면 마르크스주의자는 자신이 용어를 **합의된** 어의에 비추어 채택하고 있다고 어느 정도의 개연성을 가지고 주장할 수 있어야 한다는 것은 분명 필수적이다. (마르크스주의자와 자유주의자 양자를 남성으로 취급하는 것은 햄프셔를 따르는 것이다.) 마르크스주의자가 햄프셔의 표현대로 자신이 '정치적'의 다른 개념을 지니고 있고, 따라서 그와 자유주의자 모두 '크게 분리된 사유 세계'에 갇혀 있음을 그저 지적하는 데 만족한다면 그가 자유주의자와 논쟁하고 있다고 말할 수 있는지조차 불분명하다.[20] 이것이 마르크스주의자가 지적하고픈 모든 것이라면, 그것이 일정한 평가적 용어를 특이한 방식으로 사용하겠다는 의도의 선언에 불과하다 할 때 자유주의자가 왜 이런 주장에 조금이라도 당황해야 하는지는 더욱 불분명하다. 자유주의자가 어느 정도의 정치적 통찰을 공유하거나 적어도 인정하도록 진정으로 설득하고자 한다면 마르크스주의자는 실제로 두 가지 논점을 강조할 필요가 있다. 하나는 자유주의자가 적용할 수 있다고 전혀 생각해본 적이 없는 범위의 행동에 '정치적'이라는 용어가 적절히 적용될 수 있다는 점이다. 하지만 다른 하나—자유주의자가 이를 인정하도록 그의 용어 적용이 촉구할 텐데—는 이것이 조금도 용어의 의미에 관한 불일치 때문이 아니라 오히려 자유주의자가 편협한 정치적 감수성과 의식의 소유자라는 사실 때문이라는 점이다.

동일한 혼란이 핵심어들에 관한 윌리엄스의 논의 다수를 괴롭힌다. 예를 들어 그는 일정한 절차가 '경험적'empirical이라 평가될 수 있는지, 특정한 종류의 세대가 '가족'family으로 불릴 수 있는지, 누군가가 특정한 사태에 '흥미'interest를 지닌다고 말할 수 있는지 등등에 관한 논쟁의 예들을 제시한다.[21] 각 사례에서 그는 논쟁을 관련 용어의 '어의'에 관한 것으로 분류한다. 그러나 다시 문제의 평가적 단어들이 그것들의 용인된 어의에 비추어 지금까지 그런 용어들로 기술된 적이 없는 상황의 묘사에 적합하다고 제시되어야 하는 것은 언어적 논쟁에 깔린 사회적 주장의 성공에 긴요해 보인다.

이런 주장의 결과 새로운 의미가 종종 생성될 것이라는 점은 사실이다. 그러나 이것이 발생하는 과정은 윌리엄스가 기술하는 것의 정반대다. 이런 성격의 주장이 성공적인 경우 결과가 새로운 의미의 등장이기는 어렵고 다만 새로운 지시 범위의 용어 적용이 결국 그 적용 기준에 압력을 줄 것이다. 결과는 오히려 새로운 사회적 인식의 수용일 것이다. 이로 인해 관련 평가적 용어들은 의미는 바뀌지 않은 채 새 상황에 다시 적용될 것이다. 새로운 의미가 등장하는 것은 오직 이 주장들이 실패할 때뿐이다.

이 논점은 이런 유형의 논쟁에서 상대방 설득의 실패가 언어에 흔적을 남길 수 있는 몇몇 방식을 고려하면 쉽게 뒷받침될 수 있다. 특정한 평가적 용어를 적용하는 보통의 기준이 흔히 추정된 것보다 훨씬 넓은 범위의 상황에 존재한다고 특정 사회 집단이 역설하고자 하는 사례를 고려해보자. 언어의 다른 사용자들은—첫 번째 집단의 근원적인 사회적 인식을 공유하지는 않지만— '새로운 의미'가 실상 '제공'되었다는 것을 선의로 추정해주고, 단순히 그것을 받아들이는 일이 일어날 수 있다.

　우리 문화(결과적으로 우리 언어)의 역사는 이러한 많은 오해들로 얼룩져 있다. 그 비옥한 원천 하나는 가장 고귀하게 인정된 도덕적·영적 가치들을 참조하여 자신들의 활동을 정당화하려던 상업사회 지지자들의 지속적 노력이다. 나는 이미 8장에서 사례 하나, 즉 단지 부지런하고 꼼꼼한 행태를 찬미하는 수단으로 16세기 후반에 처음 나타난 용어 '종교적'의 용법을 고려한 바 있다. 분명 목적은 대단히 찬미적인 용어 '종교적'의 일상적 적용 기준이 그런 행동에 반영되어 있으며, 따라서 행동 자체가 단지 관리 능력의 실례로서가 아니라 본질적으로 경건한 행위로 간주되어야 한다고 제안하는 것이었다. 이 대담한 움직임은 부분적으로 성공적이었지만 단지 부분적으로만 그랬다. 상업사회의 지지자들이 지나치게 나갔다고 말해질 수 있는 정도는 궁극적으로 용어 '종교적'에 대한 새로운 의미의 등장— '나는 과모임에 종교적으로 참석한다'처럼 말할 때 여전히 연상하는 의미—에 반영되었다. 이런 새로운 사전적 표제어의 필요성은 용어가 사용되기 시작한 모든 상황에 (경건함이라는 견해를 포함하여) '종교적'의 일상적 기준이 존재함을 보지 못한 언어 사용자 다수의 무능력 때문에 원래 생겨났다는 것은 분명해 보인다.

동일한 현상의 최근 사례들이 많이 있는데, 이들 중 몇몇은 『키워드』에서 인용되고 논의된다. 예를 들어 많은 기업들은―그들의 사업 전략과 관련하여―그들이 일정한 '철학'philosophy을 가지고 있다고 주장하고 싶어 한다. 회사들이 (단지 광고 소책자를 의미하는) '문헌' literature을 장래의 고객에게 제공하겠다고 약속하는 일은 마찬가지로 흔하다. 다시 상업사회의 활동을 일련의 '고상한' 가치와 연결하려는 조야한 시도가 분명 이루어지고 있다. 그리고 다시 한번 이런 시도의 실패는 종종 진정한 다의성을 낳는다. 회사가 일정한 철학을 가지고 있다는 말을 듣고 대부분의 언어 사용자들은 새로운 의미가 관련되어 있다고 추정했고, 그에 맞추어 용어를 사용하기 시작했다. 그들은 용어의 전통적 의미에서 회사들이 철학을 지닌다고 말할 수 있다고 느끼는 데까지는 일반적으로 이르지 못했다.

언어는 또한 두 번째 더욱 결정적인 방식으로 이런 이념적 실패의 증거를 제공한다. 논란이 되는 용어의 적용 기준에 관하여 혼란의 시기가 지난 뒤에 최종 결과는 다의성이 아니라 오히려 원래 기준 채택으로의 회귀 그리고 그에 따른 새로운 용법의 퇴화일 수 있다. 이는 예컨대 단어 '애국자'patriot의 역사에서 관찰될 수 있다. 18세기 동안 영국 과두정치 지배층의 적들은 자신들에게 동기를 부여한 것이 전적으로 헌법에 대한 경의이며, 그러므로 그들의 행동은 당파적이라 비난받기보다는 애국적이라 찬미될 만한 가치가 있다고 단언함으로써 정부에 대한 공격을 정당화하고자 했다.[22] 처음에 이는 단어 '애국자'에 관한 대단히 극단적인 불확실성을 낳았기에 그것은 곧 (존슨 박사Dr. Johnson의 사전에 실린 정의 중 하나에 따르면) '정부에 대한 당파적인 방해꾼'을 **의미하게** 되었다. 그러나 정당 정치의 점진적인 수용으로 이런 비난조의 용법은 궁극적으로 위축되었고, 단어는 칭찬의 용어로서 원래 의미와 표준적 용도로 되돌아갔다.

동일한 형태의 주장은 또한 좀 더 애매한 결과를 가져올 수 있는데, 언어는 다시 이를 드러낼 것이다. 의미론적 혼란의 비슷한 기간이 지난 뒤 새로운 용법보다는 원래 용법이 폐기되는 일이 가능하다. 언뜻 보기에 이는 사람들의 사회적 인식을 바꾸려는 숨은 활동의 성공을 가리키는 것으로 보일지 모른다. 왜냐하면 분명 이는 새로운 용도가 기본 의미의 변형에 불과하다고 주장하기 위해 단어의 초기 의미에 기대는 것을 더 어렵게 하기 때문이다. 그러나 사실 이 변화들은 다시 이념적 실패의 지표이기 십상이다. 왜냐하면 새로운 기준의 표준화는 불가피하게 용어의 평가적 효력의 변경을 동반할 것이기 때문이다. 때때로 기술 대상을 평가하는 단어의 힘은 다른 (대개 약화된) 형태로 존속될 수 있다. 잘 알려진 실례는 단어 '장난스러운'naughty에 의해 제공된다. 이 단어는 폭풍 장면에서 광대가 리어Lear에게 '잠기기에 사악한 밤'Tis a naughty night to swim in이라고 경고할 때 지녔던 효력을 완전히 상실했다.[23] 그러나 새로운 의미를 획득하는 과정은 종종 평가적 효력의 전적인 상실과 함께한다. 단어 '물품·상품'commodity의 역사가 좋은 예를 제공한다. 상업사회가 도래하기 전에는 무언가를 물품이라 말하는 것은 그것을 칭송하는 것, 특히 사람의 욕구에 부합하며, 따라서 이롭고 편리한 이익의 원천으로 볼 수 있다고 확언하는 것이었다. 이후 판매를 위해 생산된 물건도 구매자에게 혜택이나 이익의 원천으로 봐야 하고, 그 결과 물품으로 기술되어야 한다고 제안하려는 시도가 이루어졌다. 한동안 그들의 활동을 정당화하려는 초기 영국 자본가들의 시도의 결과는 '물품'이 다의적인 단어가 되었다는 것이다.

그러나 결국 원래 용법은 시들었고, 상업의 대상이라는 현재의 순전히 기술적인 '상품'의 의미만 남았다. 자본가들은 세상을, 그리고 이와 함께 영어의 상당 부분을 물려받았지만 이 경우엔 자신들의 상업활동에 대한 찬양을 인정하도록 동료 언어 사용자들을 설득할 수는 없었다.

평가적 용어에 대한 사회적 태도

우리가 평가적 용어의 적용 기준에 동의하고, 또 일군의 주어진 상황이 그 기준에 부합한다고 바르게 말해질 수 있다는 데 동의하더라도 여전히 용법에 관하여 세 번째 유형의 분쟁이 일어날 수 있다. 내가 제안한 대로 이는 용어가 수행하는 데 사용될 수 있는 화행의 성격과 범위에 관한 분쟁일 것이다. 다시 한번 이는 단지 언어적 분쟁이 아니라 사회적 분쟁으로 분명 특징지워질 수 있다. 왜냐하면 이 경우 문제가 되는 것은 일군의 언어 사용자들이 잘못된 또는 바람직하지 않은 사회적 태도를 지닌다는 비난에 노출될 수 있는 가능성이기 때문이다.

　우리는 이런 종류의 주장이 평가적 언어의 논쟁적 사용을 초래하는 두 가지 주요 노정을 구분할 수 있다. 특정 범위의 화행을 수행하는 평가적 용어의 표준적 용법이 약화되거나 심지어 폐기되는 방식으로 용어를 채택함으로써 우리는 정통의 사회적 태도와 갈라질 수 있다. 이는 다시 두 가지 방식 중 하나로 성취될 수 있다. 우리가 특정 행동이나 사태의 공인된 평가를 공유하지 않는다면 우리는 상응하는 용어를 단순히 우리의 어휘에서 완전히 탈락시킴으로써 이견을 나타낼 수 있다. 현재의 사회적 논쟁에는 이런 움직임의 실례들이 많이 있다. 기술 대상을 찬미하는 데 지금까지 사용된 용어들 중에서 이런 일은 '신사'gentleman의 경우 얼마 전에 일어났던 것으로 보인다. 오만이나 시혜의 요소를 표현하는 데 전에 사용된 용어들 중에는 이런 일이 '원주민'native이라는 말에, 적어도 명사로 사용되는 경우에 마찬가지로 일어났다.

같은 형식의 저항을 등록하는 또 다른 방법은 좀 더 어렵다. 공인된 사회적 기술과 평가 용어를 계속 채택하면서도 우리는 용어가 기술하는 대상을 단지 기술하는 데만 사용하고 동시에 평가하지는 않고 있음을 맥락으로 분명히 밝힐 수 있다. 이런 움직임 역시 현대의 실례들이 많이 있다. 오만이나 심지어 증오를 나타내는 데 전에 사용되던 용어들 중 단어 '검은·흑인'black은 형용사로 채택되든 명사로 채택되든 (사람에 대한 묘사로 사용되어) 고전적 예를 제공한다. 단어 '퀴어'queer도 마찬가지다. 찬미하는 데 전에 사용되던 용어들 중에서는 '문화'culture와 '문명'civilization 같은 단어들의 상대적으로 새롭고 신중하게 중립적인 적용에 유념할 수 있다. 윌리엄스 자신이 언급하듯이[24] 이들 후자의 용법*은 사회인류학 분과에서 유래한 것으로 보이지만, 이후 특정한 한 문명이 다른 것보다 더 연구의 가치가 있다는 암시를 부인하고자 한 사람들에 의해 널리 받아들여지게 되었다.

사회적 태도를 알리는 데 평가적 언어를 사용할 수 있는 두 번째 주요 방식은 성격에 있어 더욱 야심적이다. 8장에서 나는 상업적 자본주의 사회의 가치에 관한 초기 근대의 논쟁들을 검토하면서 그것을 예증하려 이미 시도한 바 있다. 단순히 평가적 용어의 사용을 통하여 우

---

* '문화', '문명' 등의 단어들을 중립적으로 적용하는 용법을 말한다.

리는 기술 대상을 평가한다는 생각에 반대하는 것이 아니라, 오히려 평가의 방향에 동의하지 않고 그것의 역전을 보고자 함을 암시하는 것이 가능하다.

　다시 여기에는 두 가지 가능성이 있다. 기술 대상을 비난하기 위해 보통 채택되는 용어를 우리가 보기에 관련 행동이나 사태가 대신 찬미되어야 함을 맥락을 통해 분명히 밝히는 방식으로 사용할 수 있다. 윌리엄스가 지적하듯이 이런 역전의 흥미로운 예 하나를 단어 '신화'myth의 역사에서 볼 수 있다. 좀 더 확신에 찬 합리주의 시대에 어떤 설명을 신화적이라 기술하는 것은 그것을 무시해버리는 것이다. 그러나 윌리엄스가 언급하듯이 최근에 이 용어는 신화적 '현실 해석'을 세속적 설명보다 '더 진실'하고 '더 심오한' 것으로 상찬하는 데 종종 사용되었다.[25] 역으로 우리는 일반적으로 칭찬할 만한 것으로 여겨지는 행태를 싫어할 수 있으며, 비록 우리가 사용하는 용어가 찬미하는 데 표준적으로 채택되지만 우리는 기술 대상을 비난하는 데 그것을 채택하고 있다고 맥락을 통해 분명히 함으로써 불만을 암시할 수 있다. 다시 한번 현재의 이념적 논쟁에는 이런 투쟁의 실례들이 많이 있다. 예를 들어 예전에 찬양조의 용어였던 '엘리트'elite의 최근 부침에 대해 생각해보라. 또는 일군의 논평자들이 일부 정치가들을 '리버럴'이라 온통 칭찬하지만 다른 이들은 그들을 모욕하기 위해 같은 용어를 채택하는 경우 이 정치가들의 운명에 대해 생각해보라.

　윌리엄스는 이 세 번째 일반 범주에 속하는 다수의 불일치를 개관하는데, 많은 경우 그의 논평은 지극히 흥미로우며 명민하다. 그러나 그의 논의는 이런 유형의 논쟁을 우리가 고려한 바 있는 첫 번째 유형의 논쟁, 즉 용어들의 적절한 어의 혹은 의미가 주요한 논점이 되는 논쟁과 구분하지 못함으로써 전체적으로 결함을 지닌다. 실제로 윌리엄스는 두 유형의 논쟁을 구분하지 못할 뿐만 아니라 구분을 거부한다. 예를 들어 그는 신화를 비난하는 것에서 찬미하는 것으로의 변동에 관련된 변화가 단어 '신화'의 '어의'에 있어서의 변화로 해석되어야 한다고 주장한다.[26]

그러나 윌리엄스가 지적하는 데 관심 있는 단어의 용법 변화에도 불구하고 '신화'의 어의와 지시 모두 안정적으로 남는 것은 전적으로 가능할 것이다. 신화적이라 불렸던 이론과 설명 모두 (그리고 오직 이것들만) 여전히 신화적이라 불리며, 용어 사용에 관련된 유일한 변화는 신화를 비난하는 것에서 찬미하는 것으로의 변동에서 비롯할 수 있다. 이러한 용법의 변화가 시간이 지나면 단어의 어의에 영향을 끼치기 십상이라는 것은 사실이다. 그러나 이런 유형의 논쟁이 주로 (또는 심지어 반드시) 어의에 관련될 것이라 상정하는 것은 실수이다. 변하는 것은—적어도 처음엔—어의와 아무 상관이 없다. 변하는 것은 단순히 언어를 사용하는 사람들의 사회적 또는 지적 태도이다.[27]

사회적 언어와 사회 세계

지금까지 나는 서두에서 제기한 대단히 큰 문제에 대해 적어도 예비적인 대답을 제공하려 시도했다. 사회 세계를 기술하고 평가하는 데 우리가 사용하는 어휘를 연구함으로써 우리는 사회 세계에 관하여 어떤 종류의 지식과 의식을 획득하기 바랄 수 있는가라고 나는 질문했다. 나는 우리가 성취하기 바랄 수 있는 세 가지 유형의 주요 통찰, 즉 변화하는 사회적 신념과 이론에 대한 통찰, 변화하는 사회적 인식과 의식에 대한 통찰, 그리고 변화하는 사회적 가치와 태도에 대한 통찰 등이 있다고 대답했다. 따라서 나는 윌리엄스의 저서에 내가 보기에 가장 심각하게 결여된 것에 대해 적어도 개요를 제공하려 시도했다. 그것은 사회적 어휘라는 증거를 사회 세계에 대한 이해 증진의 실마리로 활용하기 위해 개발할 필요가 있는 방법론에 대한 설명이다.

이는 다시 훨씬 더 어지러운 또 하나의 질문을 암시한다. 현재 우리는 사회 변화의 과정(따라서 그것의 설명)에서 평가적 어휘가 차지하는 역할의 성격에 대해 말할 수 있는 위치에 있는가?

윌리엄스는 분명 그렇다고 생각하고, 언어의 이미지를 사회적 현실의 거울로 여러 차례 암시함으로써 이런 의미를 전달한다. 사회적 변화 과정은 어휘 전개의 주원인으로 취급되며, 역으로 그런 전개는 사회적 변화 과정의 반영으로 취급된다.[28] 예를 들어 자본주의의 등장을 '각별한 경제 체제'로 기술하면서 윌리엄스는 이것이 '뒤따르는 흥미로운 언어 용법들'을 낳았다고 언급한다.[29] '산업혁명의 경제적 변화들'에 대해 더 구체적으로 논평하면서 그는 이것들이 '대단히 예리해지고' 확장된 '계급 어휘'를 생산했다고 지적한다.[30]

이 이미지가 우리에게 중요한 진실을 상기시켜준다는 것은 의심할 바 없다. 핵심 사회적 용어들의 적용에 관하여 광범위한 합의에 마주하는 경우 우리는 현저하게 동질적인 사회적·도덕적 세계를 다루고 있음에 틀림없으며, 그런 합의가 절대적으로 전혀 없는 경우 우리는 총체적인 무질서를 기대할 수 있다. 그러나 이 비유는 또한 한 가지 중요한 측면에서 혼동을 일으킨다고 주장할 만하다. 그것은 우리가 서로 우연히 연관된 별개의 두 영역, 즉 사회 세계 자체의 영역과 그 성격을 묘사하려 시도하기 위해 적용하는 언어의 영역을 다루고 있다고 상정하도록 이끈다. 분명 이는 윌리엄스의 설명에 깔린 가정으로 보인다. 그는 자신이 논의하는 '단어들'과 사회 세계의 '진정한 논쟁점들' 사이에서 완전한 분리를 본다. 그리고 종종 그는 마치 양자 간의 간극이 결코 메울 수 없는 것인 양 이야기한다. 우리가 언어적 수준에서 제공하는 '분석이 아무리 완전하더라도' '진정한 논쟁점들'이 근본적으로 영향받으리라 예상할 수는 없다고 그는 애석해하며 결론짓는다.[31]

이런 식으로 말하는 것은 윌리엄스가 『키워드』의 다른 부분들에서 강한 어조로 강조한 것을 잊는 일이다. 이는 평가적 언어의 가장 중요한 용법 중 하나가 패권적 사회 집단의 활동과 태도를 기술할 뿐만 아니라 정당화하는 것이라는 사실 말이다. 이러한 고려의 중요성은 8장에서 내가 검토한 주요 사례로 잠시 되돌아가면 드러날 수 있다. 나는 자신들의 상업적 사업이 도덕적으로 의심스러워 보일지도 모르지만 사실은 존중받을 만하다고 동시대인들을 설득하고 싶어 했던 초기 근대 영국 사업가들의 사례를 고려했다. 그들이 채택한 장치 하나는 특징적으로 꼼꼼하고 양심적인 그들의 행동을 성격상 종교적인 것으로, 따라서 단지 이기적인 원칙이 아니라 경건한 원칙이 동기가 된 것으로 당연히 볼 수 있다고 주장하는 것이었다. 물론 그들의 숨은 목적은 자신들의 행동을 이렇게 높은 찬양조의 용어로 묘사하는 일이 적절하다고 고집함으로써 그것을 정당화하는 것이었다.

여기서 이런 종류의 예가 언어를 좀 더 기본적인 사회적 현실의 거울로 보는 비유에 정확히 맞는 것으로—이는 명백히 윌리엄스의 견해인데—보일지 모른다. 상인은 다소 미덥지 않은 방식의 생활에 종사하는 것으로 인식되기에 그것을 정당한 것으로 보이고픈 강한 동기를 지닌다. 해서 그는 자신이 하는 일을 도덕적으로 받아들여질 수 있는 방식으로 제시하는 데 도움이 되는 원칙들만 공언하고 또 그런 기술들만 제공한다. 원칙의 선택과 그에 동반하는 기술 모두 명백히 사후적 방식으로 행동에 관계되기에 그 행동의 설명이 그가 사용하기로 선택한 도덕적 언어의 연구에 조금이라도 의존할 필요는 거의 없어 보인다. 그의 어휘 선택은 이전의 사회적 필요에 의해 전적으로 결정되는 것처럼 보인다.

그러나 내가 보기에 이는 어떤 사회가 사회적 삶의 기술과 평가를 위해 채택하는 규범적 어휘의 역할을 오해하는 것이다. 상인은 자신이 수행하고자 하는 **아무** 행동이나 다 성격상 '종교적'이라 기술하길 바랄 수는 없다. 용어의 적용을 위한 합의된 기준에 맞는다고 어느 정도의 개연성을 가지고 주장할 만한 행동들만 그럴 수 있는 것이다. 따라서 자신의 행실을 진정으로 종교적 인간의 그것으로 평가받고 싶다면 그는 오직 일정한 범위의 행동들만 수행하도록 제한될 것이다. 그러므로 이기적이기보다는 경건하게 보이고 싶은 상인의 문제는 원칙의 설명을 자신의 기획에 맞게 재단하는 단순히 도구적인 것이 아니다. 부분적으로 그것은 자신의 기획을 도덕적 원칙의 기존 언어에 부합하도록 재단하는 문제이다.[32]

상인 이야기는 두 가지 교훈을 암시하는데 이를 대략 설명함으로써 끝내고자 한다. 하나는 사회적 어휘와 사회 세계 간의 관계를 순전히 외적이고 우연한 것으로 그리는 일은 실수라는 점이다. 사회적 실천이 사회적 어휘에 의미를 부여하는 데 도움을 준다는 것은 사실이다. 그러나 사회적 어휘가 실천의 성격을 구성하는 데 도움을 준다는 것도 마찬가지로 사실이다. 사회적 행동을 정당화하는 데 도움을 주는 평가적 언어의 역할을 인식하는 것은 사회적 어휘와 사회적 구조가 서로 받쳐주는 지점을 인식하는 것이다. 아마도 우리는 (찰스 테일러가 그랬듯이) 심지어 더 나아가 '원한다면 상호 의존에 대해 말할 수는 있지만 우리가 실제로 인식할 필요가 있는 것은 '사회 현실과 그 사회 현실을 기술하는 언어 간의 구분이 인위적이라는 점이다'라고 덧붙일 수 있다.[33]

다른 교훈은, 사회적 언어와 사회 현실 간에 인과적 연결고리가 실제로 있다면, 하나가 다른 하나를 반영한다고 말하는 것은 인과적 화살이 잘못된 방향을 향한다고 상상하는 것이라는 점이다. 행실을 기술하고 평가하는 데 이용 가능한 규범적 어휘의 성질을 알아내는 일은 동시에 행실 자체에 대한 제약들 중 하나를 확인하는 일이다. 다시 이는 사회적 행위자들이 왜 다른 행동 과정들은 피하면서 일정한 것들에 집중하는지 설명하고자 한다면 그들이 행동하고 있는 사회의 지배적 도덕 언어를 참조해야 한다는 점을 시사한다. 이제 이 언어는 그들 기획의 부수 현상이 아니라 행동의 결정자들 중 하나로 나타날 것이다.

이런 교훈들로 결론맺는 것은 지배적이지만 메마른 형태의 환원주의를 피하라고 문학비평가와 사회사학자 모두에게 경고하는 일이다. 그러나 그것은 또한 문학비평가의 특수한 기법들이 문화 비평 작업에서 중심적 지위를 차지한다—또는 차지해야 한다—고 암시하는 일이기도 한데, 윌리엄스의 『키워드』 같은 저작은 이를 거의 인식하지 않았다.

이들은 기본적으로 행도
행동이나 상태
뿐이

수사 연구와 개념의 변화

Retrospect: Studying rhetoric and conceptual change

를 별개 형태의 역사 탐구로 다루는 일의 전망에 관심을 기
사를 쓰고자 한다면 흄스가 인위적 세계라 부른 것, 즉 정치 및 도덕
되는 개념들에 특히 집중하는 것이 좋을 것으로 보인다. 이는 다시 그런 개념
는 다양한 용어들—전체 규범적 어휘—에 초점을 맞출 필요가 있다는 것을 의미한다.
범은 미덕 및 악덕의 명칭들인데, 8장과 9장에서 논의한 대로 이는 자연언어에서 기술적 기능과
이 평가적 기능을 수행하는 것들이다. 이들은 기본적으로 행동과 그 수행 동기를 기술하는 데 사용된다. 그

코젤렉의 접근법을 채택함으로써 어느 정도까
나 조금이라도 의심이 남아 있더라도
안 된다. 또는 적어도 이 연
서는 안 된다. 나
이다. 이

y Before Liberalism에서 기술한 바 있다. 이 견해에 따르면 자유는
예속과 대조되는 실존적 조건으로 간주되어야 한다." 개념들로 무엇이 행해
개념들의 의미와 중요성을 복구하는 과정에서의 한 요소로 이해할 필요성에 관해 대가
만 것과 이들 연구가 서로 긴장관계에 있다고 생각하지 않는다. 반대로, 개념이 없는 경우 행할 수
지만 그것이 있기에 행할 수 있었던 바를 지적함으로써 문제의 개념이 왜 특정 역사적 시기에 처음 부각

이 장은 원래 *The Finnish Yearbook of Political Thought* 3 (1999), pp.60~73에 「수사와 개념의 변화」Rhetoric and Conceptual Change라는 제목으로 실린 논문을 수정·확대한 것이다.

개념 연구와 용법의 역사

지금까지 여러 장들에서 나는 변화하는 개념의 연구를 별개 형태의 역사 탐구로 다루는 일의 전망에 관심을 기울였다. 내가 강조해온 대로 이런 종류의 역사를 쓰고자 한다면 홉스가 인위적 세계라 부른 것, 즉 정치 및 도덕 세계를 기술하고 평가하는 데 채택되는 개념들에 특히 집중하는 것이 좋을 것으로 보인다. 이는 다시 그런 개념들을 관습적으로 표현하는 다양한 용어들—전체 규범적 어휘—에 초점을 맞출 필요가 있다는 것을 의미한다. 이 용어들의 전범은 미덕 및 악덕의 명칭들인데, 8장과 9장에서 논의한 대로 이는 자연언어에서 기술적 기능과 더불어 평가적 기능을 수행하는 것들이다. 이들은 기본적으로 행동과 그 수행 동기를 기술하는 데 사용된다. 그러나 이들 용어를 적용하는 기준이 주어진 행동이나 사태에 반영되어 있다고 어느 정도의 개연성을 가지고 주장할 수 있다면 용어의 적용은 그것을 기술할 뿐만 아니라 동시에 평가하는 기능도 하게 된다.

1970년대에 나는 이런 규범적 어휘를 역사 연구 주제로 삼기 시작했으며, 8장과 9장의 원 논문이 발표된 것도 그 당시였다. 이 논문들을 쓰게 된 이유 하나는 (T. D. 웰던이 고전적 텍스트의 제목에서 그랬듯이) 정치 어휘 **전체**에 대해 타당하게 말할 수 있고,[1] 마찬가지로 (R. M. 헤어Hare가 훨씬 더 영향력 있는 저서에서 그랬듯이) 도덕 언어 **전체**에 대해 말할 수 있다는[2]—당시 영어권 철학에서 지배적이었던—견해에 반론을 제기하고픈 나의 소망이었다. 이 가설은 다른 사회들이 이 영역들을 다른 방식으로, 심지어 어쩌면 서로 비교할 수 없

는 방식으로 개념화할 수 있다는 좀 더 역사지향적인 인식의 이름으로
반론을 제기할 만한 가치가 충분해 보였다. 따라서 이들 두 글은 여기
에 4장으로 재수록된 글에서 내가 취한 입장의 진전(또는 적어도 생각
의 변화)을 구현했다고 말할 수 있다. 여기서 나는 도덕적·정치적 이
론이 그것만의 독특한 그리고 상대적으로 안정적인 어휘들을 소유한
다고 상정하는 데 여전히 만족했었다.

　　내가 개념의 변화하는 용법을 연구하고 싶은 데는 두 번째 좀 더
기본적인 동기가 있다. 나는 관념사학자의 고유한 책무에 대해 아서
러브조이와 그의 제자들이 상당한 영향력으로 보급시킨 가설에 의문
을 제기하고 싶었다. 러브조이는 이데올로기 논쟁의 표면 아래에는 일
련의 영구적인 불변의 '단위 관념들'unit ideas이 항상 있으며, 이를 찾
아내고 추적하는 일이 지성사학자의 책무가 된다고 주장했다.[3] 이 주
장에 반대하여 다시 한번 나는 사상사의 더 근본적인 우연성에 대해
말하고자 시도했다.[4] 내 강령(내가 이렇게 고양된 용어로 말할 수 있다
면)의 이 부분은 여기 4장으로 재수록된 논문의 원본에 이미 발표된
바 있다. 비트겐슈타인이 자신의 후기 저작에서 제시한 제안에 기대어
나는 단위 관념 그 자체의 역사는 있을 수 없고, 오직 다른 시대에 다
른 행위자들이 그것을 사용한 다양한 용법의 역사만이 있을 수 있다고
주장했다. 나는 이런 용법들 아래에 또는 뒤에는 아무것도 없으며, 쓰
일 수 있는 유일한 관념사는 용법들의 역사라고 과감히 제안했다.

　　그러므로 나의 기본적인 신념을 표현하는 방식 하나는 개념들의
이해를, 부분적으로, 그것들로 논쟁에서 무엇을 할 수 있는가를 이해
하는 문제로 항상 취급하고 싶었다고 말하는 것이다. 이 책 4장에 재
수록된 글에서 내가 처음 그랬듯이 이 신념을 공언하면서 나는 20세

기 사회사상의 특정 전통 하나를 충실히 따르고 있다고 선언했다. 7장과 8장의 논의가 분명히 했듯이 나 자신은 원래 이 전통을 막스 베버의 사회철학에서 발견했지만 아마도 이 전통은 니체에서 유래한다고 말할 수 있을 것이다. 니체처럼 베버는 우리의 개념들이 시간이 지남에 따라 변할 뿐만 아니라 우리가 살고 있고 우리의 존재가 거주하는 세계에 대해 일련의 변화하는 관점들밖에는 제공할 수 없다고 믿었다. 개념들은 세계를 이해하기 위해 우리가 세계에 가져오는 것들의 일부를 형성한다. 이 과정이 초래하는 개념화의 변동은 이데올로기 논쟁의 소재 자체를 구성하며, 따라서 이러한 개념의 변화가 지속적으로 일어난다는 점을 안타까워하는 것은 그것을 부정하는 것만큼이나 이치에 닿지 않는다.

정치에 대한 이런 시각을 나처럼 인정한다면, 이는 핵심적 도덕 용어들의 분석을 명확히 고정함으로써 정치의 흐름을 멈추려는 열망을 지닌 우리 시대의 모든 신칸트주의적 기획들에 의문부호를 다는 일이다. 이 접근법을 택하면서 모두(**모두?**)가 동일한 도덕적·인지적 판단을 내리는 이상적인 담화 상황을 상상하는 이들에 대해 나는 특별한 편견을 계속 품고 있다.[5] 개념에 의해 매개되지 않는 도덕적 또는 인지적 판단은 없으며, 심지어 겉보기에 가장 추상적인 개념들도 철저하게 역사적인 것으로 보인다.

코젤렉의 〈개념사〉와 나의 연구

하지만 나는 이 접근법을 의문시하는 것보다는 개념의 변화 현상이 생산적으로 탐구되어야 한다면 어떤 종류의 역사가 기술될 필요가 있는지 고려하는 것에 더 관심을 기울여왔다. 내가 도달한 견해가 이제는 저명한 라인하르트 코젤렉Reinhart Koselleck의 *Begriffsgeschichte** 연구, 즉 개념사의 연구 강령에 구현된 것과 어떤 면에선 비슷하다고 부언하는 것은 가치 있는 일이다.[6] 코젤렉과 나는 모두 규범적 개념들을 세계에 대한 진술로 보기보다는 이데올로기 논쟁의 도구와 무기로 취급할 필요가 있다고 추정한다. 아마 우리 둘은 '우리를 낳고 결정하는 역사는 전쟁의 형태를 취한다'라는 푸코의 니체적 주장에 영향받았을 것이다.[7]

이런 식으로 나의 원래 표적을 확인하는 일이 아마도 가치 있는 이유 하나는 나를 비판하는 많은 이들이 내가 불신의 대상으로 삼는 것이 〈개념사〉를 쓰려는 코젤렉의 기획이라고 상정했기 때문이다. 그러나 이는 결코 사실이 아니었다. 1960년대 말과 1970년대에 언급해온 글들을 썼을 때 내가 코젤렉의 연구 강령에 대해 전혀 알지 못했다는 것은 의심할 바 없이 유감스러운 일이지만 그럼에도 사실이다. 나는 멜빈 릭터Melvin Richter가 1980년대 그의 논문들에서,[8] 그리고 이후 최근 1995년에 출판된 그의 중요한 연구서『정치·사회적 개념의 역사』*The History of Political and Social Concepts*[9]에서 영어권 독자들에게 코젤렉의 작업을 소개하고 나서야 비로소 그의 성취가 지닌 특별함과 거대함을 깨닫게 되었다.

코젤렉의 접근법을 채택함으로써 어느 정도까지 개념의 역사성을 포착할 수 있는지는 의문으로 남는다.[10] 그러나 조금이라도 의심이 남

---

* 이하 〈개념사〉로 표기.

아 있더라도 그것은 내가 보기에 개념사를 기술한다는 생각 자체에 대한 의심이어서는 안 된다. 또는 적어도 이 역사가 시간이 지남에 따라 개념들이 어떻게 사용되어왔는가의 역사라면 이를 의심해서는 안 된다. 나 자신도 그런 역사를 어느 정도 기술하려 시도했었다는 점은 아마도 부언할 만한 가치가 있을 것이다. 이들 연구 중 두 편이 본서에 포함되어 있다. 2권**에는 국가 개념의 획득에 관하여 원래 1989년에 발표된 글이 (상당히 수정된 형태로) 재수록되어 있고, 3권***에는 『리바이어던』에 나타난 홉스의 주장이 이 전통과 맺는 관계에 대한 1999년의 관련 글이 재수록되어 있다. 나는 또한 자유 개념에 관한 특정 견해가 영어권 정치이론 안에서 일어나고 스러진 것에 대해―나의 저서 『자유주의 이전의 자유』*Liberty Before Liberalism*에서―기술한 바 있다. 이 견해에 따르면 자유는 단지 행동의 서술어로서가 아니라 예속과 대조되는 실존적 조건으로 간주되어야 한다.[11] 개념들로 무엇이 행해질 수 있는가라는 문제를 개념들의 의미와 중요성을 복구하는 과정에서의 한 요소로 이해할 필요성에 관해 내가 지금까지 기술한 것과 이들 연구가 서로 긴장관계에 있다고 생각하지 않는다. 반대로, 개념이 없는 경우 행할 수 없었겠지만 그것이 있기에 행할 수 있었던 바를 지적함으로써 문제의 개념이 왜 특정 역사적 시기에 처음 부각되었는지를 암시하는 것이 이들 각각의 연구에서 내가 목표로 한 바의 일부였다.

이런 언급들이 이미 분명히 했겠지만, 우리가 철학사학자로서 개

** 『르네상스의 덕목』을 말함.
*** 『홉스와 시민학』을 말함.

념의 변화라는 사실을 단지 인정할 뿐만 아니라 그것을 연구의 중심으로 삼을 준비가 되어 있어야 한다는 믿음을 나는 강하게 지지한다. 우리의 도덕적·사회적 세계는 우리가 물려받은 규범적 어휘들을 적용하는 방식에 의해 지탱되고, 나아가서 우리가 세계를 재평가하고 변화시킬 수 있는 방법 하나는 이 어휘들이 적용되는 방식을 바꾸는 것이다. 이미 8장과 9장에서 보여주려 시도했듯이, 이로 말미암아 모든 평가적 개념들에는 추적할 만한 계보가 있으며, 변화하는 용법들을 추적함에 따라 우리는 사회적 변화의 반영과 함께 그 동력 중 하나를 보게 될 것이다. 나는 혁신적 이념가들이 결과적으로 이용 가능한 도덕적 언어를 그들 자신의 목적에 맞게 뒤트는 데 관심을 기울이며, 동시에 관습적 믿음들에 도전하는 데 몰두한다고 항상 강조해왔기에 내가 첫 번째 가능성을 인정하지 못한다고 최근 어떤 비평가에 의해 비난받는 것을 보면 놀라울 지경이다.[12] 이 책 8장은 대체로 이 문제를 고려하는 데 할애되어 있고, 아래에서 수사적 재기술 현상을 논의하는 목적 하나는 두 번째 가능성과 더불어 첫 번째도 항상 작동 중이라는 점을 보여주려는 것이다.

사회적 삶 수준에서의 개념 변화의 역사

개념의 변화 현상을 연구하기 위해 파악할 필요가 있는 근원적 논점으로 내가 여기는 바를 9장에서 이미 암시한 바 있지만, 여기서 보다 상세히 설명하고자 한다. 역설적이기까지 한 내 주장은 우리가 관찰하기 바랄 수 있는 다양한 변모는 엄격히 말해 개념상의 변화가 전혀 아니라는 것이다. 그것은 개념들을 표현하는 용어들의 용도 변화이다. 이 변화에는 다시 여러 종류가 있겠지만 나 자신의 연구에서는 최근 내 작업을 평가한 카리 팔로넨Kari Palonen이 수사적 관점이라 요긴하게 부른 것에 주로 초점을 맞추었다.[13] 특정한 평가적 용어를 주어진 행동이나 사태에 적합한 기술로서 적용할 수 있는지 질문하게 될 때 발생하는 논쟁들에 나는 주로 관심을 기울여왔다. 그러나 이것이 주요 관심사이긴 했지만 이를 개념의 변화 과정이 시작될 수 있는 유일한 또는 심지어 가장 중요한 방식으로 받아들인다고 여겨지길 바라지는 않는다. 수사적 사례를 더 자세히 고려하기 전에 나는 개념의 변화 현상이 역사적으로 관찰될 수 있는 두 가지 다른 방식을 언급하고 싶다.

우선 특정한 규범적 어휘가 시간이 지남에 따라 채택되는 범위나 정도의 변화를 추적할 수 있다. 여기에는 분명 두 가지 대조적인 가능성이 있다. 주어진 사회에서 새로운 형태의 사회적 행동의 등장은 문제의 행동이 기술되고 평가되는 상응 어휘들의 발전에 일반적으로 반영될 것이다. 나는 이미 8장에서 초기 근대 유럽의 상업사회 발전을 이 관점에서 고려한 바 있다. 여기서 나는 '검소', '근면'industrio-usness, '엄밀함'punctuality, '양심적임'conscientiousness 등의 새로운 가치를 중심으로 한 평가적 어휘의 두드러진 증가에 초점을 맞추었다. 다른 가능성은 주어진 사회가 특정한 행동 양식을 추려서 그것에 가치를 부여할 만하다는 의식을 점차 상실할 수 있다는 것이다. 일반적으로 이런 종류의 심정 변화는 상응하는 규범적 어휘의 위축으로 기록될 것이다. '신사적'gentlemanly 행동의 이상을 기술하고 찬미하며, 동시에 그것을 훼손할 만한 행실을 낙인찍는 데 앞세대에서 광범위하게 사용되던 합성어가 현대 영어에서 사라진 것은 유익한 예를 제공한다.

'비열한 사람'cad과 '천한 사람'bounder 같은 용어들은 —대조적인 개념 '신사다움'gentlemanliness과 함께— 영어의 역사 사전에는 여전히 포함되지만 그것들이 평가하는 데 사용되던 행동 유형이 사회적 의미를 잃어버렸기에 평가 용어로서는 폐어가 되었다.

　이론의 여지는 있지만 이런 예들은 개념들이 역사를 지닌다—더 정확히 말하자면 개념을 표현하는 데 우리가 사용하는 용어들이 역사를 지닌다—라는 주장의 가장 훌륭한 증거를 제공한다. 그것들은 발생하고 쇠퇴하며, 몇몇 경우 결국 시야에서 사라진다. 그러나 나는 개념의 운명fortuna에 나타나는 이런 종류의 장기적 변동이 주요 관심사가 아니었음을 고백한다. 여기서 나의 접근은 코젤렉과 그의 동료들의 그것과 뚜렷하게 갈린다. 그들은 더 느린 시간의 흐름에 주로 몰두해 왔고, 갑작스러운 개념 변동에 대한 점묘법적인 연구에는 나보다 관심이 훨씬 덜했다.[14] 내가 지금까지 그런 광대한 연대기에 관심이 적었던 이유 하나는 내가 제시한 예들 중에서 변동하는 어휘들은 사회적 삶의 더 깊은 변모의 지표나 반영에 불과하기 때문이다. 이는 다시 이러한 개념 변화의 역사가 조금이라도 설명적 가치를 지니려면 사회적 삶 자체의 수준에서 설명이 이루어져야 함을 의미한다. 그러나 나는 사회적 변모의 기제에 관한 일반 이론을 전혀 갖고 있지 않으며, 그것을 가진 이들을 어느 정도 의심하는 편이다. 분명 나는 시간 자체가 변화의 동인으로 등장하는 이론은 무엇이든 깊이 의심한다. 오래전에 존 던이 고전적 논문에서 언급했듯이 그런 은유는 객관화의 모습을 띠고 재등장하는 못된 버릇이 있는데, 이로써 항상 전통이 진보와 싸우고, 계몽이 미신과 싸우는 식의 신뢰를 잃어버린 지성사의 한 형태를 조장한다.[15]

다음으로 나는 개념 변화의 두 번째 형태, 보다 정확히 말해 사회 세계를 기술하고 평가하는 데 사용되는 어휘들이 지속적으로 구겨지고 미끄러지는 두 번째 방식에 대해 9장에서 말한 바를 토대로 논의를 전개하고 싶다. 이 과정은 특정한 평가 행위를 수행하고 장려하는 규범적 어휘의 능력이 방향이나 강도에 있어 변화될 때 일어난다. 이런 종류의 변화들은 기존의 사회적 인식이나 믿음을 변경하려는 잠재적 시도를 대개 반영하며, 이 노력들은 다시 두 가지 주요 방식 중 하나로 평가 언어에 나타날 것이다. 행동이나 사태를 찬미하는 데 일반적으로 사용되는 용어가 대신 불승인을 표현하고 권유하는 데 사용될 수 있고, 아니면 용인된 가정과는 반대로 비난조의 용어가 기술 대상이 칭송할 만한 가치가 있다고 암시하는 데 사용될 수 있다.

이 사례들이 제안하는 것은 사회가 도덕적 가치 중 일부를 재고하고 아마도 재평가해야 한다는 점이다. 간혹 우리는 개별 텍스트의 특정 순간들에 나타난 극적인 제안들을 정확하게 지적할 수도 있다. 예를 들어 르네상스 유럽의 궁정사회에서 그토록 높게 평가되던 관대함liberality의 미덕이 실제로는 위험한 악덕의 이름일 수 있다고 주장하고 픈, 『군주론』 16장에 나타난 마키아벨리의 명백한 욕망을 고려해보라.[16] 또는 1528년 『정신론』廷臣論(*Libro del Cortegiano*)에 나타난 발다사르 카스틸리오네Baldassare Castiglione의 대조적인 욕망을 고려해보라. 그는 자신이 sprezzatura라 명명한 자질—어떤 것이라도 높은 가격을 매기는 것을 태연하게 거부하는 자질—을 골라내고, 그것을 문명화된 삶의 선도적 미덕 중 하나로 찬미하고자 했다.[17] 후자의 제안에 함축된 불편한 암시는 1561년 토머스 호비 경Sir Thomas Hoby이 처음 발행한 『정신론』의 영어판에서 가장 선명하게 확인될 수 있다. 카스틸리오네가 만들어낸 용어, sprezzatura의 번역어를 찾아야 할 필요성에 직면하여 호비는 그것을 recklessness(개의치 않음)로 옮기기로 결정했다.[18] 이로써 그는 선견과 면밀함을 가지고 행동하는 것의 의도적인 거부가 최고의 칭송을 받을 만한 가치가 있을지도 모른다는 불편한 사상으로 청교도적 동시대인들에 맞섰다.[19]

　　이런 제안들이 광범위하게 수용될 때마다 전체 사회는 결국 몇몇 근본적인 가치나 실천에 대한 태도를 변경하게 되고, 그에 따라 규범적 어휘도 변경하게 될 것이다. 그러므로 우리는 이것들이 아마도 가장 순수한 의미에서 개념 변화의 예들이라 말할 수 있다. 그러나 다시 나는 이런 평가적 용어들이 평가적 효력을 잃도록—또는 그 방향을 변경하도록—이끄는 장기적 사회 변모에 주의를 거의 기울이지 않았다. 이러한 관심의 결핍은 다시 한번 코젤렉의 접근과 강하게 대조된다. 무시의 이유는 앞과 같다. 내게는 여기에 요구되는 사회사를 쓸 만한 능력이 부족하다. 또 하나의—예를 들어 팔로넨이 가한[20]—비난은 내가 코젤렉과는 대조적으로 일정 개념들의 의미에 시간 자체가 포함되어야 할 가능성을 탐구하려 전혀 시도하지 않았다는 것인데, 이에 대해서도 나는 맞다고 인정한다. 실제로 나는 이 가능성을 무시하는데 이는 오직 그것이 도무지 내게는 이치에 닿지 않기 때문이다.

수사적 재기술의 기법

마지막으로 내가 주로 관심을 가져왔던 개념의 변화 형태, 즉 내가 성격상 수사적이라 기술한 형태를 재검토하고자 한다. 이런 변화는 주어진 상황에서 보통 사용되지 않던 평가적 용어로 어떤 행동이나 사태가 기술될 때 시작된다. 목적은 용어가 겉보기와 달리 현재의 사례에—그것의 정상적 의미로 말미암아—정당하게 적용될 수 있음을 청중에게 설득하는 것이다. 그런 판단을 수용하도록 누군가를 성공적으로 설득하는 일의 효과는 그들이 문제의 행동을 새로운 도덕적 관점에서 볼 수 있게 자극하는 것이다. 그들이 전에는 찬미할 만하다고 여겼던 행동이 비난받을 만한 것으로 보이게 될 수 있는 반면 그들이 전에는 비난했던 행동이 칭송할 만한 것으로 보일 수 있다.

1970년대 초 내가 처음 수사적 재기술의 기법을 논의했을 때, 나는 모든 평가적 용어에는 한때 용인된 표준적 의미와 용법이 있을 것이라는 가설로 작업했다. 이는 8장에서의 역사적 분석이 기초하고 있는 핵심 가설로 남아 있다. 그 결과 나는 해당 장에서 혁신적 이념가라는 인물을 내가 일련의 책략이라 부른 것을 통해 규범적 어휘를 조작하는 사람으로 묘사한다. 그러나 이후 나는 원래 수사적 재기술의 관련 기법들을 기술한 고전적 웅변 이론가들의 저술에 몰두해왔다. 그 결과 나는 규범적 개념들과 그것들이 관습적으로 표현되는 유동적 어휘에 대한 그들의 더 회의적인 이해를 공유하게 되었다. 평가적 용어들이 공인된 외연을 지니고 있어 그것들을 따르거나 아니면 여러 단계의 음흉함으로 효과적으로 조작할 수 있다고 말하는 것은 거의 이치에 닿지 않는다는 그들의 가설을 나는 점차 받아들이게 되었다. 나는 겉보기에 상충하는 평가적 용어들 사이에 어느 정도의 '이웃함'neighbourliness—그들은 이 용어를 선호하는데—이 항상 존재할 것이라는 그들의 인식을 높이 평가하게 되었다. 요컨대 지금 나에겐 규범적 용어의 '바른' 용법에 대해 규칙을 정하려는 모든 시도는 성격상 모두 동등하게 이념적이라 간주해야 하는 것으로 보인다. 이 용어들이 채택될 때마다 그것들의 적용은 특정한 도덕적 관점을 사회 세계의 작동에 부과하려는 소망을 항상 반영할 것이다.

이제 수사적 재기술의 핵심 기법에 관하여 몇 가지 일반적 소견을 제시함으로써 끝맺고 싶다. 나는 2권 10장에서 보다 상세하게 이 기법으로 되돌아가며, 3권 4장에서 그에 대한 홉스의 반응을 논의하면서 이를 다시 다룬다. 고대 수사학자 자신들이 제공한 분석으로 시작하는 것이 가장 좋을 것이다.[21] 가장 분명한 설명 하나는 퀸틸리아누스Quintilian가 제공해준다. 그는 명백히 키케로에게 빚지고 있으며, 양자 모두 다시 아리스토텔레스의 『수사법』*Art of Rhetoric* 2권에서 발견되는 선구적인 논의에 영향받았다. 이 기법—그는 이것에 *paradiastole*라는 이름을 부여하는데—에 대한 퀸틸리아누스의 주요 논의는 그의 『웅변교수론』*Institutio Oratoria* 4권에 사실적 이야기의 제시 방법에 관한 조언의 일부로 등장한다. '판사들의 감정을 격발시켜 그들이 당신에게 분노하도록' 어떤 행위를 묘사해낸 상대방 변호인을 당신이 법원에서 마주하고 있다고 상정해보자.[22] 또한 당신에겐 사건의 사실들에 대해서 부정할 수 있는 희망이 없다고 상정해보자. 당신은 어떻게 진행해야 하는가? 퀸틸리아누스의 대답은 '당신은 사실들을 다시 진술해야 한다. 하지만 동일한 방식으로 해서는 안 된다. 당신은 일어난 일에 대해서 다른 원인, 다른 정신상태, 다른 동기를 부여해야 한다'는 것이다.[23] 무엇보다 '당신이 사용하는 단어들로 행동을 최대한 격상시키도록 노력해야 한다. 예를 들어 헤픔prodigality은 관대함으로, 탐욕은 용의주도로, 태만은 마음의 순진함으로 보다 너그럽게 다시 기술되어야 한다.'[24]

퀸틸리아누스는 핵심적인 마지막 제안을 이미 2권에서 제시한 바 있다. 여기서 그는 (비록 인정하진 않지만) 『수사법』에서 아리스토텔 레스가 언급한 동일한 기법의 예 셋을 인용했다. '비방은 솔직함으로, 무모함은 용기로, 낭비는 풍부함으로 통할 수 있다.'[25] 아리스토텔레스 는 동일한 기법이 악덕을 변명할 뿐만 아니라, 습관적으로 조심스러운 사람이 사실은 차갑고 계획적인 기질의 소유자라 주장하여 그의 행동 을 훼손하는 경우처럼 미덕을 낮추는 데에도 동등하게 효과적으로 사 용될 수 있다고 덧붙였다.[26]

따라서 퀸틸리아누스가 강조하듯이 이 기법의 진수는 주어진 평 가적 기술을 경쟁 용어로 대체하는 데 있다고 말할 수 있다. 경쟁 용어 는 같은 행동을 마찬가지로 타당하게 묘사하지만 동시에 그것을 대조 적인 도덕적 관점 아래에 놓는 데 기여한다. 당신은 청중이 당신의 새 로운 기술을 수용하여 관련 행동에 대해 새로운 태도를 취하도록 설득 하고자 한다. 퀸틸리아누스가 명료하게 부언하듯이, 이는 엄격히 말해 서 그 기법이 한 단어를 다른 단어로 대체하는 사안이라 기술해서는 안 된다는 것을 의미한다. '왜냐하면 아무도 헤픔과 관대함이라는 단 어들이 동일한 것을 의미한다고 상정하지 않기 때문이다. 오히려 차이 는 어떤 사람이 관대함으로 생각하는 것을 다른 사람은 헤프다고 부른 다는 점이다.'[27] 우리가 실제로 주장하는 바는 res, 즉 실제 행동이 변 증법적 적수가 부여한 것과는 다른 도덕적 성격을 지닌다는 것이다.

퀸틸리아누스는 또한 무엇 때문에 파라디아스톨레paradiastole적 인 재기술의 활용이 항구적 가능성으로 남는지 설명한다. 이는 악덕의 다수가 미덕의 '이웃'이라는 사실 때문이라고 그는 다시 한번 아리스 토텔레스에 기대어 되풀이한다. 키케로는 이미 자신의 『수사학』De

*Partitione Oratoria*에서 동일한 설명을 제시한 바 있다. '교활함은 신중함을 닮고, 무감각은 절제를 닮고, 명예 획득에 대한 교만과 그것을 깔보는 거만은 모두 아량을 닮고, 낭비는 관대함을 닮으며, 무모함은 용기를 닮는다.'[28] 요컨대 이토록 많은 악덕들이 미덕들과 '이웃 관계'에 있기 때문에 영리한 웅변가는 항상 어떤 행동이든 그것에 대해 제공된 평가에 일정 정도의 개연성을 가지고 도전할 수 있을 것이다.

르네상스 문화의 결정적 성취 하나는 고대 세계의 수사철학을 소생시키고 재평가한 것이었다. 이는 고대 수사학자들이 완성한 기법들이 다시 실제로 활용되는 것을 보고 싶다면 르네상스의 도덕철학에 주목할 필요가 있다는 것을 의미한다. 이론의 여지는 있겠지만 당시 윤리학자들 중 고대 수사학자들의 가르침을 가장 깊이 마음에 새긴 사람은 마키아벨리였다. 분명 그는 당대 정치적 도덕에 도전하면서 미증유의 대담성으로 파라디아스톨레적인 재기술의 기법을 사용한다. 그는 먼저 관대함이라는 이른바 '군주적' 미덕을 문제삼기 위해 『군주론』 16장에서 그것을 활용한다. 이 구절에는 두 가지 대조적인 수사 전략이 작동하고 있다. 이미 확인한 대로 하나는 관대함이 미덕의 이름이 아닐 것이라는 마키아벨리의 놀라운 제안이다. 그러나 그의 다른 전략은 관대함과 후함이 틀림없이 훌륭한 자질의 이름들이라 상정하는 데 의존한다. 하지만 이 점을 인정하면서도 관대하고 후하다고 대개 기술되고 찬미되는 대부분의 행동은 오히려 *suntuosità*, 즉 단순한 과시로 재기술되고 비난받아야 한다고 덧붙인다.[29] 마키아벨리의 다음 장은 같은 방식으로 관용의 군주적 미덕을 문제삼는다. 그는 잔인성은 물론 악덕이라고 인정하면서 시작한다. 하지만 이와 대조적인 관용의 실례들로 대개 찬양되는 행동의 다수는 오히려 훨씬 비우호적인 용어로 재기술되어야 한다고 단언한다.[30] 피렌체 사람들이 피스토이아 반란 지도자들의 처벌을 거부하면서 자화자찬한 잔인성의 회피는 실상 *troppa pietà*, 즉 지나친 방임의 실례에 불과했다.[31] 마찬가지로 한니발에 대항하는 군사작전에서 스키피오 아프리카누스Scipio Africanus가 실천한 것으로 유명해진 관용은 실상 그의 *natura facile*, 즉 품성의 이완을 보여주는 사례였다.[32]

니체는 악덕이 미덕으로 제시되는 것이 얼마나 쉬운지에 대해 훨씬 단호한 설명을 제공한다. 이는 『도덕의 계보』*The Genealogy of Morality* 도입부에서 그가―거의 겁에 질린 듯이 매료되어―검토한 주요 화제 중 하나다. 이 구절은 유명한 것이지만 논평자들은 그가 분석하고 예증하고 있는 기법이 정확히 파라디아스톨레적인 재기술이라는 사실을 의식하지 못하는 것으로 보인다. 니체는 '어떻게 지상에서 **이상이 조작되는가**의 비밀을 조금이라도 들여다보고' 싶은지 물으면서 시작한다.

그 아래에서 무슨 일이 일어나고 있는가? 가장 위험한 호기심을 가진 사람이여, 그대가 본 것을 말해보라―이제 **나**는 듣는 사람이다.―

―"나는 아무것도 보지는 못하지만, 그만큼 더 잘 듣습니다. 구석구석에서 조심스럽고 음험한 낮은 소곤거림과 귓속말이 들려옵니다. 나는 사람들이 거짓말을 하는 것 같은 생각이 듭니다. 소리의 울림마다 사탕처럼 달콤한 부드러움이 있지요. 약한 것을 기만하여 **공적**으로 바꾸려고 하지요. 이것은 의심할 여지가 없습니다.― 당신이 말씀하신 그대로입니다."―

―계속 얘기하라!

―"보복하지 않는 무력감은 '선'으로 바뀝니다. 불안한 천박함은 '겸허'로 바뀝니다. 증오하는 사람들에게 복종하는 것은 '순종'(말하자면 그들이 말하는 자, 즉 이러한 복종을 명령하는 자―그들은 이를 신이라 부릅니다)으로 바뀝니다. 약자의 비공격성, 약자가 풍부하게 지니고 있는 비겁함 자체, 그가 문 앞에 서서 어쩔 수 없이 기다려야만 하는 것은 여기에서 '인내'라는 미명이 되고, 또한 저 미덕으로 불립니다. 복수할 수 없는 것이 복수하고자 하지 않는 것으로 불리고, 심지어는 용서라고 불리기까지 할 것입니다("왜냐하면 **그들은** 자신이 무엇을 하고 있는지 모르기 때문입니다―오로지 우리만이 **그들이** 무엇을 하고 있는지 알고 있습니다!"). 사람들은 또한 '자신의 적에 대한 사랑'에 대해서도 이야기합니다―땀을 뻘뻘 흘리면서 말입니다."

―계속 하라!

"그러나 충분합니다! 충분합니다! 나는 더 이상 견딜 수가 없습니다. 공기가 나쁩니다! 공기가 나빠요! **이상을 제조하는** 이 공장은 내게는 새빨간 거짓말 때문에 고약한 냄새가 나는 것 같이 생각됩니다." **33**

요컨대 기독교인들의 노예적 도덕은 수많은 악덕들을 이웃하는 미덕들로 수사적으로 재기술함으로써 고대의 도덕 세계를 뒤집는 데 성공했다는 것이 니체의 주장이다.

미덕이 어떻게 악덕으로 인식되게 될 수 있는지에 대한 대조적인 예로 이언 해킹Ian Hacking이 최근 논의한 '아동 학대'child abuse 개념의 역사를 고려해보자. 한 세대에서는 아동 양육의 건전한 규율로 보였던 것이 다음 세대에서는 잔인성으로 보이게 될 수 있다. 아동에 대한 어른들의 행동에는 그 사이에 아무것도 변했을 필요가 없다. 새로운 평가가 수용된다면 변하는 것은 공동체의 감수성이다. 해킹에 따르면 중간 과정은 '새로운 기술을 개발하고, 옛 행위를 바라보는 새로운 방식을 제공'하는 것이다.[34] 전에는 무난한 것으로 여겨지고 아마도 심지어 당연하게 받아들여지던 수많은 실천들이 도덕적으로 용인할 수 없는 것으로 보이게 될 것이다. 이것이 사태를 실제의 모습대로 바라보게 되는 과정이라 말하는 것은 물론 아니다. 앞에서처럼 이는 하나의 사회철학을 다른 하나로 대체하는 사안일 뿐이다. 양자 모두 다른 시기에는 합리적으로 옹호할 수 있는 것으로 보였을 터이다.

그러나 우리가 수사적 재기술에 관해 이런 식으로 말하면서 정작 개념의 변화에 대해서는 말하지 **않고** 있는 것으로 보일지도 모른다. 이런 논쟁에서 일어나는 일은 (예컨대) 무엇이 아동 학대를 구성하는가에 대해 각자가 '서로 다른 개념을 지니고 있다'라는 것이라고 수많은 철학자들이 너무 쉽게 말해왔다는 데에 나는 분명 동의한다. 하지만 논객들이 진정 논쟁하고 있다면 그들은 무엇이 아동 학대를 구성하는지에 대해 **동일한** 개념을 가져야 한다. 그들 간의 차이는 관련 평가적 용어의 의미에 관한 것이 아니라 단지 그 용어를 적용하는 상황의 범위에 관한 것일 터이다. 이런 경고는 옳고 또 중요하다고 여겨지지만 그런 논쟁의 결과는 그럼에도 일종의 개념의 변화일 것이라는 사실은 남는다. 주어진 평가적 용어가 적용 가능하다고 전혀 생각해본 적이 없는 상황에 적용된다고 사람들을 설득하는 데 성공하면 할수록 우리는 주어진 용어를 사회적·정치적 생활의 평가에 보다 광범위하게 그리고 포괄적으로 활용할 수 있다고 설득할 것이다. 결과적으로 일어날 변화는 잠재적 개념이 관련 사회의 도덕적 논쟁에서 새롭게 부각되고 두드러질 것이라는 점이다.

내가 다시 이러한 장기적 변화보다는 니체가 극적으로 보여준 종류의 직관적 순간에 더 관심을 가져온 것은 사실이다. 그러나 우리가 특정한 규범적 어휘들의 흥망을 관찰하는 데 관심 있다면 또한 '장기 지속' *longue durée*을 검토하는 데 헌신해야 할 것이라는 점을 나는 물론 인정한다. 그러므로 내 연구의 상당 부분이 라인하르트 코젤렉과 그의 동료들이 추구하는 훨씬 더 야심적인 강령의 일면에 기여하는 것으로 간주될 수 있다는 팔로넨의 최근 제안[35]에 나는 불만이 없다. 코젤렉은 바로 개념 변화의 전 과정에 관심이 있고, 나는 그것이 발생하는 기법 중 하나에 주로 관심이 있다. 그러나 두 강령이 서로 양립 불가능한 것으로 보이지는 않으며, 나는 양자가 마땅히 계속 번성하길 바란다.

미주

감사의 말

1. 이들 모임에서 읽고 논의한 글들은 두 권으로 묶여 출판되었다. Martin van Gelderen and Quentin Skinner (eds.), *Republicanism: A Shared European Heritage*(Cambridge University Press, 2002).

1장. 서론: 그들의 방식으로 바라보기

1. Dickens 1985, p.47.
2. Wittgenstein 1958, para. 546, p.146.
3. 이 점이 의미하는 바는 베버Bevir가 2001년의 글 188쪽에서 콰인과 비트겐슈타인이 옹호한 전체론이 '역사철학에 거의 영향을 주지 못했다'라고 하는 걸 읽을 때 내가 헛살았다는 느낌을 받는다는 것이다. 상상컨대 제임스 털리James Tully 같은 동료들도 분명 같은 느낌일 것이다.
4. Skinner 1974, pp.289~301 참조.
5. Tarlton 1973, p.314; Bunnel 1982, p.327.
6. 가령 Wokler 2001, pp.156~157 참조. 반면 좀 더 호의적인 평가에 관해서는 Hampsher-Monk 2001, pp.168~174를 볼 것.
7. 이 단락은 Skinner 1998, pp.116~117에 나오는 논의를 참고한 것이다.
8. 정치이론에 대한 전문적 연구에서 지난 두 세대에 걸쳐 진행된 탈정치화는 Wokler, 2001이 다루는 주제이다.

2장. 역사학의 실제와 사실 숭배

1. 이 점은 Roberts 1996에서 적절히 강조되고 있다. 피터 노빅Peter Novick이 미국 역사가들 사이의 '초객관주의'hyperobjectivism라 부른 것이 행하는 이와 비슷한 역할에 관해서는 Novick 1988, 특히 pp.573~629 참조.
2. 가장 두드러진 것으로는 Evans 1997, 특히 pp.75~102 참조.
3. 엘턴의 신념을 보여주는 세 가지 주요 진술에 관해서는 Elton 1969a, Elton 1970, Elton 1991 참조.
4. 이 용어는 리엄 허드슨Liam Hudson이 사용한 것으로, 그는 원래 영국 사회과학의 방법론

일반에 이 용어를 적용했다. Hudson 1972 참조.

5. 견습생으로서의 예비 역사가에 관해서는 Elton 1969a, pp.34~35, 144, 159, 216 참조. 견습 목공으로 비유한 대목은 p.214.

6. Elton 1969a, pp.103, 113, 213, 221.

7. Elton 1969a, pp.15, 19, 160, 187.

8. Elton 1969a, p.219 참조. 가르친다는 주제 일반에 관해서는 pp.178~221과 비교할 것.

9. 이 인용들은 Elton 1969a, p.22 참조.

10. Elton 1969a, pp.37, 128~129, 166.

11. Elton 1969a, p.vii. 역사적 설명에 관한 이론적 문헌들이 '대단히 놀랍도록 무익하고 부적절하다'고 치부되는 p.129와도 비교할 것.

12. Elton 1969a, p.129.

13. Elton 1969a, p.23.

14. Elton 1970, 특히 p.135 참조. Elton 1991, 특히 pp.3, 34, 51, 54, 61과 비교할 것.

15. Elton 1970, pp.125, 136, 145. 철학자들의 헛소리에 관해서는 p.129 참조.

16. 가정적-연역적 설명 모델을 역사에 적용하려는 시도에 대한 그의 비판은 Elton 1970, 특히 pp.124~130 참조. 그의 표적은 Hempel 1942에서 제시된 것과 같은 주장이다.

17. Elton 1970, pp.132, 151~152, 그리고 설명에서 차지하는 일반화의 역할에 대한 공격인 pp.126~131과 비교할 것.

18. Elton 1969a, pp.68, 86.

19. Elton 1969a, pp.86, 133.

20. Elton 1969a, p.70. 이후 이 주장은 계속 반복되는바, pp.74, 97, 101, 117, 123 참조.

21. Elton 1969a, pp.79, 97.

22. Elton 1991, p.80.

23. Elton 1991, p.120.

24. Elton 1991, pp.89, 91.

25. Elton 1970, p.84.

26. Elton 1991, p.125.

27. Elton 1991, pp.30, 54.

28. 이 예들은 Elton 1979, pp.12~13에서 반복된다.

29. Elton 1969a, p.101.

30. Elton 1969a, pp.190, 197, 199. '실제' 역사에 관해서는 Elton 1970, 특히 pp.22, 32도 참조할 것.

31. Elton 1969a, p.172. 이 점은 Elton 1970, 특히 pp.7, 65, 157, 177에서 한층 더 강조된다.

32. Elton 1969a, p.197. 정치사의 '우선성'을 주장하고(p.73) 그것을 역사 연구의 '가장 중요

한' 주제로 꼽는(p.68) Elton 1970과 비교할 것.

33. Elton 1969a, p.190.

34. Elton 1969a, p.190. 이런 주장의 반복과 확장에 관해서는 Elton 1970, pp.43~53 참조.

35. Elton 1991, p.12.

36. Elton 1991, pp.27, 60.

37. Elton 1969a, p.86.

38. Elton 1969a, p.97.

39. Elton 1969a, pp.73~74.

40. Elton 1969a, pp.29~36.

41. Elton 1969a, p.31.

42. Elton 1969a, p.83.

43. Elton 1969a, p.121.

44. Gadamer 1960 참조, Gadamer 1975와 비교할 것.

45. Elton 1991, pp.29, 38.

46. Gadamer 1975, 특히 pp.235~274.

47. 모든 해석 활동이 진행되는 매체로서의 언어에 관해서는 Gadamer 1975, 특히 pp.345~366 참조.

48. Elton 1969a, pp.87, 96 참조, pp.88, 92, 109와 비교할 것.

49. Gay 1974, p.211n[*]. 하지만 게이는 대체로 내가 여기서 옹호하고 있는 관점에 더 가까운 것을 주장하는 쪽이다. 예를 들어 Gay 1974, pp.210~213, 217 참조. 엘턴과 게이의 주장에 관한 논의로는 Novick 1988, pp.610~612 참조.

50. Elton 1969a, pp.87, 96 참조, pp.88, 92, 109와 비교할 것.

51. Elton 1969a, p.117 참조. 하지만 그가 '진리'에 대한 예전 주장을 계속 고집하는 pp.179, 221과 비교할 것.

52. Elton 1969a, pp.168, 177.

53. Elton 1969a, p.111.

54. Elton 1969a, p.80.

55. 라카프라의 관점에 관한 논의는 Elton 1991, pp.58~61.

56. Elton 1991, p.59.

57. Elton 1969a, pp.107, 123.

58. Elton, 1991, pp.23~24.

59. Elton, 1969a, p.206. 역사가에게 '회의적 사유'와 '비판적 회의주의'가 필요하다는 주장

---

* 'n'은 주석을 말함.

에 관해서는 pp.55, 103, 205도 참조할 것.

60. Elton 1969a, p.176.

61. Elton, 1991, p.42.

62. 사실적 증거에 관한 이와 유사한 견해를 고전적으로 설명한 사례는 Carr 1961, pp.1~24 참조.

63. Elton 1969a, p.65.

64. Elton 1991, p.55.

65. Elton 1969a, pp.18, 66, 86.

66. Dunn 1980, p.26.

67. Elton 1969a, p.86.

68. Elton 1969a, pp.vii, 66. 86.

69. Elton 1991, p.72.

70. Elton 1969a, pp.187, 188.

71. Elton 1969a, pp.34, 69.

72. Elton 1969a, pp.186, 188.

73. Elton 1969a, p.199.

74. Elton 1969a, p.200.

75. 필요한 기술적 자질들이 특정 유형의 기록을 연구함으로써 가장 잘 획득될 수 있으며, 훈련에 가장 적합한 유형은 영국 중앙정부 관련 기록들이라고 말하는 것이 한 가지 가능한 화해방식이 될 수 있을지 모른다. 내가 아는 한 엘턴은 이런 화해방식을 한번도 명시적으로 제안하지 않았다. 다만 Elton 1969b, p.33에서 암시했다고 볼 여지는 있다.

76. 가령 Elton 1969a, pp.174~176 참조.

77. 정치사를 쓰는 데 요구되는 예외적 기술에 관해서는 Elton 1969a, pp.112, 177 참조, Elton 1970, p.108도 비교할 것.

78. Elton 1969a, pp.158~159 참조, p.124도 비교할 것.

79. Elton 1969a, pp.17~18, 185.

80. 이런 주장에 대한 논의로는 Elton 1969a, 특히 pp.17~18, 185~186 참조.

81. Elton 1991, p.93.

82. Elton 1991, p.96.

83. 동일한 염려가 J. H. 헥스터에게도 거의 동시에 영향을 미쳤지만, 그는 역사가의 예언력을 입증하는 방식으로 대응했다. Hexter 1971, 특히 pp.36~42 참조. 그러나 헥스터는 초점을 벗어난 듯 보이는데, 그가 논의한 예언들은 비록 역사가의 예언으로 제시는 되었지만 역사가라는 데 힘입어서 나온 예언이 전혀 아니기 때문이다.

84. Elton 1991, p.84.

85. Elton 1991, p.114.

86. Elton 1991, pp.4, 9.

87. Elton 1969a, p.16n.

88. Elton 1991, pp.7, 8, 45, 46, 73.

89. Elton 1991, pp.89, 108.

90. Elton 1991, p.94.

91. Elton 1991, p.85.

3장. 해석, 합리성, 진리

1. Taylor 1988, p.225 참조, Shapiro 1982, 특히 p.537과 비교할 것.

2. Taylor 1988, pp.220, 223.

3. Bodin 1595, p.49. 보댕이 이런 믿음을 가졌다고 비난한 글로는 Anglo 1973 참조. 그에 대한 옹호는 Monter 1969, 보댕의 악마 연구 및 그와 관련된 정치관에 대해서는 Clark 1997, pp.668~682 참조.

4. 이와 같은 아리스토텔레스의 믿음이 정식화된 데 대해서는 Kuhn 1977, p.xii 참조.

5. Kuhn 1977, pp.xi~xii.

6. Taylor 1988, p.213.

7. Taylor 1988, p.223 참조, p.226도 비교할 것.

8. 이것이 갖는 교훈이 전통적인 객관성 추구를 버리고 대신 연대에 대한 실용적 관심을 가져야 한다는 것이라고 주장한 데 대해서는 Rorty 1986 참조.

9. Davidson 1986.

10. Taylor 1988, p.220.

11. 가령 MacIntyre 1962, p.62(Hollis 1972, p.101에서도 동조하며 인용된 대목); Jarvie 1970, 특히 pp.245~247; Lukes 1973, p.247; Newton-Smith 1981, pp.252~257; Macdonald and Pettit 1981, pp.33~34; Graham 1981, pp.173, 177; Shapiro 1982, pp.556, 577; Hollis 1988.

12. Taylor 1988, pp.218, 220.

13. Macdonald and Pettit 1981, pp.186~187. 이들이 데이비드슨의 이론을 적용한 부분은 특히 pp.18~29 참조.

14. Davidson 1984, p.197.

15. Forster 1998에서 강하게 제기된 주장.

16. McGinn 1977 참조, Hacking 1982, 특히 p.60과 비교할 것.

17. Graham 1981, p.177.

18. Lukes 1973, p.242.

19. Macdonald and Pettit 1981, p.34.

20. Macdonald and Pettit 1981, pp.9, 34, 42.

21. 이런 뜻을 명시적으로 진술한 것으로는 Lukes 1977, pp.121, 132, 135 참조.

22. 이런 식으로 이 개념을 느슨하게 파악하는 시도는 Putnam 1981, pp.150~200에 기댄 것이다.

23. 단순히 믿기에 충분한 이유를 갖는다는 견지에서 합리성을 말하는 것은 인식적 합리성과 실제적 합리성의 구분을 무시할 위험을 무릅쓰는 것이다. 이런 무시에 대한 예로는 Laudan 1977, p.123과 Stout 1981, pp.165~166 참조. 이런 구분에 대해서는 실용주의자들도 무시하라고 하는 것이 사실이다. 예를 들어 Rorty 1979, pp. 328~329 참조. 하지만 이어지는 대목에서 강조하다시피 나로서는 역사가가 이것 없이 어떻게 만족스럽게 작업할 수 있는지 납득되지 않는다. 이 구분 자체에 대한 유익한 분석으로는 Mortimore and Maund 1976 참조.

24. Lewis 1974, p.336.

25. Putnam 1981, pp.38~40에서는 이를 '명령성'directive 믿음으로 부른다. 하지만 일부 논평자의 생각(가령 Macdonald and Pettit 1981, pp.26~28)과는 반대로 나로서는 이런 분류가 역사가의 관점에서는 거의 중요성이 없다고 보인다.

26. Putnam 1981, 특히 pp. 54~56 참조, McCullagh 1984도 비교할 것.

27. Putnam 1981, pp.105~113, Mortimer and Maund 1976, pp.14~20.

28. 이 점에 관해서는 Stove 1982 참조.

29. 이런 주장은 종종 프로이트와 다윈의 이론과 관련하여 제기된다. Putnam 1981, 특히 pp.196~200 참조. 이를 수정 진술한 예로는 Lakatos 1978, 특히 pp.8~101 참조.

30. 가령 Hollis 1974나 Hollis 1988, pp.140, 144 참조.

31. 나는 홀리스에 대한 이와 같은 반대 의견을 Skinner 1978a, pp.61~63에서 주장했다. Elster 1982도 참조할 것.

32. MacIntyre 1971, pp.246~247, 255 참조, Hollis 1988, 특히 pp.140, 145와 비교할 것. 믿음에 대한 '합리적' 설명과 '구조적' 설명의 구별에 관해서는 Hollis 1982, 특히 pp.80, 85도 참조할 것.

33. Bloor 1976, p.5. Barnes 1974, p.43과 Barnes and Bloor 1982, p.23도 참조할 것.

34. 가령 Barnes and Bloor 1982, p.25 참조.

35. Laudan 1977, pp.188~189; Stout 1981, pp.170~171; Newton-Smith 1981, pp.253~257. 합리성 개념을 역사가를 위한 도구로 전환하려는 나의 시도에 대한 비판으로는 Bartelson 1995 참조.

36. Bloor 1976, p.5.

37. Barnes 1974, pp.43, 128~130.

38. 마녀술에 대한 믿음을 연구하는 것이 역사 연구에서 합리성 원리의 역할을 보여주는 좋은

사례를 제공한다는 주장에 대해서는 MacIntyre 1971, pp.244~259에서 많은 도움을 받았다. 내가 논의하는 특정 사례를 본격적으로 설명한 것으로는 James 1984, pp.166~171 참조. 나 자신도 이 분석에 기댄 바가 많다.

39. Ladurie 1974, pp.203~205. 본격적인 논의는 James 1984, pp.166~171.

40. Ladurie 1974, p.210.

41. Ladurie 1974, p.208.

42. Ladurie 1974, pp.203~204, 206~207. Cohn 1976, p.258도 '집단적 환상'으로서의 마녀술에 대한 믿음에 관해 유사한 주장을 펼친다.

43. Ladurie 1974, p.207.

44. Ladurie 1974, p.203.

45. Clark 1997, pp.25~26에서 지적한 대로, 설명이 지닌 사변성으로 인해 라뒤리는 개별 마녀들이 어떤 생각들을 하고 있었는지에 관해서는 그보다도 덜 그럴듯한 주장을 한다.

46. 다른 유형의 설명은 Clark 1997에서 논의되었다.

47. 각각 「신명기」 13장 10~12절, 「갈라디아서」 5장 20절, 「출애굽기」 22장 18절 참조.

48. 마녀술에 관한 믿음이 지닌 정신세계가 공감적으로 재발견된 두 고전적 연구서로는 Thomas 1971, pp.435~583과 Clark 1997 참조.

49. Barnes 1974, pp.69~70, 130. Winch 1970과 비교할 것. 하지만 Lear 1982는 비트겐슈타인의 논의가 회의론적 상대주의로 동화될 수 없음을 보여준다.

50. Barnes and Bloor 1982, p.27 참조, Barnes 1974, p.41도 비교할 것.

51. Hollis 1988, pp.141~142 참조. '객관적으로 합리적인' 믿음에 관한 그의 이전의 논의는 Hollis 1982, 특히 p.72 참조. 또한 Laudan 1977, 그리고 그의 입장을 논한 Newton-Smith 1981, 특히 pp.145~147, 270~273도 참조할 것.

52. Rorty 1979, p.331.

53. Rorty 1979, p.174 참조, Rorty 1983, 특히 pp.585~586도 비교할 것.

54. 가령 Clark 1980, 특히 p.100 참조.

55. Greenleaf 1972a, p.28 참조, Greenleaf 1972b, p.140도 비교할 것.

56. Machiavelli 1962, V.33, p.383.

57. Machiavelli 1962, VII.20, p.484.

58. 이런 세부사항이나 당대 자료(특히 비온도Biondo, 카포니Capponi, 포지오Poggio)에 대한 논의로는 Villari 1892, vol.2, pp.452, 458~459 참조.

59. Ammirato 1846~1849, Bk.23, ch.5, p.169. 이에 대한 논의는 Anglo 1969, pp.185, 258 참조.

60. Hollis 1970a, p.219. Skorupski 1978, pp.88~89의 논의도 참조할 것.

61. Lewis 1969, pp.148~152.

62. 하지만 이에 대한 탁월한 비판으로는 Hollis 1970b, 특히 p.226과 Skorupski 1978, pp.85~86, Macdonald and Pettit 1981, p.15와 주를 참조할 것. 또한 내게 많은 도움이 된 일반적인 논의에 대해서는 Papineau 1978, pp.132~158 참조.

63. 이런 방식의 '맥락의 재구성'에 관한 분석으로는 Hume 1999, pp.61~71 참조.

64. Hesse 1970a, p.149 참조, Hesse 1973과 비교할 것.

65. Jacob 1976 참조, Jacob and Jacob 1980도 비교할 것.

66. Rorty 1979, p.267.

67. 이런 종류의 전체론에 대한 고전적 진술은 Quine 1961의 결론 부분, 특히 pp.37~46에 있다. 하지만 내가 보기에는 콰인조차도 핵심과 주변의 은유를 너무 쉽게 채택하는 경향이 있는 듯하다.

68. Hollis 1982, pp.75, 83~84.

69. 개념되기를 기다리는 중립적인 자료들의 세계를 상정하는 경향이 경험주의의 세 번째 교리에 불과하다는 주장에 관해서는 Rorty 1972 참조.

70. 이런 노선의 논의를 담고 있는 영향력 있는 글로는 Hesse 1970b와 Hesse 1974, 특히 pp.9~73 참조. Barnes 1974, 특히 p.16과 Barnes and Bloor 1982, 특히 pp.37~39, 그리고 Papineau 1978 특히 pp.134~138도 헤시의 논의를 끌어내어 발전시키고 있다.

71. Hollis 1970b, pp.228, 230~231.

72. Hollis 1970a, p.216과 Hollis 1970b, p.229 참조.

73. Hollis 1982, p.74.

74. 이 예는 Papineau 1978, pp.135~136의 논의에서 따온 것이다.

75. Kuhn 1962, 특히 pp.43~51, 110~134.

76. Hollis 1970a, p.216 참조, '사실들의 독립성'에 대한 한층 더 강력한 주장인 Hollis 1982, p.83과 비교할 것.

77. Shapiro 1982, p.556.

78. Putnam 1981, p.54.

79. 예컨대 Turner 1983, 특히 pp.283~284나 Keane 1988, p.210을 볼 것. 하지만 유익한 수정 지적에 관해서는 Jones 1977과 (특히 나 자신의 작업에 대해 언급한) Jones 1981 참조.

80. Hollis 1970a, p.216 참조하고, Hollis 1970b, p.222와 비교할 것.

81. Hollis 1970a, p.215.

82. Hollis 1970a, p.215 참조하고, Hollis 1982, p.74와 비교할 것.

83. 이 가정에 관해서는 Hawthorn 1979, 특히 p.477과 Dunn 1980, 특히 p.96, 그리고 Macdonald and Pettit 1981, 특히 p.45 참조.

84. Gunnell 1979, p.111.

85. Quine 1960, pp.206~209.

86. 이런 열망이 왜 초점에서 벗어난 것인지에 관한 탁월한 설명으로는 Geertz 1983, pp.55~ 70 참조. Inglis 2000, pp.107~132도 비교할 것.

87. 여기에 관한 유익한 언급으로는 Hacking 1982, pp.59~61과 Geertz 1983, pp.58, 68~ 70 참조.

88. 이와 같은 거품 빼기 시도로는 특히 Davidson 1984 참조.

89. 이런 비판을 제기한 것으로는 Blackburn 1984, 특히 pp.60~62, 그리고 Davidson 1984 의 주장에 대한 강력한 비판으로는 Forster 1998, 특히 pp.141~146 참조.

90. Price 1973, pp.316~317.

91. Price 1973, p.319.

92. Price 1973, pp.315, 344.

93. Whitfield 1947, p.105.

94. Goodman 1978, p.93은 이를 '용어들 사이의 특정한 관계가 우선하면서 의미가 사라진 다'라고 요약하고 있다.

95. 가령 Pocock 1985, p.13 참조.

96. Taylor 1988, p.221.

97. 여기서 나는 이 질문에 대한 나 자신의 반응에 대한 세심한 비판인 Prudovsky 1997의 제 목을 끌어왔다.

98. Danto 1965, pp.149~181 참조, Dunn 1980 특히 pp.19~20, 104~105와 비교할 것.

99. Taylor 1981, 특히 pp.208~209. 합리적 수용 가능성에 관해 근대 과학적 개념이 만들어 낸 이론들이 인식상 우월하다는 점을 이와 비슷하게 강조한 Taylor 1982, pp.87~105도 비 교할 것.

100. 이런 제안에 관해 회의를 표명한 견해로는 Yolton 1975, pp.507~508 참조.

101. 가령 Cassirer 1946, pp.133~134나 Colish 1971, pp.345~346 참조.

102. Graham 1981, p.173; Shapiro 1982, p.537; King 1983, p.297; Hollis 1988, p.146.

103. Hollis 1970b, pp.221. 상반되는 견해에 관해서는 Papineau 1978, p.150 참조.

104. Skorupski 1976, pp.225~243과 Skorupski 1978, pp.98~102에 실린 유익한 논의를 참조할 것.

105. 어떻게 우리가 이 정도까지 하리라고 바랄 수 있는지에 대한 설명으로는 Stout 1981, pp.3, 8~9, 106~109, 173~174 참조.

106. Hollis 1970b, p.237.

107. 이 점에 관해서는 Lear 1983, pp.44~46 참조.

108. 이와 같은 반박에 관해서는 Putnam 1981, pp.119~120과 Lear 1983, p.55 참조.

109. Barnes and Bloor 1982, pp.22~29.

110. Hollis 1982, pp.82~83에서 탁월하게 제시된 논점이다.

111. Quine 1960, p.59.

112. 콰인의 뒤를 이어 많은 철학자들이 이 점을 강조했다. 가령 Hollis 1970b, pp.231~232 와 Lukes 1977, pp.133~135 참조.

113. Lear 1982, pp.389~390.

114. Hollis 1970b, pp.231~232; MacIntyre 1971, pp.250, 256; Lukes 1977, pp.133~135; Papineau 1978, p.138; Macdonald and Pettit 1981, pp.30~31.

115. Elster 1978, p.88.

116. Machiavelli 1960, II.2, p.280.

117. Machiavelli 1960, III.5, pp.388~390.

118. 이 지점에서 마키아벨리의 소위 '단일한 목소리의 결핍'에 관해서는 가령 Colish 1971, p.330 참조.

4장. 관념사에서의 의미와 이해

1. 언뜻 불가피하게 보이는 이 표현이 사용되어온 혼란스런 갖가지 방식에 관해서는 Mandelbaum 1965 참조.

2. Catlin 1950, p. x .

3. Bluhm 1965, p.13.

4. Merkl 1967, p.3.

5. McCoy 1963, p.7.

6. '변함없고' '영속적' 인 질문들에 관해서는 Morgenthau 1958, p.1과 Sibley 1978, p.133, 그리고 Strauss and Cropsey 1963, Preface 참조. 고전 텍스트의 '현재성'에 대한 (유일한) 보증으로서의 영속적인 문제들에 관해서는 Hacker 1954와 McCloskey 1957 참조. 비슷한 입장에 대한 비교적 최근의 설명으로는 Bevir 1994 참조.

7. Jaspers 1962; Nelson 1962, pp.32~33. '플라톤이 말한 바'에 초점을 둘 필요에 관한 Murphy 1951, p. v 와 '로크가 말한 바'에 초점을 둘 필요에 관한 Ryan 1965, p.219와 비교할 것.

8. Bloom 1980, p.128.

9. Hacker 1954; Bluhm 1965, 특히 p.13.

10. MacIntyre 1966, p.2.

11. '정치철학의 어휘'에 관해서는 Wolin 1961, pp.11~17 참조.

12. Allport 1955, 특히 pp.239~240.

13. 이렇게 했을 때 우리 자신의(다른 누구일 수 있겠는가?) 철학적 기준과 관심의 견지에서 생각된 역사라는 결과를 빚게 된다는 사실이 Dunn 1980, pp.13~28에 충분히 제시되어 있다.

14. 여기서 '패러다임'은 Gombrich 1962, 특히 pp.55~78의 설명을 받아들인 것이다. 곰브리치는 또한 '길이 있는 곳에만 뜻이 있다'(p.75)는 적절한 경구를 남긴 바 있다.

15. Kuhn 1962, 특히 pp.43~51 참조. 그는 여기서 '패러다임의 선차성'이라는 생각을 받아들인다. 이와 비교할 만한 것으로 Collingwood 1940, 특히 pp.11~48에는 어떤 시대의 사상은 '절대적인 전제들의 배치'에 따라 조직된다는 주장이 제시된다. 쿤의 과학이론과 그것이 지성사학자들에게 함축하는 의미에 관한 유익한 분석으로는 Hollinger 1985, pp.105~129 참조.

16. Marsilius of Padua 1951~1956, vol.2, pp.61~67.

17. Pocock 1965, Bailyn 1967 참조.

18. Marsilius of Padua 1951~1956, vol.1, p.232.

19. 참고문헌에 관해서는 Marsilius of Padua 1951~1956, vol.1, p.234n. 이 주장을 순전히 텍스트를 근거로 일축한 사례로는 D'Entrèves 1939, p.58.

20. Pocock 1987, 특히 pp.30~55.

21. Gwyn 1965, p.5 이하.

22. Plucknett 1926~1927, p.68. '미국 법정이 오늘날 행사하는' 이 원칙을 분명히 제시한 것이 쿡 '자신의 의도'에서 비롯되었다는 주장으로는 Corwin 1928~1929, p.368을 참조하고 Corwin 1948, p.42도 비교할 것.

23. 순전히 텍스트를 근거로 한 반박은 Thorne 1938 참조.

24. Hooker 1989, Ⅰ.10.4, 특히 pp.89~91.

25. Morris 1953, pp.181~197.

26. Locke 1988, Ⅱ.149, p.367; Ⅱ.155, pp.370~371.

27. Gough 1950, pp.47~72(동의에 토대를 둔 정부)와 pp.136~171(정치적 신탁) 참조.

28. Gwyn 1965, p.52.

29. Lovejoy 1960, p.15.

30. Bury 1932, p.7.

31. Weston 1965, p.45.

32. Raab 1964, p.2.

33. Bury 1932, p.7.

34. Sampson 1956, p.39.

35. Vile 1967, p.30.

36. 그러나 러브조이의 접근법에 대한 흥미로운 옹호로는 Oakley 1984, pp.15~40을 참조할 것.

37. Raab 1964, p.2.

38. Jones 1947, p.50.

39. Armstrong 1965, p.382.

40. Popkin 1953, p.300.

41. Cassirer 1955, p.151.

42. Morris 1966, pp.89~90.

43. Raab 1964, pp.1, 11. 비판으로는 Anglo 1966.

44. Bloom and Jaffa 1964, pp.1~2, 4, 36.

45. Gwyn 1965, p.9.

46. Vile 1967, p.46.

47. Gough 1957, p.59.

48. Strauss 1957, p.12.

49. Bloom and Jaffa 1964, pp.1~2. 어떤 '최종적 진리'의 진술과 회복으로서의 정치철학에 대한 이런 믿음을 비판하는 글로는 Kaufman 1954. 옹호에 관해서는 Cropsey 1962 참조.

50. 홉스에 관한 이런 견해로는 Strauss 1953, 마키아벨리에 관한 이런 견해는 Strauss 1958 참조.

51. 예를 들어 이런 견지에서 앤서니 애스컴Anthony Ascham을 비난하고 클래런던Clarendon을 옹호한 Coltman 1962, pp.69~99, 197~242의 평가를 참조할 것.

52. Strauss 1958, pp.11~12.

53. Strauss 1958, p.14.

54. Cranston 1964, pp.34~35.

55. Marsilius of Padua 1951~1956, vol.1, p.312.

56. Shirley 1949, p.256.

57. Weldon 1946, pp.26, 63~64.

58. Sabine 1951, p.67.

59. Aaron 1955, pp.284~285.

60. Friedrich 1964, p.178.

61. 마키아벨리의 '크나큰 누락'에 관해서는 Plamenatz 1963, vol.1, p.43, '서로 다른 계급 간의 충돌의 중요성을 인식'하지 못한 홉스의 한계에 관해서는 Russell 1946, p.578, 로크뿐 아니라 마키아벨리의 사유에서도 이 '크나큰 누락'을 지적한 사례로는 Hacker 1961, pp.192, 285, 마키아벨리가 '정치의 토대로서의 사회구조에 관한 어떤 진정한 통찰'도 결핍했다는 점은 Lerner 1950, p.xxx 참조.

62. Davis 1964, p.80.

63. Dahl 1963, p.113.

64. Cox 1960, pp.xv, 189.

65. Stark 1960, pp.144, 153.

66. 이와 연관된 사안들에 관한 최근의 논의로는 Lemon 1995, pp.225~237 참조.

67. 서로 다른 '추상 수준'를 수용하는 문제에 관한 이와 유사한 논지는 Pocock 1962에 나타난다. 일관성의 신화를 둘러싼 포콕과 나의 관점에 대한 비판으로는 Bevir 1997 참조.

68. McGrade 1963, p.163.

69. Warrender 1957, p.vii.

70. Stewart 1963, pp. v ~ vi.

71. Barnard 1965, pp.xix, 139.

72. Watkins 1965, p.10.

73. Cassirer 1954, pp.46, 62.

74. Hood 1964, p.28.

75. Parkin 1956, pp.2, 4.

76. Avineri 1968, p.3.

77. Sabine 1951, p.642.

78. Hearnshaw 1928, p.243.

79. Adler 1967, p.xi; Bird 1967, p.22. Adler 1967, pp.ix~xi은 철학연구소the Institute for Philosophical Research가 계속해서 여러 주제들에 관한 '서로 다른 견해들의 혼란'을 '분명히 정의된 논점들의 질서정연한 묶음'으로 '바꾼다'는 (Bird 1967의 서문에 담긴) 약속을 유지한다. 질서정연해져야 할 주제에는 진보와 행복과 사랑도 포함된다.

80. Abrams 1967, pp.7~10, 63~83.

81. Seliger 1968, pp.209~210.

82. Hobbes 1996, pp.489, 491.

83. Hood 1964, pp.64, 116~117, 136~137.

84. Harrison 1955.

85. Macpherson 1962, p.viii.

86. Strauss 1952, pp.30~31.

87. 이런 접근법에 대한 개괄은 Cochrane 1961 참조. 이런 가정은 페데리코 차보드Federico Chabod와 (특히) 프리드리히 마이네케Friedrich Meinecke의 저작에서 나타난다. 이런 가정들에 관한 비판적 검토로는 Baron 1961 참조.

88. Avineri 1968, p.2.

89. Tucker 1961, pp.7, 11, 21. 이렇게 되면, 마르크스의 종교적 집착은 그가 자본주의에 관해 '우리에게 일러주는 바가 거의 없음'을 뜻하고(p.233) 그가 자유에 관해 말했던 것은 '적극적인 기여를 못했을 뿐 아니라 대단히 큰 폐해를 끼쳤으므로'(p.243) 고전적 텍스트들에 대개 부여되는 '현재성'은 마르크스에겐 적용되지 못한다는 편리한 결론이 나오게 된다.

90. Strauss 1952, pp.24~25, 30, 32.

91. 이런 점들에 대한 고찰과 유사한 다른 사례들에 관해서는 Danto 1956, pp.149~181의 논의를 참조할 것.

92. Popper 1962, vol.1, p.169.

93. Bronowski and Mazlish 1960, p.303.

94. Chapman 1956, p.vii. 강조는 필자의 것. 여기서 다루어진 평가에 관해서는 가령 Cobban 1941, p.67과 특히 루소가 '전체주의적 민주주의를 야기했다'고 주장한(p.43) Talman 1952를 참조할 것.

95. Winiarski 1963, p.247.

96. Cassirer 1946, p.140.

97. Winiarski 1963, p.273. 강조는 필자의 것.

98. Gough 1950, Gough 1957, Plamenatz 1963, Seliger 1968의 가정이 그런 예이다.

99. 이런 혼란에 대한 분석과 그에 대한 교정에 관해서는 Dunn 1969, pp.29~31, 204~206 참조. Tully 1993, 특히 pp.2, 6, 73~79도 참조할 것.

100. Mansfield 1965, p.86 참조, pp.41, 66, 80도 비교할 것. 이에 상응하여 볼링브로크가 버크를 '예견했다'는 주장으로는 Hart 1965, pp.95, 149 및 다른 여러 대목을 참조할 것.

101. Mansfield 1965, p.49 및 여러 대목. 18세기 사상에 대한 교재들을 보면 '로크의 전통'이 그 시대 가장 뚜렷한 특징들의 일부를 설명하는 수단으로 필수불가결하다고 되어 있다. 일례로 Laski 1961, pp.47~53, 131 참조.

102. 이런 가정으로는 Strauss 1953과 Cox 1960 참조.

103. 이것은 일반적으로 유통되는 이론이다. 심지어 Wolin 1961, p.26은 '주의 깊은 독자라면' 로크가 홉스를 반박할 목적을 가졌음을 '보지 않을 수가 없다'고 주장한다. 이런 가정은 근대 초기 정치사상에 관한 교재들 대다수에서 나타나는 특징이다. 일례로 Martin 1962, p.120 참조.

104. 가령 홉스가 마키아벨리의 '전통적인 정치철학 비판'을 '수용했다'는 주장으로는 Strauss 1957, p.48 참조.

105. Raab 1964 참조, Cherel 1935와 Prezzolini 1968도 비교할 것.

106. '영향'의 문제점에 대한 본격적인 분석은 Skinner 1966 참조. 여기서의 내 주장이 부당하게 회의적이며 심지어 아무것도 할 수 없게 만든다는 주장으로는 Oakley 1999, pp.138~187 참조. 나는 이 개념이 유익하게 사용될 수 있다는 점을 부인하지는 않는다. (때로 나 또한 이를 사용한다.) 다만 이 개념을 소환하려면 내가 제안하는 검증조건을 통과할 자신이 있어야 한다는 점을 강조하는 것이다.

107. 이런 팸플릿의 엄청난 수나 일반적 취지에 관해서는 Foord 1964, 특히 pp.57~109, 113~159.

108. 1650년대 초에 활동했던 이론가들과 그들과 홉스의 관계에 대해서는 이 책 3권 9장 참조. 로크의 독서에 관해서는 Laslett 1965 참조.

109. Brailsford 1961, p.118 참조, 17세기 영국에서 '민주주의'가 출현했다는 Wootton 1986, pp.38~58과 비교할 것.

110. Brailsford 1961, pp.118, 457.

111. Brailsford 1961, p.233. Woodhouse 1938, p.83과 비교할 것.

112. 가령 Gough 1950, pp.47~72가 그러하다.

113. 이런 주장에 대해서는 Dunn 1980, pp.29~52 참조.

114. Hampshire 1959, 특히 pp.135~136, 153~155, 213~216 참조. 유사한 사안들이 Taylor 1964, 특히 pp.54~71에서 논의된다.

115. Armstrong 1965, p.382.

116. 상세한 논의로는 Mandelbaum 1967.

117. Dunn 1980, pp.13~28은 이 점을 더 자세히 진술하고 있다.

118. Baxter 1745, vol.2, p.280; Reid 1941, p.120.

119. Bracken 1965, pp.1~25, 59~81.

120. Plamenatz 1963, vol.1, p. x .

121. Taylor 1938, p.418. Warrender 1957도 이에 비견할 만한 입장을 취하며 Hood 1964는 더 극단적인 진술을 제시한다. 이 주장의 한층 날카로운 사례로는 Martinich 1992, pp.71~135 참조.

122. Dibon 1959, p.xv 참조, 다윗과 마니교에 관한 벨의 논문을 논한 Labrousse 1964, pp.346~386도 비교할 것.

123. Hood 1964, p.vii; Labrousse 1964, p. x .

124. Aubrey 1898, vol.1, p.339.

125. 홉스에 관한 이와 같은 세부사항에 대해서는 Mintz 1962, 벨에 관해서는 Robinson 1931 참조.

126. Collingwood 1939, pp.34~35.

127. Popkin 1969, 1979 및 Curley 1978 참조.

128. 연구 대상으로서의 '단위 관념'에 관해서는 Lovejoy 1960, 특히 pp.15~17 참조.

129. Lakoff 1964, p.vii.

130. Elyot 1962, p.104.

131. 가령 Humphrey 1563, Sig. K, 4'과 5' 참조.

132. Hexter 1964는 이 가능성에 대한 절묘한 탐구를 담고 있다.

133. 이런 가정에 관해서는 Bateson 1953 참조.

134. 여기에 관해서는 MacIntyre 1966, pp.1~2 참조.

135. Lockyer 1979 참조, Collingwood 1939, pp.61~63도 비교할 것.

136. 맥락, 특히 언어적 맥락의 우선성을 내세운 이 제안에 대한 비판적 논의로는 Turner 1983, Boucher 1985, Gunn 1988~1989, Zuckert 1985, Spitz 1989, Arnold 1993 pp.15~21, King 1995, Bevir 2001 참조.

137. 이와 유사한 신념을 간단히 진술한 예로는 Greene 1957~1958 참조. 내가 기댄 바가 많은 Collingwood 1939와 Dunn 1980 pp.13~28도 비교할 것. Dunn 1996, pp.11~38도 참조. 콜링우드가 1960년대 정치철학사에 관해 쓰기 시작한 사람들에 미친 영향에 관해서는 Tuck 1993에 실린 유익한 조사를 참조할 것.

138. Collingwood 1939, p.70.

139. '정치학의 중심이 되는 문제들은 시대를 초월한다'는 주장에 관해서는 Hacker 1961, p.20 참조.

5장. 동기, 의도, 해석

1. Wimsatt and Beardsley 1976, p.1. 수차례 재출판된 이 고전적인 논문은 1946년 *Sewanee Review*에 처음으로 실린 글이다. Wimsatt 1954, Beardsley 1958, Beardsley 1970도 비교할 것.

2. Barthes 1979, pp.73~78; Foucault 1979, pp.141~160.

3. Derrida 1976, pp.6~100.

4. Wimsatt and Beardsley 1976, pp.6, 11.

5. Beardsley 1992, p.33.

6. Derrida 1976, pp.6~73 참조, Derrida 1978, pp.278~282도 비교할 것.

7. Harlan 1989, p.582.

8. Iser 1972, p.279.

9. Ricoeur 1981, p.174.

10. Ricoeur 1981, p.201.

11. 전유로서의 해석에 관해서는 Ricoeur 1981, pp.145~164 참조.

12. Fish 1980, p.3.

13. Fish 1980, p.16.

14. Wimsatt and Beardsley 1976, p.10.

15. Wimsatt and Beardsley 1976, p.13.

16. Derrida 1979, pp.122. 이에 대한 유익한 논의로는 Hoy 1985, pp.54~58 참조.

17. Derrida 1979, p.128: 'Chacum comprend ce que veut dire "j'ai oublémon parapluie".'

18. Derrida 1979, pp.123, 125, 131.

19. Wimsatt and Beardsley 1976, pp.3, 12.

20. Morris Jones 1964, p.140.

21. Wimsatt and Beardsley 1976, p.9.

22. Wimsatt and Beardsley 1976, p.2.

23. Gang 1957, p.178.

24. Hough 1966, p.60.

25. 이 주장에 관한 (승인은 아닌) 논의로는 Aiken 1955, p.752 참조.

26. Wimsatt and Beardsley 1976, pp.1~2.

27. Smith 1948, p.625.

28. Gang 1957, p.179.

29. Harlan 1989, p.587.

30. Wimsatt and Beardsley 1976, pp.1~2.

31. Gang 1957, p.175.

32. Smith 1948, p.625.

33. Wimsatt and Beardsley 1976, pp.6~9.

34. 이 점은 Cioffi 1976, pp.70~73에서 제시된다.

35. Aiken 1955, p.752.

36. Geertz 1980, p.135.

37. Cioffi 1976, p.57.

38. 이 점은 Morris Jones 1964, p.143에 잘 지적되어 있다.

39. 이 문제와 관련하여 Anscombe 1957과 Kenny 1963에서 많은 도움을 얻었는데, 이 두 고전적인 논의는 동기와 의도 개념을 유사한 방식으로 구분하고 있다. 내가 이 둘을 구분하는 방식에 대해 (부분적으로) 동의하는 입장으로는 Hancher 1972, 특히 pp.836n. 그리고 842~843n. 참조.

40. Austin 1980, pp.98~108.

41. Austin 1980, p.94를 포함한 여러 대목들.

42. 발화결과적 효과 개념에 대한 개관으로는 Austin 1980, pp.99, 101~102 참조.

43. Gang 1957, p.177. Richards 1929, 특히 pp.180~183은 이런 유형의 의도 효과에 관심을 기울이는 데 영향력을 발휘했다.

44. 이 문제에 관한 연구로는 Strawson 1971, pp.170~189 참조.

45. 일례로 Close 1972, pp.36~38 참조.

46. Bateson 1953, p.16.

6장. 해석과 화행에 대한 이해

1. Wittgenstein, 1958, paras*. 138~139, 197~199, 241, pp.53~54, 80~81, 88.

2. Austin 1980.

3. Wittgenstein 1958, para**. 546, p.146에서도 주장하듯이.

* 'paragraphs'의 약어. 단락을 말함.
** 'paragraph'의 약어. 단락을 말함.

4. 비트겐슈타인의 통찰을 민족지학에 적용하는 것의 가능성에 대한 설명으로 Geertz 2000, pp.xi~xiii을 보라.

5. Austin 1980, pp.94, 98.

6. 언어의 추상적 차원으로서 발언의 효력에 관해서는 Holdcroft 1978, pp.143~155를 보라.

7. Austin 1980, p.99.

8. Austin 1980, pp.109~120.

9. Strawson 1971, p.153.

10. Austin 1980, p.99.

11. Austin 1980, p.98.

12. Austin 1980, p.128.

13. Strawson 1971, pp.149~169에 나타난 스트로슨의 확장은 오스틴이 '파악'에 대한 자신의 분석에서 (화자의 의도와 대조되는) 관습에 부여한 중요성을 의문시하는 형태를 취한다.

14. 설의 발화수반 행위 분석에 나타난 반영적reflexive 의도의 위상으로는 Searle 1969, pp.60~61을 보라.

15. Schiffer 1972, pp.88~117은 의미와 화행 간의 관계를 분석하는 데 그라이스의 의도주의적 의미이론을 활용한다. 또한 Bach and Harnish 1979에서 의사소통적 의도의 인식에 부여된 중심적 역할도 참조.

16. 내가 원래 Skinner 1970에서 주장했듯이.

17. 이 논점은 Petrey 1990, p.22에 잘 나타난다.

18. 나는 특히 Skinner 1970, Skinner 1971, Skinner 1975, Skinner 1978a, Skinner 1996에 의존할 것이다.

19. Graham 1988, p.151.

20. Austin 1980, p.116.

21. 이 제안에 대한 부연설명으로 Kenny 1963, pp.171~186을 보라.

22. Austin 1980, p.116.

23. Skinner 1971, pp.3~12에서 내가 보여주려 했듯이.

24. Davidson 1967, p.86.

25. '경고'의 의미론에 관해서는 Vanderveken 1990, vol.1, p.174도 보라.

26. 꼼꼼한 논의로 McCullagh 1998, pp.150~155를 보라. 그 이상의 비판으로 Bevir 1999, pp.40~42를 보라.

27. Graham 1988, p.152. 동일한 비판으로 Shapiro 1982, p.563과 Boucher 1985, pp.220, 230을 보라.

28. Graham 1988, pp.153, 163.

29. Holdcroft 1978, pp.149~150, 154.

30. 홀드크로프트가 언급하듯이, 시퍼의 설명에서 이것이 인지되고 있는지는 불분명하다. 또한 발화수반 효력에 대한 Travis 1975의 '생성적'generative 설명도 보라. 이는 발언의 발화수반 효력을 화자의 발언에 동반하는 의도된 발화수반 효력과 구분하지 않은 채 진행되고, 따라서 일반적으로 '각 발언은 정확히 하나의 발화수반 효력을 지닐 것이다'라고 결론짓는다(p.49).

31. Hirsch 1967, pp.12, 13. Hirsch 1976과 Juhl 1976, pp.133~156 참조.

32. Hirsch 1967, p.27. 허시에 관한 줄의 논평으로 Juhl 1980, pp.16~44를 보라.

33. LaCapra 1980, p.254; Baumgold 1981, p.935; Gunnell 1982, p.318; Seidman 1983, pp.83, 88; Femia 1988, p.157; Keane 1988, p.207; Harlan 1989. 나는 Skinner 1996에서 할런의 비판에 응답한 바 있다.

34. Jenssen 1985에서 바르게 지적되듯이. Vossenkuhl 1982; Viroli 1987도 참조.

35. Dunn 1980, p.84에서 탁월하게 개진된 논점.

36. Juhl 1980, pp.62, 64. Stern 1980, pp.122~124도 보라.

37. Defoe 1965, p.96. Stern 1980이 같은 예를 언급하긴 하지만(p.124), 내가 보기에 그로부터 잘못된 교훈을 끌어낸다. 그러나 Bevir 1999, pp.81~82에서의 유익한 논의 참조.

38. Austin 1980, pp.56ff*; p.116n도 참조.

39. 폴 리쾨르의 해석학에서 이 주제가 차지하는 중심적 역할로 Leeuwen 1981을 보라. 리쾨르와 대조되는 나 자신의 접근 방법에 대한 논의로 Thompson 1993을 보라.

40. Graham 1980, pp.147~148. Shapiro 1982, p.548은 같은 비판을 반복한다. Boucher 1985, p.212; Levine 1986, pp.38, 44~45도 보라.

41. 의문 발화interrogatives와 수행 발화performatives에 관해서는 Holdcroft 1978, pp.102~106을 보라.

42. 나는 Skinner 1970, pp.120~121, 128~129에서 코헨의 회의주의에 대한 논박을 시도한 바 있다. Graham 1977도 참조.

43. 이 논점에 대한 논의로 Bevir 1999, pp.134~137을 보라.

44. 발언의 맥락이라는 개념에 대한 비판으로 Oakley 1999, pp.8~24를 보라.

45. 철학적 복잡성에 관해서는 Holdcroft 1978, pp.151~170을 보라. 텍스트의 역사적 맥락을 재구성하는 데 따르는 실제적 어려움에 관해서는 Hume 1999를 보라.

46. Austin 1980, pp.116~120.

47. Tully 1988, pp.8~10.

48. Wootton 1986, p.10.

49. 이러한 정식화로는 Ayers 1978, p.44와 Hylton 1984, p.392를 보라.

* 'ff'는 특정 페이지 이후를 참조하라는 뜻.

50. Collingwood 1939, p.39.

51. Collingwood 1939, pp.29~43. 설명의 화용론에 관해서는 Garfinkel 1981, pp.7~14도 보라.

52. 여기서 나는 Turner 1983, pp.283~286에서 이루어진 비판에 대응하려 시도한다.

53. Pocock 1980, 특히 pp.147~148을 보라. 그리고 Pocock 1973도 참조.

54. Jenssen 1985, p.129는 이 논점을 중히 강조한다. 그것들이 환기하는 장르와 기대에 관해서는 Jauss 1970, pp.11~14도 보라.

55. Keane 1988, p.205를 보라. 그리고 Kjellström 1995도 참조. 저자의 죽음에 관해서는 Barthes 1979, pp.73~81을 보라.

56. 구조와 행위자 간의 관계에 대해 여기서 내가 취하고 있는 견해를 우호적으로 평가하는 경우로 Edling and Mörkenstam 1995, pp.120~124를 보라.

57. Tully 1988, p.7.

58. 푸코의 담론 개념에 대한 특히 통찰력 있는 언급으로 Hollinger 1985, pp.149~151을 보라.

59. Pocock 1985, pp.7~8, 23.

60. Hollis 1988, pp.139~140을 보라. 그리고 Tully 1988, p.10 참조.

61. 그러나 이 예에 대한 내 해석의 비판으로 Rosebury 1997을 보라.

62. Geertz 1980, pp.134~136에서의 논의 참조. 역사가들이 '사자死者와 교감할' 수 있어야 한다는 가정의 오류에 관해서는 Strout 1992도 보라.

63. 텍스트로서의 사회적 행위에 관해서는 Ricoeur 1973와 Geertz 1983, pp.30~33을 보라. 텍스트/행위에 대한 논의로 Makkreel 1990도 보라.

64. Derrida 1979, pp.122, 123.

65. Derrida 1979, p.128: 'Chacun comprend ce que veut dire "j'ai oubliémon parapluie".'

66. Derrida 1979, pp.123, 125, 131. Nehamas 1985, pp.17, 240은 데리다가 '해석이 가능하려면 무오류성과 확실성이 필요하다는 그의 전제'를 옹호하지 않는 점을 흥미롭게 논의한다.

67. Derrida 1979, p.122: 'Nous ne serons jamais assurés de savoir ce que Nietzsche a voulu faire ou dire en notant ces mots.'

68. Hough 1976, p.227. Seidman 1983, p.91도 참조.

69. 이러한 역사기술에 대한 논의로 Close 1972를 보라.

70. Close 1972는 이런 방식의 선구적인 독해를 제공한다.

71. Close 1972, p.37을 보라. 그리고 관련 문제들에 대한 보다 일반적인 고찰로는 Kiremidjian 1969~1970, 특히 pp.231~232를 보라.

72. 예컨대 Parekh and Berki 1973, p.169는 '명확한 결과를 초래하기 위해 하나의 행위를 수행하는 데 담긴 명확한 "의도"'에만 내가 관심 있다고 불평한다.

73. Forster 1924, p.325. 불행하게도 이러한 종결은 『인도로 가는 길』(1978) 애빙거Abinger 판에서 설명 없이 누락되었다.

74. Joyce 1969, p.704.

75. 이 논점은 Pratt 1977에 잘 나타나 있다. 여기서 주 표적은 문학 담론이 언어의 특정한 용법이라기보다는 특수한 유형의 언어를 대표한다는 생각이다.

76. Leslie 1970, p.433; Tarlton 1973, p.314; Warrender 1979, p.939; Gunnell 1982, p.327; Femia 1988, pp.158~159, 163; Mandell 2000, pp.119~120. 훨씬 급진적인 회의로는 Rée 1991, pp.978~980을 보라.

77. '이해의 역사성'에 관해서 Gadamer 1975, pp.235~274를 보라. 그리고 Rorty 1979, pp.362~365, 371과 여기서의 가다머 참고문헌 참조.

78. 다양성의 가치에 관한 여러 고찰들로 Geertz 1983, pp.3~16을 보라.

79. Tully 1995, 특히 pp.99~182. 평가로는 Owen 1999을 보라.

80. Adkins 1960, pp.348~351.

81. Geertz 1980, pp.121~136. 탁월한 논의로 Inglis 2000, pp.156~180을 보라.

82. 여기서 나는 MacIntyre 1971, 특히 pp.viii~ix의 영향을 많이 받았다.

83. 예를 들어 Geertz 2000, pp.42~67이 인용하고 비판한 주장들을 보라.

7장. '사회적 의미'와 사회적 행동에 대한 설명

1. 여기서 그리고 전체적으로 나는 Morgenbesser 1966, p.255에서 제안된 용어를 채택한다.

2. Rickman 1967, p.23.

3. Schutz 1960, p.203.

4. Winch 1958, p.45.

5. Gibson 1960, p.52.

6. Ayer 1967, p.23.

7. Brodbeck 1963, p.309.

8. Weber 1968, vol.1, pp.4, 8.

9. Melden 1961, pp.87~88, 102, 104, 184.

10. Collingwood 1946, pp.214~215.

11. 이 문제들에 관한 크로체와 딜타이 저술의 유용한 발췌로 Gardiner 1959, pp.213~225와 pp.226~241을 보라.

12. Dray 1957, pp.122~126을 보라. 그리고 Donagan 1957 참조.

13. Weber 1968, vol.1, p.8.

14. Schutz 1960, pp.206, 211, 214.

15. Winch 1958, pp.45, 72.

16. Davidson 1963.

17. Ayer 1967, pp.16, 17, 21, 22~23. 모든 설명은 원인을 정하는 형식을 취하기에 재기술은 설명적일 수 없다는 주장으로 Mulligan, Richards and Graham 1979, p.97도 보라.

18. Hempel 1942, pp.44~45.

19. Durkheim 1964, p.110.

20. 6장에서 언급했듯이 나는 여기서 원래 Strawson 1971, p.153에 제시된 예를 활용하고 있다. 또한 스트로슨을 따라 내가 J. L. 오스틴의 관습 개념을 확장하고, H. P. 그라이스의 의미 이론을 오스틴의 발화수반 행위에 대한 설명에 연결하고 있음을 여기서 덧붙일 필요가 있다. 이런 실천에 대한 옹호로 Skinner 1970을 보라.

21. Grice 1957, 그리고 Grice 1969에서의 수정을 보라.

22. Grice 1957, p.377.

23. Austin 1980, pp.19, 119.

24. Strawson 1971, pp.149~169, 그리고 Skinner 1970에서 그의 분석을 확장하고 적용하려는 나 자신의 시도를 보라.

25. Grice 1957, p.388.

26. Hollis 1996, p.199.

27. Laing and Esterson 1970, pp.34~35, 46.

28. Machiavelli 1960, p.65: 'é necessario a uno principe … imparare a potere essere non buono.'

29. Gilbert 1977, p.110.

30. Gilbert 1977, pp.111~112.

31. 예를 들어 Graham 1988, p.154; Hollis 1988, pp.139, 141, 146을 보라.

32. Freundlieb 1980, p.436.

33. Melden 1961, pp.83~89; Rickman 1967, p.69; Winch 1958, pp.45~51.

34. Davidson 1963, p.699; Ayer 1967, p.9; MacIntyre 1971, p.226.

35. Ayer 1967, pp.9~10. 나는 참조의 편의를 위해 번호를 덧붙였다.

36. 예를 들어 Winch 1964, p.203을 보라.

37. Jarvie and Agassi 1970, p.179는 '인간의 행위를 그들의 신념으로 설명할 수 있다는 전체 가설'에 대한 사회인류학에서의 '일반적 비판'을 언급하는 데까지 나아간다.

38. Hollis 1970b, pp.225~227은 이런 설명을 검토, 비판한다.

39. Gibson 1960, p.156.

40. Winch 1970, pp.97~103; Rorty 1979, 특히 pp.174, 331.

41. 그러나 이 제안에 대한 비판으로 Mew 1971을 보라.

42. Plamenatz 1963, vol.1, p.x.

43. 이들 주장으로 각각 Louch 1966, p.238; Melden 1961, p.184; Abelson 1965, p.541을 보라.

44. 예를 들어 Davidson 1963, p.699; Ayer 1967, p.9를 보라.

45. Ayer 1967, p.24.

8장. 도덕 원칙과 사회적 변화

1. Namier 1930, p.147.

2. Namier 1957, p.vii.

3. Butterfield 1957, p.209.

4. 학자들의 예로는 본서 2권 14장 3절의 논의를 보라.

5. Brooke 1963~1964, p.341.

6. 뒤이은 나의 주장에 대한 논의로 Gorman *et al.* 1987을 보라.

7. 나는 이런 곤경의 더 많은 예들을 본서 2권에서 검토한다. 2권 9장에서는 초기 근대 혁명이 론의 전개를 이런 관점에서 고찰하고, 2권 13장에서는 동일한 관점에서 18세기 영국의 휘그 과두정치에 대한 저항을 고찰한다. 이들 논의에 잠재하는 전제들의 비판으로 Hollis 1974를 보라.

8. Weber 1930, pp.35~46.

9. 이런 적대감에 대한 베버의 논의로 Weber 1930, pp.56~63.

10. Fennor 1965, pp.441, 445~446.

11. Roberts 1952, p.83.

12. 또는 정세. 그러나 나는 행동에 집중할 것이다.

13. 특히 Stevenson 1963을 보라.

14. Urmson 1968, pp.24~37.

15. 여기서 나는 내 접근방법이 '새로운 통찰 가능성의 부정'과 관련되어 있고, 창조성의 순간 을 보지 못하게 한다는 비평가들의 불평에 응답한다. 이들 반론으로 각각 Parekh and Berki 1973, p.168과 Schochet 1974, pp.270~271을 보라.

16. Weber 1930, pp.49~50(벤저민 프랭클린Benjamin Franklin 인용); 소명에 관해서는 pp.79~84를 보라.

17. 초기 자본가들의 세속적 금욕주의에 관해서 Weber 1930, 특히 pp.42, 72, 80, 166, 180을 보라.

18. 예컨대 Parekh and Berki 1973, p.168을 보라.

19. Eburne 1962, p.85.

20. 내가 관심 있는 작가들의 경제사상에 대한 고전적 설명으로 Supple 1959, 특히 pp.211~224를 보라.

21. Wheeler 1931, p.272.

22. Alexander 1624, pp.30~31.

23. Roberts 1952, pp.102, 105.

24. Wheeler 1931, pp.179~180.

25. [Mun] 1952, pp.46~47. 저자의 확인으로는 McCulloch 1952, p.v를 보라.

26. Roberts 1952, p.51.

27. Trevor-Roper 1967, pp.21~22.

28. Weber 1930, p.91은 '경제 체제로서의 자본주의는 종교개혁의 산물'이라는 논제를 명시적으로 거부하고, '자본주의 사업 조직의 몇몇 중요한 형태들이 종교개혁보다 상당히 오래전에 존재했던 것으로 알려져 있다는 사실은 이런 주장에 대한 충분한 반박'이라 지적한다.

29. Tawney 1938을 보라. 여기서 루터주의는 사회적 보수주의로 여겨지지만(pp.92~95), 칼뱅주의 교리는 얽매이지 않은 형태의 사업과 상업생활에 새롭고 특별한 격려를 제공했다고 주장된다(pp.111~127).

9장. 문화적 어휘라는 관념

1. Williams 1976은 확장 수정된 형태로 1983년에 다시 발행되었다. 나의 비판은 원래 1979년에 발표되었었다. 논문에서 내가 비판한 1976년판의 주장 대부분은 1983년판에서 변경되거나 철회되었다. 따라서 나는 양자 모두에 대해 쪽 번호 참조를 제공해야만 했다. 나는 이들 각각을 'Williams 1976'과 'Williams 1983'으로 지칭한다.

2. Williams 1976, p.21; Williams 1983, p.24.

3. Williams 1976, pp.20~21; Williams 1983, pp.23~24.

4. Williams 1976, p.13; Williams 1983, p.15.

5. Williams 1976, pp.12~13; Williams 1983, p.15.

6. Williams 1976, pp.84, 189. 그러나 Williams 1983, pp.95, 224에서 이 주장들은 삭제된다. 그리고 윌리엄스는 새로운 서문에서 '단어와 개념 간의 어려운 관계'를 명시적으로 인정한다(p.21).

7. 일반적인 이 문제에 대한 논의로 Norval 2000을 보라.

8. Williams 1976, p.9; Williams 1983, pp.11~12.

9. Williams 1976, pp.13, 19~20; Williams 1983, pp.15, 22~23.

10. Williams 1976, pp.12, 15; Williams 1983, pp.14, 17.

11. 도덕철학자들 중에서 나는 Foot 1958, Murdoch 1970, Hampshire 1959, 특히 pp.195~222에 가장 크게 빚지고 있다. 언어철학자들 중에서 나의 접근방법은 Wittgenstein 1958과 Austin 1980에, 그리고 Dummett 1973a, 특히 pp.81~109에 있는 프레게Frege의 견해에 대한 분석에 가장 크게 빚지고 있다.

12. Williams 1976, p.272; Williams 1983, p.322.

13. 이런 식의 사유에 대한 공격으로 Putnam 1975, pp.117~131을 보라.

14. 그러나 이러한 퍼트넘의 반론은 잘 논증되지 못한 것으로 보인다. 신념의 변화에 직면하여 의미가 변하지 않은 채 남아 있는 분명한 사례들은 생각해내기 어렵다. 퍼트넘의 예들은 오히려 내게 설득력이 없는 것으로 비친다. Putnam 1975, pp.127~128은 '금' 金의 예를 들고 있는데, 그는 비록 우리가 금의 빛이 바랜 것을 알게 되고, 따라서 그 물질에 대한 우리의 신념을 바꿔야 한다 하더라도 단어의 의미에는 영향이 없을 것이라고 주장한다. 이는 독단적으로 보인다. 우리는 진정 계속해서 '그것은 사실상 금과 같다'처럼 말을 할까? 그리고 그렇지 않다면, 우리는 '금'의 의미가 변했다고 인정해야 하지 않을까?

15. Williams 1983, pp.22~23. 이는 Williams 1976, p.20을 약간 수정한 것이다. Williams 1983, p.23은 '본 연구 전체의 시발점인 연결과 상호작용이라는 사실을 거듭 주장하는 데 만족'하면서도 자신의 접근방법을 여전히 비판하는 독자에게 항변한다. 따라서 윌리엄스의 새로운 「서문」은 '의미'에 대한 전체론적 (그리고 이런 의미에서 회의주의적) 접근이 제기한 문제들에 대해 명시적이다. 그러나 나는 그의 개정판에서조차 이 회의주의에 함축된 의미들이 수용되었음을 보지 못한다.

16. 그렇지 않다면 논객들이 어떻게 '논쟁'할 수 있는지 생각하기 어렵다.

17. 이 점에 관해서 Dummett 1973b를 보라.

18. Hampshire 1959, p.197.

19. Hampshire 1959, p.196.

20. Hampshire 1959, p.197.

21. Williams 1976, pp.99, 109, 143; Williams 1983, pp.115, 131, 171.

22. 이 사례에 대한 보다 자세한 고찰로 본서 2권 14장을 보라.

23. Shakespeare 1988, *King Lear*, III.iv.104~105, p.961.

24. Williams 1976, pp.50, 80; Williams 1983, pp.59, 91.

25. Williams 1976, pp.176~178; Williams 1983, pp.210~212.

26. Williams 1976, p.117; Williams 1983, p.211.

27. 여기서 나는 Searle 1962의 고전적 설명에 기댄다.

28. 그러나 이 비판은 이제 Williams 1983, p.22에서 반박되고 있음에 유의하라.

29. Williams 1976, p.43. 그러나 Williams 1983에서 이 주장은 삭제된다.

30. Williams 1976, p.53; Williams 1983, p.62.

31. Williams 1976, pp.13~14. 그러나 Williams 1983, p.16에서 이 주장은 수정된다.

32. 여기서 나는 Skinner 1978b, vol.1, pp.xi~xiii에 기댄다.

33. Taylor 1971, p.24.

10장. 회고: 수사 연구와 개념의 변화

1. Weldon 1953.

2. Hare 1952.

3. Lovejoy 1960.

4. 그러나 러브조이의 접근방법은 Oakley 1984, pp.15~40에서 유용하게 다시 진술되고 옹호되었다. 러브조이에 대한 나 자신의 언급에 오클리가 반응한 것으로 Oakley 1984, pp.28~31을 보라.

5. 이런 실천에 대해 논평하면서 Geuss 1981, p.66은 '이상적인 담화 상황에서 보편적 합의가 이루어질 수 있는 규범에 행위를 기초한다면 바르게 행동하는 것이라는 견해로 왕조 전 이집트인들, 9세기 프랑스 농노, 20세기 초 야노마뫼Yanomamö 부족민들을 설득하기는 아주 어려울 것이라 나는 생각한다'라고 언급한다.

6. 예를 들어 Koselleck 1985, 특히 pp.73~91과 Koselleck 1989를 보라. 또한 Richter 1995, 특히 pp.26~57에서의 논의도 보라.

7. Foucault 1980, p.114.

8. 특히 Richter 1986과 Richter 1987을 보라.

9. Richter 1995.

10. Schmidt 1999는 이런 식으로 코젤렉의 기획에 대해 몇 가지 흥미로운 비판을 가하는데, 특히 사료로서 사전에 기대는 것에 의문을 제기한다. 이들 쟁점들에 대한 탁월한 개관으로 Hampsher-Monk 1988을 보라.

11. Skinner 1998, pp.59~99.

12. Bevir 1999, pp.49~50을 보라. 그리고 Bevir 1997도 참조. 베버Bevir의 입장에 대한 간략한 재진술로 Bevir 2001을 보라.

13. 이 관점에 대한 평가로 Palonen 1997과 1999를 보라.

14. 예컨대, 코젤렉의 『역사의 기본개념』Geschichtliche Grundbegriffe이 '지배'Herrschaft 개념과 그 역사를 다루는 방식에 대한 릭터의 논의로 Richter 1995, pp.58~78을 보라. 나의 접근방법과 코젤렉의 그것을 더욱 상세하게 비교한 것으로는 Guilhaumou 2000을 보라.

15. Dunn 1980, 특히 p.13.

16. Machiavelli 1960, pp.66~68.

17. 'usar in ogni cosa una certa sprezzatura'의 필요에 관해서 Castiglione 1981, pp.59~60을 비롯한 여러 곳을 보라.

18. Castiglione 1994, p.53.

19. 호비 번역의 언어에 관해서 Burke 1995, pp.66~72를 보라. sprezzatura에 관해서는 Saccone 1983을 보라.

20. Palonen 1999, pp.53~55.

21. 다음의 고전 텍스트 번역 모두는 나 자신의 것이다.

22. Quintilian 1920~1922, IV. II. 75, vol.2, p.90.

23. Quintilian 1920~1922, IV. II. 76~77, vol.2, p.90.

24. Quintilian 1920~1922, IV. II. 77, vol.2, pp.90~92.

25. Aristotle 1926, I. IX. 28~29, pp.96~98을 보라. 그리고 Quintilian 1920~1922, II. XII. 4, vol.1, p.284 참조.

26. Aristotle 1926, I. IX. 28, p.96.

27. Quintilian 1920~1922, VIII. VI. 36, vol.3, p.322.

28. Cicero 1942, II. XXIII. 81, p.370.

29. Machiavelli 1960, p.66.

30. Machiavelli 1960, p.68.

31. Machiavelli 1960, p.69.

32. Machiavelli 1960, p.71.

33. Nietzsche 1994, pp.30~31. 우리말 번역본은 프리드리히 니체, 『선악의 저편, 도덕의 계보』(니체 전집 14), 김정현 옮김, 책세상, 2002, pp.380~381.

34. Hacking 1995, p.56. Hacking 1995, pp.55~68은 Hacking 1991에서의 보다 상세한 논의를 부분적으로 바꾸어 쓴 것이다.

35. Palonen 1999, pp.56~57.

참고문헌

Aaron, Richard I. (1955). *John Locke*, 2nd edn, Oxford.

Abelson, Raziel (1965). 'Because I Want To', *Mind* 74, pp.540~553.

Abrams, Philip (1967). Introduction to John Locke, *Two Tracts on Government*, ed. Philip Abrams, Cambridge, pp.3~111.

Adkins, A. W. H. (1960). *Merit and Responsibility: A Study in Greek Values*, Oxford.

Adler, M. J. (1967). Foreword to Otto A. Bird, *The Idea of Justice*, New York.

Aiken, Henry David (1955). 'The Aesthetic Relevance of Artists' Intentions', *Journal of Philosophy* 52, pp.742~753.

Alexander, William(Earl of Stirling)(1624). *An Encouragement to Colonies*, London.

Allport, Floyd H. (1955). *Theories of Perception and the Concept of Structure*, New York.

Ammirato, Scipio (1846~1849). *Istorie Fiorentine*, ed. Ferdinando Ranalli, 6 vols., Florence.

Anglo, Sydney (1966). 'The Reception of Machiavelli in Todor England: A Reassessment', *Il Politico* 31, pp. 127~138.

_____ (1969). *Machiavelli: A Dissection*, London.

_____ (1973). 'Melancholia and Witchcraft: The Debate between Wier, Bolin and Scot' in *Folie et déraisonàla Renaissance*, ed. Alois Gerlo, Brussels, pp. 209~222.

Anscombe, G. E. M. (1957). *Intention*, Oxford.

Aristotle (1926). *The 'Art' of Rhetoric*, ed. and trans. J. H. Freese, London.

Armstrong, Robert L. (1965). 'John Locke's "Doctrine of Signs": A New Metaphysics', *Journal of the History of Ideas* 26, pp.369~382.

Arnold, Thomas Clay (1993). *Thoughts and Deeds: Language and the Practice of Political Theory*, New York.

Aubrey, John (1898). *'Brief Lives', chiefly of Contemporaries, set down by John Aubrey, between the years 1669&1696*, ed. Andrew Clark, 2 vols., Oxford.

Austin, J. L. (1980). *How to do Things With Words*, ed. J. O. Urmson and Marina Sbisà,

2nd edn with corrections, Oxford.

Avineri, Shlomo (1968). *The Social and Political Thought of Karl Marx*, Cambridge.

Ayer, A. J. (1967). 'Man as a Subject for Science' in *Philosophy, Politics and Society*, 3rd series, ed. Peter Laslett and W. G. Runciman, Oxford, pp.6~24.

Ayers, Michael (1978). 'Analytical Philosophy and the History of Philosophy' in *Philosophy and its Past*, ed. Jonathan Rée, Michael Ayers and Adam Westoby, Brighton, pp. 41~66.

Bach, Kent and Harnish, Robert M. (1979). *Linguistic Communication and Speech Acts*, Cambridge, Mass.

Bailyn, Bernard (1967). *The Ideological Origins of the American Revolution*, Cambridge, Mass.

Barnard, F. M. (1965). *Herder's Social and Political Thought*, Oxford.

Barnes, Barry (1974). *Scientific Knowledge and Sociological Theory*, London.

Barnes, Barry and Bloor, David (1982). 'Relativism, Rationalism and the Sociology of Knowledge' in *Rationality and Relativism*, ed. Martin Hollis and Steven Lukes, London, pp.21~47.

Baron, Hans (1961). 'Machiavelli: the Republican Citizen and the Author of *The Prince*', *English Historical Review* 76, pp.217~253.

Bartelson, Jens (1995). *A Genealogy of Sovereignty*, Cambridge.

Barthes, Roland (1979). 'From Work to Text' in *Textual Strategies*, ed. Josué V. Harari, Ithaca, N.Y., pp.73~81.

Bateson, F. W. (1953). 'The Function of Criticism at the Present Time', *Essays in Criticism* 3, pp.1~27.

Baumgold, Deborah (1981). 'Political Commentary on the History of Political Theory', *American Political Science Review* 75, pp.928~940.

Baxter, Andrew (1745). *An Enquiry into the Nature of the Human Soul*, 3rd edn, 2 vols., London.

Beardsley, Monroe C. (1958). *Aesthetics*, New York.

_____ (1970). *The Possibility of Criticism*, Detroit, Mich.

_____ (1992). 'The Authority of the Text' in *Intention and Interpretation*, ed. Gary Iseminger, Philadelphia, Penn., pp.24~40.

Bevir, Mark (1994). 'Are There any Perennial Problems in Political Theory?', *Political Studies* 42, pp.662~675.

_____ (1997). 'Mind and Method in the History of Ideas', *History and Theory*

36, pp.167~189.

_____ (1999). *The Logic of the History of Ideas*, Cambridge.

_____ (2001). 'Taking Holism Seriously: A Reply to Critics', *Philosophical Books* 42, pp.187~195.

Bird, Otto A. (1967). *The Idea of Justice*, New York.

Blackburn, Simon (1984). *Spreading the Word*, Oxford.

Bloom, Allan (1980). 'The Study of Texts' in *Political Theory and Political Education*, ed. Melvin Richter, Princeton, N. J., pp.113~138.

Bloom, Allan and Jaffa, Harry C. (1964). *Shakespeare's Politics*, New York.

Bloor, David (1976). *Knowledge and Social Imagery*, London.

Bluhm, William T. (1965). *Theories of the Political System*, Englewood Cliffs, N. J.

Bodin, Jean (1595). *La Demonomanie des Sorciers*, Paris.

Boucher, David (1985). *Texts in Contexts: Revisionist Methods for Studying the History of Ideas*, Dordrecht.

Bracken, Harry M. (1965). *The Early Reception of Berkeley's Immaterialism, 1710~1733*, The Hague.

Brailsford, H. N. (1961). *The Levellers and the English Revolution*, London.

Brodbeck, May (1963). 'Meaning and Action', *Philosophy of Science* 30, pp.309~324.

Bronowski, Jacob and Mazlish, Bruce (1960). *The Western Intellectual Tradition*, London.

Brooke, John (1963~1964). 'Namier and Namierism', *History and Theory* 3, pp.331~347.

Burke, Peter (1995). *The Fortunes of the 'Courtier': The European Reception of Castiglione's 'Cortegiano'*, Cambridge.

Bury, J. B. (1932). *The Idea of Progress*, London.

Butterfield, Herbert (1957). *George III and the Historians*, London.

Carr, E. H. (1961). *What is History?*, London.

Cassirer, Ernst (1946). *The Myth of the State*, New Haven, Conn.

_____ (1954). *The Question of Jean-Jacques Rousseau*, trans. Peter Gay, Bloomington, Ind.

_____ (1955). *The Philosophy of the Enlightenment*, trans. Fritz C. A. Koelln and James P. Pettegrove, Beacon edn, Boston, Mass.

Castiglione, Baldassare (1981). *Il Libro del Cortegiano* (1528), ed. Nicola Longo, Milan.

_____ (1994). *The Book of the Courtier* (1561), trans. Thomas Hoby, ed. Virginia Cox, London.

Castoriadis, Cornelius (1987). *The Imaginary Institution of Society*, trans. Kathleen Blamey, Cambridge.

Catlin, G. E. G. (1950). *A History of Political Philosophy*, London.

Chapman, J. W. (1956). *Rousseau — Totalitarian or Liberal?*, New York.

Cherel, Albert (1935). *La Penséde Machiavel en France*, Paris.

Cicero (1942). *De Partitione Oratoria*, ed. and trans. H. Rackham, London.

Cioffi, Frank (1976). 'Intention and Interpretation in Criticism' in *On Literary Intention*, ed. David Newton-De Molina, Edinburgh, pp.55~73.

Clark, Stuart (1980). 'Inversion, Misrule and the Meaning of Witchcraft', *Past And Present* 87, pp.98~127.

_____ (1997). *Thinking with Demons: The Idea of Witchcraft in Early Modern Europe*, Oxford.

Close, A. J. (1972). '*Don Quixote* and "The Intentionalist Fallacy"', *British Journal of Aesthetics* 12, pp.19~39.

Cobban, Alfred (1941). *The Crisis of Civilization*, London.

Cochrane, Eric W. (1961). 'Machiavelli: 1940~1960', *Journal of Modern History* 33, pp.113~136.

Cohn, Norman (1976). *Europe's Inner Demons*, London.

Colish, Marcia L. (1971). 'The Idea of Liberty in Machiavelli', *Journal of the History of Ideas* 32, pp.323~350.

Collingwood, R. G. (1939). *An Autobiography*, Oxford.

_____ (1940). *An Essay on Metaphysics*, Oxford.

_____ (1946). *The Idea of History*, Oxford.

Coltman, Irene (1962). *Private Men and Public Causes: Philosophy and Politics in the English Civil War*, London.

Corwin, Edward S. (1928~1929). 'The "Higher Law" Background of American Constitutional Law', *Harvard Law Review* 42, pp.149~185, 365~409.

_____ (1948). *Liberty against Government*, Baton Rouge, La.

Cox, Richard H. (1960). *Locke on War and Peace*, Oxford.

Cranston, Maurice (1964). 'Aquinas' in *Western Political Philosophers*, ed. Maurice Cranston, London, pp.29~36.

Cropsey, Joseph (1962). 'A Reply to Rothman', *American Political Science Review* 56, pp.353~359.

Curley, E. M. (1978). *Descartes Against the Skeptics*, Oxford .

Dahl, Robert A. (1963). *Modern Political Analysis*, Englewood Cliffs, N. J.

Danto, Arthur C. (1965). *Analytical Philosophy of History*, Cambridge.

Davidson, Donald (1963). 'Action, Reason and Cause', *Journal of Philosophy* 60, pp.685~700.

_____ (1967). 'The Logical Form of Action Sentences' in *The Logic of Decision and Action*, ed. Nicholas Rescher, Pittsburgh Penn., pp.81~95.

_____ (1984). 'On the Very Idea of a Conceptual Scheme' in *Inquiries into Truth and Interpretation*, Oxford, pp.183~198.

_____ (1986). 'A Coherence Theory of Truth and Knowledge' in *Truth and Interpretation*, ed. Ernest LePore, Oxford, pp.307~319.

Davies, E. T. (1964). *The Political Ideas of Richard Hooker*, London.

Defoe, Daniel (1965). 'The Shortest-Way with the Dissenters' (1702) in *Daniel Defoe*, ed. James T. Boulton, London, pp.88~99.

D'Entrèves, A. P. (1939). *The Medieval Contribution to Political Thought*, Oxford.

Derrida, Jacques (1976). *Of Grammatology*, trans. Gayatri Chakravorty Spivak, Baltimore, Md.

_____ (1978). *Writing and Difference*, trans. Alan Bass, London.

_____ (1979). *Spurs: Nietzsche's Styles*, trans. Barbara Harlow, Chicago, Ill.

Dibon, Paul (1959). 'Redécouverte de Bayle' in *Pierre Bayle: Le Philosophe de Rotterdam: Etudes et documents*, ed. Paul Dibon, Amsterdam, pp.vii~xvii.

Dickens, Charles (1985). *Hard Times* (1854), ed. David Craig, Penguin Classics edn, London.

Donagan, Alan (1957). 'Explanation in History', *Mind* 66, pp.145~164.

Dray, William (1957). *Laws and Explanations in History*, Oxford.

Dummett, Michael (1973a). *Frege: Philosophy of Language*, London.

_____ (1973b). 'The Justification of Induction', *Proceedings of the British Academy* 59, pp.201~232.

Dunn, John (1969). *The Political Thought of John Locke: An Historical Account of the Argument of the 'Two Treatises of Government'*, Cambridge.

_____ (1980). *Political Obligation in its Historical Context: Essays in Political Theory*, Cambridge.

_____ (1996). *The History of Political Theory and Other Essays*, Cambridge.

Durkheim, Emile (1964). *The Rules of Sociological Method*, trans. S. A. Solovay and J.

H. Mueller, New York.

Eburne, Richard (1962). *A Plain Pathway to Plantations* (1624) in *Folger Documents of Tudor and Stuart Civilization*, ed. Louis B. Wright, Ithaca, N. Y., pp.3~154.

Edling, Max and Mörkenstam, Ulf(1995), 'Quentin Skinner: from Historian to Political Scientist', *Scandinavian Political Studies* 18, pp.119~132.

Elster, Jon (1978). *Logic and Society*, New York.

_____ (1982). 'Belief, Bias and Ideology' in *Rationality and Relativism*, ed. Martin Hollis and Steven Lukes, London, pp.123~148.

Elton, G. R. (1969a). *The Practice of History*, rev. edn, London.

_____ (1969b). *England 1200~1640*, Cambridge.

_____ (1970). *Political History: Principles and Practice*, London.

_____ (1991). *Return lo Essentials*, Cambridge.

Elyot, Sir Thomas (1962). *The Book Named the Governor* (1531), ed. S. E. Lehmberg, London.

Evans, Richard J. (1997). *In Defence of History*, London.

Femia, Joseph V. (1988). 'An Historicist Critique of "Revisionist" Methods for Studying the History of Ideas' in *Meaning and Context: Quentin Skinner and his Critics*, ed. James Tully, Cambridge, pp.156~175.

Fennor, William (1965). *The Counter's Commonwealth* (1617) in *The Elizabethan Underworld*, ed. A. V. Judges, London, pp.423~487.

Fish, Stanley (1980). *Is There a Text in this Class?*, Cambridge, Mass.

Foord, Archibald S. (1964). *His Majesty's Opposition, 1714~1830*, Oxford.

Foot, Philippa (1958). 'Moral Arguments', *Mind* 67, pp.502~513.

Forster, E. M. (1924). *A Passage to India*, London.

Forster, Michael N. (1998). 'On the Very Idea of Denying the Existence of Radically Different Conceptual Schemes', *Inquiry* 41, pp.133~185.

Foucault, Michel (1979). 'What is an Author?' in *Textual Strategies*, ed. Josué V. Harari, Ithaca, N. Y., pp.141~160.

_____ (1980). *Power/Knowledge*, ed. Colin Gordon, Brighton.

Freundlieb, Dieter (1980). 'Identification, Interpretation, and Explanation: Some Problems in the Philosophy of Literary Studies', *Poetics* 9, pp. 423~440.

Friedrich, C. J. (1964). 'On Re-reading Machiavelli and Althusius: Reason, Rationality and Religion' in *Rational Decision*, ed. C. J. Friedrich, New York.

Gadamer, Hans-Georg (1960). *Wahrheit und Methode*, Tübingen.

_____ (1975). *Truth and Method*, London.

Gang, T. M. (1957). 'Intention', *Essays in Criticism* 7, pp.175~186.

Gardiner, Patrick (ed.) (1959). *Theories of History*, New York.

Garfinkel, Alan (1981). *Forms of Explanation*, New Haven, Conn.

Gay, Peter (1974). *Style in History*, New York.

Geertz, Clifford (1980). *Negara: The Theater State in Nineteenth-Century Bali*, Princeton, N. J.

_____ (1983). *Local Knowledge*, New York.

_____ (2000). *Available Light: Anthropological Reflections on Philosophical Topics*, Princeton, N. J.

Geuss, Raymond (1981). *The Idea of a Critical Theory: Habermas and the Frankfurt School*, Cambridge.

Gibson, Quentin (1960). *The Logic of Social Enquiry*, London.

Gilbert, Felix (1977). *History: Choice and Commitment*, Cambridge, Mass.

Gombrich, E. H. (1962). *Art and Illusion: A Study in the Psychology of Pictorial Representation*, rev. edn, London.

Goodman, Nelson (1978). *Ways of Worldmaking*, Brighton.

Gorman, David, *et al* (1987). 'Provocation on Belief', *Social Epistemology* I, pp.97~108.

Gough, J. W. (1950). *John Locke's Political Philosophy: Eight Studies*, Oxford.

_____ (1957). *The Social Contract*, 2nd edn, Oxford.

Graham, Keith (1977). *J. L. Austin: A Critique of Ordinary Language Philosophy*, Brighton.

_____ (1980). 'The Recovery of Illocutionary Force', *Philosophical Quarterly* 30, pp.141~148.

_____ (1981). 'Illocution and Ideology' in *Issues in Marxist Philosophy* 4, ed. John Mepham and D. H. Ruben, Brighton, pp.153~194.

_____ (1988). 'How Do Illocutionary Descriptions Explain?' in *Meaning and Context: Quentin Skinner and his Critics*, ed. James Tully, Cambridge, pp.147~155.

Greene, John C. (1957~1958). 'Objectives and Methods in Intellectual History', *Mississippi Valley Historical Review* 44, pp.58~74.

Greenleaf, W. H. (1972a). 'Hobbes: The Problem of Interpretation', in *Hobbes and Rousseau*, ed. Maurice Cranston and R. S. Peters, New York, pp.5~36.

_____ (1972b). 'Hume, Burke and the General Will', *Political Studies* 20, pp.131~140.

Grice, H. P. (1957). 'Meaning', *Philosophical Reveiw* 66, pp.377~388.

_____ (1969). 'Utterer's Meaning and Intentions', *Philosophical Reveiw* 78, pp.147~177.

Guilhaumou, Jacques (2000). 'De l'histoire des concepts à l'histoire linguistique des usages conceptuels', *Genéses* 38, pp.105~118.

Gunn, J. A. W. (1988~1989). 'After Sabine, After Lovejoy: The Languages of Political Thought', *Journal of History and Politics* 6, pp.1~45.

Gunnell, John G. (1979). *Political Theory: Tradition and Interpretation*, Cambridge, Mass.

_____ (1982). 'Interpretation and the History of Political Theory: Apology and Epistemology', *American Political Science Review* 76, pp.317~327.

Gwyn, W. B. (1965). *The Meaning of the Separation of Powers*, New Orleans.

Hacker, Andrew (1954). '*Capital* and Carbuncles: the "Great Books" Reappraised', *American Political Science Review* 48, pp.775~786.

_____ (1961). *Political Theory: Philosophy, Ideology, Science*, New York.

Hacking, Ian (1982). 'Language, Truth and Reason' in *Rationality and Relativism*, ed. Martin Hollis and Steven Lukes, London, pp.48~66.

_____ (1991). 'The Making and Molding of Child Abuse' , *Critical Inquiry* 17, pp.253~288.

_____ (1995). *Rewriting the Soul: Multiple Personality and the Sciences of Memory*, Princeton, N. J.

Hampsher-Monk, Iain (1988). 'Speech Acts, Languages or Conceptual History?' in *History of Concepts: Comparative Perspectives*, ed. Iain Hampsher-Monk, Karen Tilmans and F. Van Free, Amsterdam, pp.37~50.

_____ (2001). 'The History of Political Thought and the Political History of Thought' in *The History of Political Thought in National Context*, ed. Dario Castiglione and Iain Hampsher-Monk, Cambridge, pp.159~174.

Hampshire, Stuart (1959). *Thought and Action*, London.

Hancher, Michael (1972). 'Three Kinds of Intention', *Modern Language Notes* 87, pp.827~851.

Hare, R. M. (1952). *The Language of Morals*, Oxford.

Harlan, David (1989). 'Intellectual History and the Return of Literature', *American Historical Review* 94, pp.581~609.

Harrison, W. (1955). 'Texts in Political Theory', *Politica* 3, pp.28~44.

Hart, Jeffrey P. (1965). *Viscount Bolingbroke, Tory Humanist*, London.

Hawthorn, Geoffrey (1979). 'Characterising the History of Social Theory', *Sociology* 13, pp.475~482.

Hearnshaw, F. J. C. (1928). 'Henry St John, Viscount Bolingbroke' in *The Social & Political Ideas of Some English Thinkers of the Augustan Age A.D. 1650~1750*, ed. F. J. C. Hearnshaw, London, pp.210~247.

Hempel, Carl (1942). 'The Function of General Laws in History', *Journal of Philosophy* 39, pp.35~48.

Hesse, Mary (1970a). 'Hermeticism and Historiography: An Apology for the Internal History of Science' in *Minnesota Studies in the Philosophy of Science* 5, ed. Roger H. Stuewer, Minneapolis, Minn., pp.134~160.

_____ (1970b). 'Is There an Independent Observation Language?' in *The Nature and Function of Scientific Theories*, ed. R. G. Colodny, Pittsburgh, Penn., pp.35~77.

_____ (1973). 'Reasons and Evaluations in the History of Science' in *Changing Perspectives in the History of Science*, ed. Mikuláš Teich and Robert Young, London, pp.127~147.

_____ (1974). *The Structure of Scientific Inference*, London.

Hexter, J. H. (1964). 'The Loom of Language and the Fabric of Imperatives: the Case of *Il Principe* and *Utopia*', *American Historical Review* 69, pp.945~968.

_____ (1971). *The Hisrory Primer*, London.

Hirsch, E. D., Jr (1967). *Validity in Interpretation*, New Haven, Conn.

_____ (1976). 'In Defense of the Author' in *On Literary Intention*, ed. David Newton-De Molina, Edinburgh, pp.87~103.

Hobbes, Thomas (1996). *Leviathan, or The Matter, Forme, & Power of a Commonwealth Ecclesiasticall and Civill* (1651), ed. Richard Tuck, Cambridge.

Holdcroft, David (1978). *Words and Deeds*, Oxford.

Hollinger, David A. (1985). *In the American Province: Studies in the History and Historiography of Ideas*, Bloomington, Ind.

Hollis, Martin (1970a). 'The Limits of Irrationality' in *Rationality*, ed. Bryan R. Wilson, Oxford, pp.214~220.

_____ (1970b). 'Reason and Ritual' in *Rationality*, ed. Bryan R. Wilson, Oxford, pp.221~239.

_____ (1972). 'Witchcraft and Winchcraft', *Philosophy of the Social Sciences* 2, pp.89~103.

_____ (1974). 'My Role and its Duties' in *Nature and Conduct*, ed. R. S. Peters, London, pp.180~199.

_____ (1982). 'The Social Destruction of Reality' in *Rationality and Relativism*, ed. Martin Hollis and Steven Lukes, London, pp.67~86.

_____ (1988). 'Say it with Flowers', in *Meaning and Context: Quentin Skinner and his Critics*, ed. James Tully, Cambridge, pp.135~146.

Hood, F. C. (1964). *The Divine Politics of Thomas Hobbes*, Oxford.

Hooker, Richard (1989). *Of the Laws of Ecclesiastical Polity* (1594), ed. A. S. McGrade, Cambridge.

Hough, Graham (1966). *An Essay on Criticism*, London.

_____ (1976). 'An Eighth Type of Ambiguity' in *On Literary Intention*, ed. David Newton-De Molina, Edinburgh, pp.222~241.

Hoy, David (1985). 'Jacques Derrida' in *The Return of Grand Theory in the Human Sciences*, ed. Quentin Skinner, Cambridge, pp.43~64.

Hudson, Liam (1972). *The Cult of the Fact*, New York.

Hume, Robert D. (1999). *Reconstructing Contexts: The Aims and Principles of Archaeo-Historicism*, Oxford.

Humphrey, Lawrence (1563). *The Nobles, or Of Nobility*, London.

Hylton, Peter (1984). 'The Nature of the Proposition and the Revolt against Idealism' in *Philosophy in History*, ed. Richard Rorty, J. B. Schneewind and Quentin Skinner, Cambridge, pp.375~397.

Inglis, Fred (2000). *Clifford Geertz: Culture, Custom and Ethics*, Cambridge.

Iser, Wolfgang (1972). 'The Reading Process: A Phenomenological Approach', *New Literary History* 3, pp.279~299.

Jacob, James R. and Jacob, Margaret C. (1980). 'The Anglican Origins of Modern Science: the Metaphysical Foundations of the Whig Constitution', *Isis* 7, pp.251~267

Jacob, Margaret C. (1976). *The Newtonians and the English Revolution, 1689~1720*, Ithaca, N. Y.

James, Susan (1984). *The Content of social Explanation*, Cambridge.

Jarvie, I. C. (1970). 'Understanding and Explanation in Sociology and Social Anthropology' in *Explanation in the Behavioural Sciences*, ed. Robert Borger and Frank Cioffi, Cambridge, pp.231~248.

Jarvie, I. C. and Agassi, Joseph (1970). 'The Problem of the Rationality of Magic' in

Rationality, ed. Bryan Wilson, London, pp.172~193.

Jaspers, Karl (1962). *The Great Philosophers*, vol. 1, London.

Jauss, Hans Robert(1970). 'Literary History as a Challenge to Literary Theory', *New Literary History* 2, pp.7~37.

Jenssen, Peter L. (1985). 'Political Thought as Traditionary Action: the Critical Response to Skinner and Pocock', *History and Theory* 24, pp.115~146.

Jones, Robert A. (1977). 'On Understanding a Sociological Classic', *American Journal of Sociology* 83, pp.279~319.

Jones, W. T. (1947). *Machiavelli to Bentham* in *Master of Political Thought*, ed. Edward M. Sait, 3 vols., London, vol. 2.

Joyce, James (1969). *Ulysses* (1922), Harmondsworth.

Juhl, P. D. (1976). 'Can the Meaning of a Literary Work Change?' in *The Uses of Criticism*, ed. A. P. Foulkes, Frankfurt, pp.133~156.

_____ (1980). *Interpretation*, Princeton, N. J.

Kaufman, Arnold S. (1954). 'The Nature and Function of Political Theory', *Journal of Philosophy* 51, pp.5~22.

Keane, John (1988). 'More Theses on the Philosophy of History' in *Meaning and Context: Quentin Skinner and his Critics*, ed. James Tully, Cambridge, pp. 204~217.

Kenny, Anthony (1963). *Action, Emotion and Will*, London.

King, Preston (1983). 'The Theory of Context and the Case of Hobbes' in *The History of Ideas*, ed. Preston King, London, pp.285~315.

_____ (1995). 'Historical Contextualism: The New Historicism?' in *History of European ideas* 21, pp.209~233.

Kiremidjian, G. D. (1969~1970). 'The Aesthetics of Parody', *Journal of Aesthetics and Art Criticism* 28, pp.231~242.

Kjellström, Peter (1995). 'The Narrator and the Archaeologist: Modes of Meaning and Discourse in Quentin Skinner and Michel Foucault', *Statsvetenskaplig Tidskrift* 98, pp.21~41.

Koselleck, Reinhart (1985). *Future Past: On the Semantics of Historical Time*, trans. Keith Tribe, London.

_____ (1989). 'Linguistic Change and the History of Events', *Journal of Modern History* 61, pp.649~666.

Kuhn, Thomas S. (1962). *The Structure of Scientific Revolutions*, Chicago, Ill.

_____ (1977). *The Essential Tension*, Chicago, Ill.

Labrousse, Elisabeth (1964). *Pierre Bayle*, vol. 2: *Hétérodoxie et rigorisme*, The Hague.

LaCapra, Dominick (1980). 'Rethinking Intellectual History and Reading Texts', *History and Theory* 19, pp.245~276.

Ladurie, E. Le Roy (1974). *The Peasants of Languedoc*, trans. John Day, London.

Laing, R. D. and Esterson, A. (1970). *Sanity, Madness, and the Family*, 2nd edn, London.

Lakatos, Imre (1978). *The Methodology of Scientific Research Programmes: Philosophical Papers*, vol. 1, ed. John Worrall and Gregory Currie, Cambridge.

Lakoff, Sanford A. (1964). *Equality in Political Philosophy*, Cambridge, Mass.

Laski, Harold J. (1961). *Political Thought in England: Locke to Bentham*, Oxford.

Laslett, Peter (1965). Introduction to *The library of John Locke*, ed. John Harrison and Peter Laslett(Oxford Bibliographical Society Publications 13), Oxford.

Laudan, Larry (1977). *Progress and its Problems*, Berkeley, Calif.

Lear, Jonathan (1982). 'Leaving the World Alone', *Journal of Philosophy* 79, pp.382~403.

_____ (1983). 'Ethics, Mathematics and Relativism', *Mind* 92, pp.38~60.

Leeuwen, T. M. van (1981). *The Surplus of Meaning*, Amsterdam.

Lemon, M. C. (1995). *The Discipline of History and the History of Thought*, London.

Lerner, Max (1950). Introduction to *Machiavelli, The Prince and The Discourses*, New York.

Leslie, Margaret (1970). 'In Defence of Anachronism', *Political Studies* 18, pp.433~447.

Levine, Joseph M. (1986). 'Method in the History of Ideas: More, Machiavelli and Quentin Skinner', *Annals of Scholarship* 3, pp.37~60.

Lewis, David (1969). *Convention*, Cambridge, Mass.

_____ (1974). 'Radical Interpretation', *Synthèse* 27, pp.331~344.

Locke, John (1988). *Two Treatises of Government* (1690), ed. Peter Laslett, Cambridge.

Lockyer, Andrew (1979). '"Traditions" as Context in the History of Political Theory', *Political Studies* 27, pp.201~217.

Louch, A. R. (1966). *Explanation and Human Action*, Oxford.

Lovejoy, Arthur O. (1960). *The Great Chain of Being: A Study of the History of an Idea*, Torchbook edn, New York.

Lukes, Steven (1973). 'On the Social Determination of Truth' in *Modes of Thought*, ed. Robin Horton and Ruth Finnegan, London, pp.230~248.

_____ (1977). *Essays in Social Theory*, London.

Macdonald, Graham and Pettit, Philip (1981). *Semantics and Social Science*, London.

Machiavelli, Niccoló (1960). *Il Principe e Discorsi Sopra La Prima Deca di Tito Livio*, ed. Sergio Bertelli, Milan.

_____ (1962). *Istorie Fiorentine* (1525), ed. Franco Gaeta, Milan.

MacIntyre, Alasdair (1962). 'A Mistake about Causality in Social Science' in *Philosophy, Politics and Society*, 2nd series, ed. Peter Laslett and W. G. Runciman, Oxford, pp.48~70.

_____ (1966). *A Short History of Ethics*, London.

_____ (1971). *Against the Self-Images of the Age*, London

Macpherson, C. B. (1962). *The Poltical Theory of Possessive Individualism: Hobbes to Locke*, Oxford.

Makkreel, Rudolf A. (1990). 'Traditional Historicism, Contemporary Interpretations of Historicity and the History of Philosophy', *New Literary History* 21, pp.977~991.

Mandelbaum, Maurice (1965). 'The History of Ideas, Intellectual History, and the History of Philosophy', *History and Theory* 5, pp.33~66.

_____ (1967). 'A Note on History as Narrative', *History and Theory* 6, pp.413~419.

Mandell, David Paul (2000). 'The History of Political Thought as a "Vocation": A Pragmatist Defense' in *Vocations of Political Theory*, ed. Jason A. Frank and John Tambornino, Minneapolis, Minn., pp.118~142.

Mansfield, Harvey (1965). *Statesmanship and Party Government: A Study of Burke and Bolingbroke*, Chicago, Ill.

Marsilius of Padua (1951~1956). *The Defender of Peace* (*Defensor Pacis* 1324), 2 vols., ed. and trans. Alan Gewirth, New York.

Martin, Kingsley (1962). *French Liberal Thought in the Eighteenth Century*, London.

Martinich, A. P. (1992). *The Two Gods of Leviathan: Thomas Hobbes on Religion and Politics*, Cambridge.

McCloskey, Robert G. (1957). 'American Political Thought and the Study of Politics', *American Political Science Review* 51, pp.115~129.

McCoy, Charles R. N. (1963). *The Structure of Political Thought*, New York.

McCullagh, C. Behan (1984). 'The Intelligibility of Cognitive Relativism', *Monist* 67, pp.327~340.

_____ (1998). *The Truth Of History*, London.

McCulloch, J. R. (1952). Preface to *Early English Tracts on Commerce* ed. J. R. McCulloch, Cambridge, pp.iii~xv.

McGinn, Colin (1977). 'Charity, Interpretation, and Belief', *Journal of Philosophy* 74 pp.521~535.

McGrade, Arthur S. (1963). 'The Coherence of Hooker's Polity: the Books on Power', *Journal of the History of Ideas* 24, pp.163~182.

Melden, A. I. (1961). *Free Action*, London.

Merkl, Peter H. (1967). *Political Continuity and Change*, New York.

Mew, Peter (1971). 'Conventions on Thin Ice', *Philosophical Quarterly* 21, pp.352~356.

Mintz, Samuel I. (1962). *The Hunting of Leviathan*, Cambridge.

Monter, E. William (1969). 'Inflation and Witchcraft: the Case of Jean Bodin' in *Action and Conviction in Early Modern Europe*, ed. Theodore K. Rabb and Jerrold Seigel, Princeton, N. J., pp.371~389.

Morgenbesser, Sidney (1966). 'Is it a Science?', *Social Research* 33, pp. 255~271.

Morgenthau, Hans J. (1958). *Dilemmas of Politics*, Chicago, Ill.

Morris, Christopher (1953). *Political Thought in England: Tyndale to Hooker*, Oxford.

_____ (1966). 'Montesquieu and the Varieties of Political Experience' in *Political Ideals*, ed. David Thomson, London, pp.79~94.

Morris Jones, Huw (1964). 'The Relevance of the Artist's Intentions', *British Journal of Aesthetics* 4, pp.138~145.

Mortimore, G. W. and Maund, J. B. (1976). 'Rationality in Belief' in *Rationality and the Social Sciences*, ed. S. I. Benn and G. W. Mortimore, London, pp.11~33.

Mulligan, Lotte, Richards, Judith and Graham, John (1979). 'Intentions and Conventions: A Critique of Quentin Skinner's Method for the Study of the History of Ideas', *Political Studies* 27, pp.84~98.

[Mun, Thomas] (1952). *A Discourse of Trade from England unto the East Indies* (1621) in *Early English Tracts on Commerce*, ed. J. R. McCulloch, Cambridge, pp.1~47.

Murdoch, Iris (1970). *The Sovereignty of Good*, London.

Murphy, N. R. (1951). *The Interpretation of Plato's Republic*, Oxford.

Namier, L. B. (1930). *England in the Age of the American Revolution*, London.

_____ (1957). *The Structure of Politics at the Accession of George III*, 2nd edn, London.

Nehamas, Alexander (1985). *Nietzsche: Life as Literature*, Cambridge, Mass.

Nelson, Leonard (1962). 'What is the History of Philosophy?', *Ratio* 4, pp.122~135.

Newton-Smith, W. H. (1981). *The Rationality of Science*, London.

Nietzsche, Friedrich (1994). *On the Genealogy of Morality* (1887), ed. Keith Ansell-Pearson, trans. Carol Diethe, Cambridge.

Norval, Aletta J. (2000). 'The Things We Do with Words—Contemporary Approaches to the Analysis of Ideology', *British Journal of Political Science* 30, pp.313~346.

Novick, Peter (1988). *That Noble Dream: The 'Objectivity Question' and the American Historical Profession*, Cambridge.

Oakley, Francis (1984). *Omnipotence, Covenant, and Order: An Excursion in the History of Ideas from Abelard to Leibniz*, Ithaca, N. Y.

_____ (1999). *Politics and Eternity: Studies in the History of Medieval and Early-Modern Political Thought*, Leiden.

Owen, David (1999). 'Political Philosophy in a Post-imperial Voice', *Economy and Society* 28, pp.520~549.

Palonen, Kari (1997). 'Quentin Skinner's Rhetoric of Conceptual Change', *History of the Human Sciences* 10, pp.61~80.

_____ (1999). 'Rhetorical and Temporal Perspectives on Conceptual Change', *Finnish Yearbook of Political Thought* 3, pp.41~59.

Papineau, David (1978). *For Science in the Social Sciences*, London.

Parekh, B. and Berki, R. N. (1973). 'The History of Political Ideas: A Critique of Q. Skinner's Methodology', *Journal of the History of Ideas* 34, pp.163~184.

Parkin, Charles (1956). *The Moral Basis of Burke's Political Thought*, Cambridge.

Petrey, Sandy (1990). *Speech Acts and Literary Theory*, London.

Plamenatz, John (1963). *Man and Society*, 2 vols., London.

Plucknett, Theodore F. T. (1926~1927). 'Bonham's Case and Judicial Review', *Harvard Law Review* 40, pp.30~70

Pocock, J. G. A. (1962). 'The History of Political Thought: A Methodological Enquiry' in *Philosophy, Politics and Society*, 2nd series, ed. Peter Laslett and W. G. Runciman, Oxford, pp.183~202.

_____ (1965). 'Machiavelli, Harrington, and English Political Ideologies in the Eighteenth Century' , *William and Mary Quarterly* 22, pp.549~583.

_____ (1973). 'Verbalizing a Political Act: Towards a Politics of Speech', *Political Theory* 1, pp.27~45.

_____ (1980). 'Political Ideas as Historical Events: Political Philosophers as Historical Actors' in *Political Theory and Political Education*, ed. Melvin Richter, Princeton, N. J., pp.139~158.

_____ (1985). *Virtue, Commerce, and History: Essays on Political Thought and History, Chiefly in the Eighteenth Century*, Cambridge.

_____ (1987). *The Ancient Constitution and the Feudal law: A Study of English Historical Thought in the Seventeenth Century: A Reissue with a Retrospect*, Cambridge.

Popkin, Richard H. (1953). 'Joseph Glanvill: A Precursor of David Hume', *Journal of the History of Ideas* 14, pp.292~303.

_____ (1969). 'The Sceptical Origins of the Modern Problem of Knowledge' in *Perception and Personal Identity*, ed. Norman S. Care and Robert H. Grimm, Cleveland, Ohio, pp.3~24.

_____ (1979). *The History of Scepticism from Erasmus to Spinoza*, Berkeley, Cal.

Popper, K. R. (1962). *The Open Society and Its Enemies*, 4th edn, 2 vols., London.

Pratt, Mary Louise (1977). *Toward a Speech Act Theory of Literary Discourse*, Bloomington, Ind.

Prezzolini, Giuseppe (1968). *Machiavelli*, trans. G. Savini, London.

Price, Russell (1973). 'The Senses of *Virtù* in Machiavelli', *European Studies Review* 3, pp.315~345.

Prudovsky, Gad (1997). 'Can We Ascribe to Past Thinkers Concepts They Had No Linguistic Means to Express?', *History and Theory* 36, pp.15~31.

Putnam, Hilary (1975). *Mind, Language and Reality*, Cambridge.

_____ (1981). *Reason, Truth and History*, Cambridge.

Quine, W. V. O. (1960). *Word and Object*, New York.

_____ (1961). *From a Logical Point of View*, rev. edn, Cambridge, Mass.

Quintilian (1920~1922). *Institutio Oratoria*, ed. and trans. H. E. Butler, 4 vols., London.

Raab, Felix (1964). *The English Face of Machiavelli: A Changing Interpretation 1500~ 1700*, London.

Rée, Jonathan (1991). 'The Vanity of Historicism', *New Literary History* 22, pp.961~ 983.

Reid, Thomas (1941). *Essays on the Intellectual Powers of Man*, ed. A. D. Woozley, London.

Richards, I. A. (1929). *Practical Criticism*, London.

Richter, Melvin (1986). 'Conceptual History (*Begriffsgeschichte*) and Political Theory', *Political Theory* 14, pp.604~637.

_____ (1987). '*Begriffsgeschichte* and the History of Ideas', *Journal of the History of Ideas* 48, pp.247~263.

_____ (1995). *The History of Social and Political Concepts: A Critical Introduction*, Oxford.

Rickman, H. P. (1967). *Understanding and the Human Studies*, London.

Ricoeur, Paul (1973). 'The Model of the Text: Meaningful Action Considered as a Text', *New Literary History* 5, pp.91~117.

_____ (1981). *Hermeneutics and the Human Sciences*, ed. and trans. John B. Thompson, Cambridge.

Roberts, Geoffrey (1996). 'Narrative History as Way of Life', *Journal of Contemporary History* 31, pp.221~228.

Roberts, Lewes (1952). *The Treasure of Traffike or a Discourse of Forraigne Trade* (1641) in *Early English Tracts on Commerce*, ed. J. R. McCulloch, Cambridge, pp.49~113.

Robinson, Howard (1931). *Bayle the Sceptic*, New York.

Rorty, Richard (1972). 'The World Well Lost', *Journal of Philosophy* 69, pp.649~665.

_____ (1979). *Philosophy and Mirror of Nature*, Princeton, N. J.

_____ (1983). 'Postmodernist Bourgeois Liberalism', *Journal of Philosophy* 69, pp.583~589.

_____ (1985). 'Solidarity or Objectivity' in *Post-Analytic Philosophy* ed. John Rajchman and Cornel West, New York, pp.3~19.

Rosebury, Brian (1997). 'Irrecoverable Intentions and Literary Interpretation', *British Journal of Aesthetics* 37, pp.15~27.

Russell, Bertrand (1946). *History of Western Philosophy*, New York.

Ryan, Alan (1965). 'John Locke and the Dictatorship of the Bourgeoisie', *Political Studies* 13, pp.219~230.

Sabine, George H. (1951). *A History of Political Theory*, 3rd edn, London.

Saccone, Eduardo (1983). '*Grazia, Sprezzatura, Affettazione* in the *Courtier*' in *Castiglione: The Ideal and the Real in Renaissance Culture*, ed. Robert W. Hanning and David Rosand, London, pp.45~67.

Sampson, R. V. (1956). *Progress in the Age of Reason*, Cambridge, Mass.

Schiffer, Stephen R. (1972). *Meaning*, Oxford.

Schmidt, James (1999). 'How Historical is *Begriffsgeschichte?*', *History of European Ideas* 25, pp.9~14.

Schochet, Gordon (1974). 'Quentin Skinner's Method', *Political Theory* 2, pp.261~276.

Schutz, Alfred (1960). 'The Social World and the Theory of Social Action', *Social Research* 27, pp.203~221.

Searle, John R. (1962). 'Meaning and Speech Acts', *Philosophical Review* 71, pp.423~432.

_____ (1969). *Speech Acts*, Cambridge.

Seidman, Steven (1983). 'Beyond Presentism and Historicism: Understanding the History of Social Science', *Sociological Inquiry* 53, pp.79~94.

Seliger, Martin (1968). *The Liberal Politics of John Locke*, London.

Shakespeare, William (1988). *The Complete Works*, ed. Stanley Wells and Gary Taylor, Oxford.

Shapiro, Ian (1982). 'Realism in the Study of the History of Ideas', *History of Politcal Thought* 3, pp.535~578.

Shirley, F. J. (1949). *Richard Hooker and Contemporary Political Ideas*, London.

Sibley, Mulford Q. (1958). 'The Place of Classical Theory in the Study of Politics' in *Approaches to the Study of Politics*, ed. Roland Young, Chicago, Ill.

Skinner, Quentin (1966). 'The Limits of Historical Explanations', *Philosophy* 41, pp.199~215.

_____ (1970). 'Conventions and the Understanding of Speech-acts', *Philosophical Quarterly* 20, pp.118~138.

_____ (1971). 'On Performing and Explaining Linguistic Actions', *Philosophical Quarterly* 21, pp.1~21.

_____ (1974). 'Some Problems in the Analysis of Political Thought and Action', *Political Theory* 23, pp.277~303.

_____ (1975). 'Hermeneutics and the Role of History' , *New Literary History* 7, pp.209~232 .

_____ (1978a). 'Action and Context', *Proceedings of the Aristotelian Society*, supp. vol. 52, pp.57~69.

_____ (1978b). *The Foundations of Modern Political Thought*, vol.1: The Renaissance, Cambridge.

_____ (1996). 'From Hume's Intentions to Deconstruction and Back', *Journal of Political Philosophy* 4, pp.142~154.

_____ (1998). *Liberty Before Liberalism*, Cambridge.

Skorupski, John (1976). *Symbol and Theory*, Cambridge.

_____ (1978). 'The Meaning of Another Culture's Beliefs' in *Action and Inter-pretation*, ed. Christopher Hookway and Philip Pettit, Cambridge, pp.83~106.

Smith, R. Jack (1948). 'Intention in an Organic Theory of Poetry', *Sewanee Review* 56, pp.625~633.

Spitz, J. F. (1989). 'Comment lire les textes politiques du passé? Le Programme méthodologique de Quentin Skinner', *Droits* 10, pp.133~145.

Stark, Werner (1960). *Montesquieu: Pioneer of the Sociology of Knowledge*, London.

Stern, Laurent (1980). 'On Interpreting', *Journal of Aesthetics and Art Criticism* 39, pp.119~129.

Stevenson, C. L. (1963). *Facts and Values*, New Haven, Conn.

Stewart, John B. (1963). *The Moral and Political Philosophy of David Hume*, New York.

Stout, Jeffrey (1981). *The Flight from Authority*, Notre Dame.

Stove, D. C. (1982). *Popper and After*, Oxford.

Strauss, Leo (1952). *Persecution and the Art of Writing*, Glencoe, Ill.

_____ (1953). *Natural Right and History*, Chicago, Ill.

_____ (1957). *What is Political Philosophy?*, Glencoe, Ill

_____ (1958). *Thoughts on Machiavelli*, Glencoe, Ill.

Strauss, Leo and Cropsey, Joseph (1963). *The History of Political Philosophy*, Chicago, Ill.

Strawson, P. F. (1971). *Logico-Linguistic Papers*, London.

Strout, Cushing (1992). 'Border Crossings: History, Fiction, and *Dead Certainties*', *History and Theory* 31, pp.153~162

Supple, B. E. (1959). *Commerical Crisis and Change in England 1600~1642: A Study in the Instability of a Mercantile Economy*, Cambridge.

Talmon, J. L. (1952). *The Origins of Totalitarian Democracy*, London.

Tarlton, Charles D. (1973). 'Historicity, Meaning and Revisionism in the Study of Political Thought', *History and Theory* 12, pp.307~328.

Tawney, R. H. (1938). *Religion and the Rise of Capitalism*, Pelican Books edn, Harmondsworth.

Taylor, A. E. (1938). 'The Ethical Doctrine of Hobbes', *Philosophy* 13, pp.406~424.

Taylor, Charles (1964). *The Explanation of Behaviour*, London.

_____ (1971). 'Interpretation and the Sciences of Man', *Review of Metaphysics* 25, pp.3~51.

_____ (1981). 'Understanding and Explanation in the *Geisteswissenschaften*' in *Wittgenstein: To Follow a Rule*, ed. Steven Holtzman and Christopher Leich, London, pp.191~210.

_____ (1982). 'Rationality' in *Rationality and Relativism*, ed. Martin Hollis and Steven Lukes, London, pp.87~105.

_____ (1988). 'The Hermeneutics of Coflict' in *Meaning and Context: Quentin Skinner and his Critics*, ed. James Tully, Cambridge, pp.218~228.

Thomas, Keith (1971). *Religion and the Decline of Magic*, London.

Thompson, Martyn P. (1993). 'Reception Theory and the Interpretation of Historical Meaning', *History and Theory* 32, pp.248~272.

Thorne, S. E. (1938). 'Dr Bonham's Case', *Law Quarterly Review* 54, pp.543~552.

Travis, Charles (1975). *Saying and Understanding*, Oxford.

Trevor-Roper H. R. (1967). *Religion, the Reformation and Social Change*, London.

Tuck, Richard (1993). 'The Contribution of History' in *A Companion to Contemporary Political Philosophy*, ed. Robert E. Goodin and Philip Pettit, Oxford, pp.72~89.

Tucker, Robert C. (1961). *Philosophy and Myth in Karl Marx*, Cambridge.

Tully, James (1988). 'The Pen is a Mighty Sword: Quentin Skinner's Analysis of Politics' in *Meaning and Context: Quentin Skinner and his Critics*, ed. James Tully, Cambridge, pp.7~25.

_____ (1993). *An Approach to Political Philosophy: Locke in Contexts*, Cambridge.

_____ (1995). *Strange Multiplicity: Constitutionalism in an Age of Diversity*, Cambridge.

Turner, Stephen (1983). '"Contextualism" and the Interpretation of the Classical Sociological Texts', *Knowledge and Society* 4, pp.273~291.

Urmson, J. O. (1968). *The Emotive Theory of Ethics*, London.

Vanderveken, Daniel (1990). *Meaning and Speech Acts*, 2 vols., Cambridge.

Vile, M. J. C. (1967). *Constitutionalism and the Separation of Powers*, Oxford.

Villari, Pasquale (1892). *The Life and Times of Niccolò Machiavelli*, trans. Linda Villari, new edn, 2 vols., London.

Viroli, Maurizio (1987). '"Revisionisti" e "Ortodossi" Nella Storia delle Idee Politiche', *Rivista di Filosofia* 78, pp.121~136.

Vossenkuhl, Wilhelm (1982). 'Rationalität und historisches Verstehen. Quentin Skinner's Rekonstruktion der politischen Theorie', *Conceptus* 16, pp.27~43.

Warrender, Howard (1957). *The Political Philosophy of Hobbes: His Theory of Obligation*, Oxford.

_____ (1979). 'Political Theory and Historiography', *The Historical Journal* 22, pp.931~940.

Watkins, J. W. N. (1965). *Hobbes's System of Ideas*, London.

Weber, Max (1930). *The Protestant Ethic and the Spirit of Capitalism*, trans. Talcott Parsons, London.

_____ (1968). *Economy and Society: An Outline of Interpretive Sociology*, ed. Guenther Roth and Claus Wittich, 3 vols., New York.

Weldon, T. D. (1946). *States and Morals*, London.

_____ (1953). *The Vocabulary of Politics*, Harmondsworth.

Weston, Corinne Comstock (1965). *English Constitutional Theory and the House of Lords*, London.

Wheeler, John (1931). *A Treatise of Commerce* (1601), ed. G. B. Hotchkiss, New York.

Whitfield, J. H. (1947). *Machiavelli*, Oxford.

Williams, Raymand (1976). *Keywords: A Vocabulary of Culture and Society*, London.

_____ (1983). *Keywords: A Vocabulary of Culture and society* rev. and expanded, London.

Wimsatt, K. C. (1954). *The Verbal Icon*, Lexington, Ky.

Wimsatt, W. K. and Beardsley, Monroe C. (1976). 'The Intentional Fallacy' in *On Literary Intention*, ed. David Newton-De Molina, Edinburgh, pp.1~13.

Winch, Peter (1958). *The Idea of a Social Science*, London.

_____ (1964). 'Mr Louch's Idea of a Social Science', *Inquiry* 7, pp.202~208.

_____ (1970). 'Understanding a Primitive Society' in *Rationality*, ed. Bryan R. Wilson, Oxford, pp.78~110.

Winiarski, Warren (1963). 'Niccolò Machiavelli' in *History of Political Philosophy*, ed. Leo Strauss and Joseph Cropsey, Chicago, Ill., pp.247~276 .

Wittgenstein, Ludwig (1958). *Philosophical Investigations*, trans. G. E. M. Anscombe, 2nd edn, Oxford.

Wokler, Robert (2001). 'The Professoriate of Political Thought in England since 1914: A Tale of Three Chairs' in *The History of Political Thought in National Context*, ed. Dario Castiglione and Iain Hampsher-Monk, Cambridge, pp.134~158.

Wolin, Sheldon S. (1961). *Politics and Vision*, Boston, Mass.

Woodhouse, A. S. P. (1938). *Puritanism and Liberty*, London.

Wootton, David (1986). Preface and Introduction to *Divine Right and Democracy*, Harmondsworth, pp.9~19, 22~86.

Yolton, John W. (1975). 'Textual vs Conceptual Analysis in the History of Philosophy', *Journal of the History of Philosophy* 13, pp.505~512.

Zuckert, Michael P. (1985). 'Appropriation and Understanding in the History of Political Philosophy: On Quentin Skinner's Method', *Interpretation* 13, pp.403~424.

텍스트에 접근하는 방법론적 통찰

영국의 저명한 역사학자 퀜틴 스키너Quentin Skinner(1940~)의 『정치를 바라보는 관점들』Visions of Politics(2002)*은 모두 3권으로 구성되어 있다. 서문에서 저자가 밝히다시피 총괄적인 관심사는 서구의 정치사상 전통에서 정치의 성격을 둘러싸고 대립해온 두 가지 관점을 비교하는 데 있는데, 책의 제목도 여기에서 연유한다. 스키너가 정리한 바에 따르면 두 관점 중 하나는 주권을 인민에 귀속시키고 시민의 덕목에 우선권을 두며, 다른 하나는 국가를 대표하는 것으로서의 주권에 방점을 둔다. 그가 정치를 바라보는 이 두 상반된 관점의 계보를 구체적으로 어떻게 추적하고 해석하는지는 매우 흥미로운 사안일 테지만, 여기에 번역된 1권 『역사를 읽는 방법』은 '방법에 관하여'Regarding Method라는 원서의 부제가 일러주듯이 역사 텍스트의 실제 분석보다는 거기에 접근하는 바람직한 방식을 중점적으로 다룬다.

한림과학원이 '개념번역시리즈'의 하나로 이 책 1권의 번역을 택한 것은 언뜻 순서에 따른 결과로 보이기도 하겠으나, 실은 1권이 바로 이렇듯 방법론을 다루고 있기 때문이다. 한림과학원은 한국연구재단의 지원을 받아 2008년부터 인문한국(HK)사업의 일환으로 '동아

---

* 이 책이 포함된 전체 시리즈 제목.

시아 기본 개념의 상호소통' 프로젝트를 진행하고 있다. 일반적으로 보아 개념사 분야에 속할 이 프로젝트는 기본 개념들 각각에 관한 연구를 진행시키면서 동시에 동아시아 개념 연구에 적합한 이론과 방법을 모색해왔다. 이 책이 포함된 시리즈 『정치를 바라보는 관점들』은 큰 주제의 측면에서는 정치사상사를 다룬 저작으로 분류될 수 있겠지만, 이 책 『역사를 읽는 방법』에서 다루는 '사실', '해석', '의미', '의도', '수사' 등의 항목은 개념사 연구와 직접적으로 관련된다. 실상 스키너가 특유의 세심하고 구체적인 진술로 풀어나가는 방법론적 통찰은 분석 단위가 어휘든 개념이든 아니면 사상이든 역사적 텍스트에 접근해야 하는 어떤 연구에도 일러주는 바가 많을 것이다.

이 책의 서론이 찰스 디킨스의 소설 『어려운 시절』에 등장하는 유명한 공리주의자이자 '사실' 숭배자인 그래드그라인드씨의 대사로 시작한다는 점은 의미심장하다. 실상 『역사를 읽는 방법』 전체가 역사학이 다루어야 할 과거의 '사실'이라는 것이 더는 자명할 수 없는 조건에서 어떻게 역사가의 임무를 수행해나갈 것인가 하는 데 초점이 맞춰져 있다 해도 과언이 아니다. 사실이 순전히 객관적이고 중립적인 상태로 저기에 놓여 있다고 가정하는 일이 불가능해진 만큼, 사실에 관한 진술과 설명과 해석도 한층 불투명하고 복잡해진다. 이와 같은 불투명성과 복잡성을 강조하는 방향으로 계속해서 나아간다면 실상 역사학 자체를 해체하고 탈정립하는 것으로 귀결될 수도 있을 것이다. 그러나 스키너는 사실에 대한 회의를 수용하면서 역사학의 관행들을 비판하지만, 어디까지나 이를 한층 더 역사적인 접근을 모색하는 계기로 삼는다.

엄밀히 말하자면 역사학을 포함한 모든 지식의 대상이 그렇겠지만 철학사, 사상사, 관념사 등 스키너가 주로 염두에 두는 역사서술 분야는 기본적으로 언술과 담론의 형태를 취하는 사실들을 다루므로, 그가 '더 역사적인' 방법을 위해 언어학에서 일어난 변화에 눈을 돌리는 것은 당연한 수순으로 보인다. 여기서 특히 부각되는 것은 비트겐슈타인에서 오스틴으로 이어지는 화행론이다. 사실이 우리의 해석을 기다리며 투명하게 놓여 있는 게 아닌 것과 마찬가지로, 단어나 문장으로 구사된 말의 지시내용을 추적하는 작업, 다시 말해 말과 의미의 대응관계를 밝히는 작업으로 충분하지 않고 '말'이라는 것에 다른 차원이 개입되어 있다는 통찰이 화행론의 기본적인 전제이다. 그 '다른' 차원이란 무엇보다 행위를 지칭하는데, 스키너는 언술이 곧 행위라는 명제를 곱씹으며 역사학이 해야 하는 과제 역시 '연구 대상인 텍스트를 저자가 그것을 씀으로써 어떤 일을 하고 있었던 것인지 이해하게 해주는 지적 맥락 속에 놓는 일'(서문)이라고 천명한다. 그가 내세우는 '그들의 방식으로 바라보기'란 바로 이렇듯 텍스트를 둘러싼 뒤얽힌 맥락들을 최대한 고려하는 작업에 다름 아니다.

　개념사와 관련하여 특히 흥미로운 지점은 핵심 어휘의 연구를 통해 사회적 변화에 접근하는 방식을 두고 스키너가 제기한 논평이다. 그는 레이먼드 윌리엄스의 『키워드』를 매개로 삼아 핵심적인 단어나 개념이 특정 사회에 관해 일러주는 바를 적절히 포착하기 위해서는 단순히 그 의미 혹은 의미 변화를 서술하는 데 그치지 말고, 그것의 적용 기준, 그것을 둘러싼 감수성과 의식과 이데올로기들, 무엇보다 다른 단어나 개념과의 연결고리 및 전체 개념구도에서 차지하는 위치를 고려해야 한다고 지적한다. 그가 계속해서 '전체론'과 '장기지속'이라는 넓은 틀을 강조하는 사실과 이어지는 주장이라 하겠다. 이렇듯 훨씬 광범위한 영역과 맥락들을 들여오기 때문에 스키너는 사회적 언어와 사회 현실 사이의 메울 수 없는 간극을 인정한 윌리엄스와 달리 양자 간의 내재적 연관을 추인할 뿐 아니라 사회적 언어들이 사회적 행동의 한 결정인자라고 과감히 단언할 수 있는 것이다.

　스키너가 개념사에 대해 품고 있는 생각이 가장 분명히 나타나는 부분은 아무래도 개념사 분야를 대표하는 학자인 라인하르트 코젤렉의 작업을 논평하는 대목이다. 그는 자신이 코젤렉의 개념사 기획을 비판할 의도가 있었다는 일부의 오해를 교정하면서도 그런 접근법을 통해 개념의 역사성이 어디까지 포착될 수 있는지에 관해서는 의문을 표시하지만, 그런 의문이 개념사 연구 자체에 대한 회의는 아님을 재차 부연한다. 오히려 우리의 도덕적·사회적 세계가 물려받은 개념들을 적용함으로써 유지되며 개념의 적용 방식을 바꿈으로써 변화될 수도 있다는 점에서, 개념의 변화가 철학사 연구의 중심이 되어야 한다고 강조하는 것이다. 스키너는 코젤렉이 느린 시간에 걸친 개념의 장기적 변동에 몰두했다면 자신은 개념의 갑작스런 변화에 대한 세밀한 연구에 더 관심이 있다는 차이를 지적하고, 개념의 연대기에 관심이 적은 이유를 '개념 변화의 역사가 조금이라도 설명적 가치를 지니려면 사회적 삶 자체의 수준에서 설명이 이루어져야'(10장) 한다는 입장에서 비롯되었다고 설명한다. 말하자면 연구의 시간적 단위로서의 장기지속에 관심이 없어서가 아니라 개념의 변화 자체보다 사회적 삶의 변화에 더 초점을 둔다는 이야기로 보인다. 그러나 그는 자신의 작업의 상당 부분이 코젤렉의 기획에 기여할 수 있음을 기꺼이 받아들이는데, 이 두 역사학자의 연구방법론을 상세히 비교하는 작업은 개념사 이론과 관련된 탐구를 더욱 풍성하게 해주리라 생각된다.

그 밖에 이 책이 갖는 미덕의 다른 일면은 일일이 열거하기 힘들 만큼의 풍부한 사례들이다. 이런 사례들은, 다소 장황하다는 인상을 주는 스키너의 서술 방식이 가독성과 구체성을 확보하는 주된 기제이며 역사학의 방법론 자체에 관심이 없는 사람이라도 분명 흥미진진하게 읽을 수 있을 것이다. 마지막으로 짚어두고 싶은 부분은, 가장 추상적인 사유나 개념의 기초에도 정치적이고 이데올로기적인 동기가 스며 있고 철학적 논쟁이 사회적 권력과 깊이 얽혀 있음을 그가 인정하는 점이다. 지식이나 담론이 권력과 맺는 관계를 지적하는 것은 이제 매우 익숙한 일이 되었지만, 바로 그렇기 때문에 언어라는 자원을 활용하여 기존의 학문적이고 정치적인 관행들을 무너뜨릴 수 있음을 강조하는 스키너의 목소리는 새삼 참신한 활력으로 다가온다.

2012년 11월
황정아

찾아보기

* 쪽수 표기는 용어상의 대응뿐 아니라 개념·내용적으로 대응하는 쪽까지를 포괄한다.